일본력 力

아시아를 견인하는 경제!
구미가 동경하는 문화!

이토 요이치 지음 | 모세종 옮김

어문학사

글로벌화를 기업, 거리, 개인이 활용하는 시대

『일본력』을 처음 세상에 내놓은 것은 2005년 6월이었다. 최악의 시기를 벗어나고 있었지만 당시 일본 경제의 회복 페이스는 더뎠고, 무엇보다도 국내에는 일본 그 자체에 대한 비관론이 만연하고 있었다. 주가도 2003년의 최저가 7,700엔 부근에서 조금씩 상승하고 있었지만 힘은 약했고, nik-kei(日經) 평균 10,000엔을 넘긴 정도였다. 일본은 1990년대부터의 비관론을 질질 끌고 온 그런 상태였다.

필자는 이 「제패니즈 페시미즘」(일본인의 일본에 대한 비관론)이 다분히 분위기적인, 현실을 제대로 보지 않는 피해망상에 가까운 것으로, 처음부터 잘못되었으며, 그 반증을 여러 개 들 수 있다고 생각했다. 중국, 인도를 포함하여 해외를 빈번하게 방문하는 인간으로서 해외 여러 나라의 실정을 알고 있는 만큼, 일본인이 제멋대로 믿고 있는 비관론에는 「지나치다」라고 경종을 울릴 필요를 느꼈다. 왜냐하면 이미 그 당시부터 일본 기업의 해외에서의 활약상은 두드러졌으며, 세계 각지에서 「Japan is cool」(일본은 멋지다)이라는 목소리까지 빈번하게 들리기 시작했기 때문이다.

2007년 여름에 돌아가신 어머니가 그랬는데, 책의 제목이 곧잘 「일본도」로 오인되었다고 한다. 확실히 차이는 아주 적다. 일본력보다 일본도가 말로서도 친숙하다. 책의 첫인상이 그렇게 비춰졌다고 해도 어쩔 수 없다. 하지만 솔직히 말하면, 21세기에 들어와서부터 줄곧 필자는 일본인의 비관론을 잘 드는 일본도로 잘라내 버릴 필요가 있다고 생각했다. 나에게 있어서 그 비관론을 잘라내 버리기 위한 칼날이 『일본력』이라는 책이었다. 적어도 필자는 이 책에서 일본인의 비관론에 작은 돌을 던지고자 바랬다.

목표는 어떤 의미에서 성공했다. 이 책의 출판을 기다린 듯이 동경의 주가는 2005년 여름부터 가을에 걸쳐 급등하고, 같은 해 말 종가는 16,000엔이 되었다. 그것보다도 이 『일본력』이라는 이름은, 신문이나 잡지의 특집 기사의 표제어가 되고, 또 TV, 라디오의 프로그램 타이틀이 되는 등 유행어가 되었다. 그리고 지금도 사용되고 있다. 당연하다. 일본은 산업 규모, 기업의 다양성, 그리고 제품이나 서비스가 만들어내는 강점으로부터 보아도 세계 일류 국가이며, 그만한 힘이 있다. 책은 평판을 불러 모아 당시의 경제서로서는 보기 드문 6쇄를 기록했다.

문고본화하여 재출판하는 이 책은, 목차 구성 등 기본적인 틀은 당초의 하드커버와 같다. 일본 경제나 기업의 강점을 검증하고 그리고 객관적으로 본 구미 경제나 기업, 거기에 대두되고 있는 한국, 중국, 인도의 경제나 기업, 국민성이나 노동 가치관에까지 파고들어 비교하였다. 각국의 경제나 기업, 각각의 국민의 특질을 논하고, 그것과 비교했을 경우의 일본 경제, 일본 기업의 특질, 강점에 초점을 맞추었다.

2005년 당시의 일본에 대한 비관론에 대항한 면이 강하기 때문에, 경기의 확대가 2년 이상 더 계속된 지금의 일본 경제가 직면한 새로운 문제를 눈앞에 하고 「지나치게 강성에 치우쳐 있다」라고 느끼는 사람도 있을지 모른다. 하지만 일부러 필자는 이 머리말은 별도로 하고 각 장을 고쳐 쓰는 일은 하지 않았다. 왜냐하면 2년 남짓이라는 시간의 경과는 있었지만, 일본을 포함하여 중국, 한국, 인도나 기타 구미 여러 나라의 경제·기업에 대한 기본적인 생각을 필자는 바꾸지 않았기 때문이다. 중국의 일본에서 말하는 「축제」가 적은 사정은 바뀌지 않았으며, 인도의 「공工」이라는 계급이 없는 것도 마찬가지이다. 한국에 있어서의 삼성의 지위가 비정상적으로 크며,

한국 경제가 「삼성에 달려있다」라는 취약성을 안고 있는 것도 그대로이다. 즉, 각 장의 본문을 크게 고쳐 쓸 이유는 없다고 생각했다.

2005년 출판한 『일본력』이 예상한 대로, 일본 경제는 강점을 발휘하며 지속적인 성장을 이루고 있다. 비관론이 만연하던 시기와 비교하면 일본 경제에 대한 인상은 타당한 수준에 근접해 왔다고 할 수 있다. 주가도 꽤 돌아왔으며, 일본인도 일본 경제를 냉정하게 보게 되었다. 이것은 환영할 만한 일이다.

하지만 그 한편으로, 일본 경제에는 수많은 새로운 문제도 생기고 있다. 회복에 따라 생긴 부富가 대도시나 대기업에 집중되어 근로자보다 경영자, 일반 노동자보다 두뇌 노동자에게 보다 후하게 분배되는 현실이 명확해지기 시작했다는 것이다. 흔히 말하는 격차의 문제로서, 이 격차는 「도시와 지방의 격차」 등의 형태로 정치 문제가 되기도 했다. 이 문제에 대한 대처 부족으로 자민·공명의 여당이 2007년 7월의 참의원 선거에서 대패한 것은 기억에 생생하다. 일하는 빈곤층(working poor) 등의 용어에 나타나는 것처럼 격차와 혼동되기 쉬운 절대적 빈곤 문제도 클로즈업 되어 왔다.

그런 의미에서 일본 경제에는 과제가 산적해 있다. 『일본력』을 문고본화 함에 즈음하여, 이런 문제에 대한 필자의 기본적인 견해를 적어두고 싶다. 미리 말해두지만, 「격차」의 문제는 전 세계가 직면한 문제이다. 미국에서도, 유럽에서도, 인도나 중국에서도 격차 확대의 경향이 현저하며, 절대적 격차로 말한다면 일본은 아직 격차가 작은 편이라는 통계도 있다. 하지만 이것은 방치할 수 없다. 향후 일본 경제의 강점을 유지하는 데 있어서 매우 중요한 문제·논점이라고 생각한다.

먼저 「지방과 도시」의 격차 문제에 대해, 지방의 부양은 결코 「공공투자의 일률적인 증액」이 해답은 아니라고 강조해 두고자 한다. 인구, 특히 젊은이가 줄고, 직장이 줄고, 그리고 예산도 줄고 있는 지방으로부터는 재빠르게 공공투자의 증액 요구가 나올 것이다. 하지만 필자는 지방의 피폐는 애당초 1970년대, 1980년대의 공공투자에 그야말로 하나의 원인이 있었다고 생각한다. 왜냐하면 그 공공투자야말로 일본 각 지방으로부터 개성을 빼앗고, 활력을 잃게 한 비지속적인 정책이었다고 생각하기 때문이다.

지금 일본의 현청(県庁 : 한국의 도청) 소재지나 그에 이어지는 지방 도시에 어느 정도의 개성이 있을까. 모두 서로 비슷하지는 않을까. 필자는 1970, 1980년에 일본 전체에서 볼 수 있었던 공공투자에 따른 공사야말로 일본의 중핵도시나 시정촌(市町村 : 한국의 시읍면동)을 방방곡곡 비슷하게 특징 없는 거리로 만들었다고 생각한다. 어디에 가도 그 거리에서 가장 높은 현청이나 시정촌의 청사 빌딩, 비슷한 도로와 거리 모습. 결국 1970년대부터 1980년대에 걸쳐 일본의 지방정부는 국가로부터 나오는 돈을 똑같이 써버렸다.

일본인이 국내여행보다도 해외여행을 즐겨 하는 하나의 요인은 교토, 나라, 후쿠오카, 삿포로 등 일부의 예외를 제외하고 시정촌이 모두 비슷한 풍경이 되어버렸기 때문이다. 사람들은 자신이 살고 있는 거리와 다르기 때문에 다른 곳에도 가보고 싶다고 생각한다. 이웃 지역에도 시민회관이 있으니 우리 쪽도 만든다고 하는 연쇄 속에서는, 일본 거리의 개성은 자라나지 않는다. 개성이 사람을 부르는데, 그것이 없다.

일본은 앞으로 인구 감소 시대에 들어간다. 하지만 일본은 이미 에도 시대에 인구가 늘지 않는, 때로는 감소마저 한 시기를 경험했다. 에도 중기인 1720년경부터 메이지 유신까지의 일본 인구는 3천만 명을 조금 넘은 수준에서 쭉 증가하지 않았다고 한다. 경작 면적의 증가가 당시의 기술로 한계에 다다라 부양할 수 있는 인구가 한계에 달했기 때문이다. 지금과 비슷하게 대부분의 번藩 재정은 막다른 골목에 이르고, 에도 막부 레벨에서의 「개혁」이 여러 차례 행해졌다. 일본사에서 배운 대로이다. 「개혁」은 일본 근대에만 있는 것이 아니다. 사회가 정체상태에 빠지면 어느 시대에서도 행해진 것이다. 쇼와나 헤이세이의 전매특허가 아닌 것이다.

인구의 증가 감소에 놓이게 된 에도 시대의 각 지방(번이나 촌락)이 무엇을 했는가 하면, 다른 지방에 없는 상품을 만들고, 축제를 키워내고, 그 토지에 맞는 작물을 재배했다. 아직도 남아있는 일본 각지의 명산품은 그 대부분이 이 에도 시대 중기 이후에 생겨난 것이라고 한다. 즉 「지혜」를 짜낸 것이다. 보다 많은 사람이 자신이 사는 곳에 오게 하기 위해서는 어떤 환경을 갖추어, 어떤 상품을 만들면 좋을지를 번도 촌락도 그리고 지방의 상점도 생각한 것이다. 그런 노력 속에서야말로 각 지방에서 특징 있는 축제가 육성되고, 그 축제를 보러 사람들이 모이고, 모인 사람들에게 다양한 상품이 팔려 수요가 환기된다. 우리들이 가고 싶어지는 것은 「다카야마의 민가」「교토의 절」 등등, 오직 거기에밖에 없는 것이다.

1970년대, 1980년대의 거액 공공투자가 각 현, 각 시정촌의 개성을 신장시키고 사람의 이동 의욕을 높이기 위해 쓰인 예를 필자는 그다지 알지 못한다. 경쟁하며 비슷한 공공시설을 만들어 획일적인 국토를 만들었을 뿐이다. 엔고가 이어져 해외가 상대적으로 값이 싸진 사정도 있지만, 일본 국내에서는 교토나 기타 일부 도시 정도밖에 개성이 없게 되어서, 사람들의 발걸음이 해외로 향하는 것은 자연스러운 것이었다고 필자는 생각한다.

때문에 단지 종래의 개념으로 국가가 부채를 늘려 지방교부세를 증액하고, 그것을 도로나 교량이나 공공시설의 건설에 사용해서는 공사가 끝난 순간에 도로아미타불이 된다. 공사가 끝나면 일거리는 없어진다. 거리에 지속적인 매력, 지속적인 상품을 만들지 않으면 지방의 성장은 지속 가능한 것이 되지 않는다. 지방에 개성이 나타나기 시작하여 비로소, 젊은 사람들도 그곳에 정착하여 그 지방에서 사는 보람을 찾을 수 있는 것이 아닐까. 지방 중핵도시가 활력 없는 미니 동경이 되려고 한다면, 반대로 동경이나 오사카, 나고야 등 대도시에게 젊은이와 소비 수요를 빼앗기고 만다. 때문에 개성이 있는 거리, 사람들이 찾아주는 지방을 만들기 위해서는 어떻게 개성을 만들까 하는 것이지, 시민회관을 만드는 것이 아니다. 무엇보다도 「지혜」가 필요한 것이다. 그런 연후에 필요한 돈(투자)을 마련하지 않으면 안 된다.

다음으로 급속하게 진행되고 있는 글로벌화(Globalization), 세계 경제의 강력한 성장 메리트를 가능한 한 많은 일본 기업, 중핵도시, 지방, 그리고 개인이 거둘 수 있는 체제를 정비하는 것이다. 지금의 세계를 보면 종래의 선진국에 더하여 러시아, 인도, 중국 등 풍부한 수의 국민을 거느리고 있는 국가가 급속히 대두되고 있다. 중동 산유국도 그럴지 모른다. 그렇기 때문에 미국의 서브프라임론 문제로 미국 경제에 리셋션(경기 후퇴)의 위험성이 있어도, IMF(국제통화기금)가 말하는 대로, 「세계 경제는 과거 30년에서 가장 강한」 연율 5%나 되는 비율로 성장하고 있다. 일본은 인구가 감소할지도 모르지만, 세계 경제의 규모와 풍요로움은 월등해지고 있는 것이다.

1990년대부터 21세기에 걸쳐서, 일본에서 가장 재빠르게 활기를 찾고 지금도 활력 있는 거리는 나고야이다. 구직자 한 명 당 몇 개의 일자리가 있는지를 나타내는 유효 구인 배율은 계속하여 일본에서 가장 높으며, 인력 부족이 이어지고 있다. 어째서 나고야가 그토록 활력이 있는가 하면, 그것은 도요타 자동차를 비롯하여, 세계 경제의 글로벌화와 성장 가속의 흐름 속에서 빈틈없이 매출을 신장시키며 지위를 올리고 있는 기업이 본사나 공장을 많이 두고 있기 때문이다. 도요타는 2007년부터 세계 최대 자동차 메이커의 지위를 GM(제너럴 모터스)으로부터 빼앗은 것으로 보인다. 즉 지금 세상은 「부」가 세계에서 찾아오는 것이다.

1980년대에 비슷한 성황을 보여준 삿포로와 후쿠오카 중 여전히 활력이 있는 쪽은 후쿠오카이다. 삿포로가 활력을 잃은 것은, 어느 쪽이 해외로부터의 관광객을 많이 유도하고 있는가에 따른다고 생각한다. 관광객은 후쿠오카에 간다. 거리를 걷고 있어도 한글, 중국어 등 몇 가지나 되는 언어가 들리고, 실제로 아시아에서 온 관광객이 매우 많다. 그런데 지리적으로 가깝고 석유 수출 대금으로 급속히 윤택해지고 있는 러시아 관광객은 삿포로를 통과하여 동경이나 교토로 가버린다. 이래서는 삿포로, 더 나아가서는 북해도가 활력을 잃을 것이다. 이것은 북해도에 있어서 커다란 과제일 것이다. 즉 지금 시대는 기업도 지방도 그리고 굳이 말하자면 개인도, 부의 원천인 세계 경제의 글로벌 성장에 어떻게 참가해 갈지, 관여해 갈지가 매우 중요한 것이다.

　그럼에도 불구하고 그 현실에 눈을 감고 「글로벌화가 온갖 악의 근원」
이라는 어중간한 보호무역책 등을 취하면, 일본으로부터 자본이 도망가고
장사의 기회를 잃어, 세계의 부를 제조하는 대상에서 일본은 제외되는 결
과가 될 것이다. 지금의 세계에서 「글로벌화 거부」의 극한 모습은 북한이
다. 그 나라의 국민이 얼마나 비참한 생활을 보내고 있는지에 대해서, 일본
인은 반복하여 TV 화면을 통해 보고 있다. 중요한 것은 현 세계 경제의 강
력한 확대 활력을 자신의 회사, 자신의 지역, 자신의 국가에 어떻게 거두어
드릴까 하는 것이다. 그것은 제품이나 서비스의 수출일지도 모르며, 해외
로부터 여행자를 받아들이는 것일지도 모른다.

　한 가지 매우 흥미로운 점을 지적해두고 싶다. 지금 세계에서 어느 국가
의 국민이 가장 풍요로운 생활을 하고 있는가 라는 이야기이다. 즉, 국민
일인당 GDP이다. 환시세를 어디에서 취할까에 따르지만, 일본은 지금 이
것이 3만 5천 달러 정도이다. 미국은 이것을 조금 웃도는 정도이다.

　그러나 일본과 미국보다도 두 배나 국민 일인당 GDP가 풍족한 나라가
있다. 그것은 인구가 겨우 46만 인인 룩셈부르크이다. 8만 달러에 올라와
있는 것이다. 그 외에도 국민 일인당 GDP 상위국을 보면, 유럽의 작은 나
라가 눈에 띈다. 핀란드, 스웨덴 등이 그렇다. 인구는 수백만 명에서 고작
천만 명인 국가들이다. 이것이 무엇을 의미하는가. 그것은 이들 국가들이
「글로벌화가 진행되는 지금 세계에서, 그 안에서 살아갈 각오를 다지고, 그
것을 전제로 교육에서 법체계까지 구축하고 있다」는 것이다. 국가로서의
개성을 잃는 것이 아니라, 세제나 법제도, 거기에 다양한 언어를 구사하는
능력 등을 육성하여 훌륭하게 세계 경제 속에 자국의 포지션을 확보하고
있기에 비로소 가능한 기술이다. 대국은 비용이 든다. 인구 1억 2천 7백만
명인 지금의 일본은 세계 제10위이다. 급격한 감소는 문제이지만, 그것이
15위, 20위가 되어도 그다지 걱정할 것은 없다. 세계에는 소국이기 때문에
국민이 풍요로운 생활을 보내는 나라가 몇 곳이나 된다.

　그와 관련해서도 향후 일본의 번영에 필요한 것은 넓은 의미에서의 교육

이다. 글로벌화는 정보화 사회의 진전 속에서 전개된다. 정보화 사회에서의 발신력, 의사소통 능력을 높여가지 않으면 세계 경제의 규모 확대, 풍요로운 소비자의 증가, 그리고 사람, 물건, 돈의 활발한 움직임 안에 제대로 참가해 갈 수 없다. 부가 세계의 다양한 장소에서 생겨나, 아이디어가 교차하고 있는 사실에 똑바로 대응하여, 거기에 부가가치를 더한 상품이나 서비스를 제공해가기 위해서는 국가 전체의 지식 레벨을 올려야 한다. 그런 의미에서 지금의 평생교육을 포함한 일본의 교육에 불안한 부분이 있는 것이 필자에게는 마음에 걸린다. 전 세계의 국가 지도자가 「교육 수상」「교육 대통령」이 되려고 하는 데에는 이유가 있다. 이제부터는 넓은 의미에서의 교육이 바로 국가를 풍요롭게 하는 가장 단적인 길인 것이다.

필자는 이 책에서 유럽 여러 나라뿐만 아니라 중국, 인도, 그리고 한국에 대해서 일본이, 그리고 일본인이, 나아가서는 일본 기업이 갖는 파워, 메리트를 지적한다. 때문에 일본의 그리고 일본 경제의 우위는 향후에도 계속될 것으로 예상된다.

하지만 그것은 그 외의 국가들이 발전하지 않는다고 하는 것이 아니다. 아니 오히려 인도든, 중국이든, 무엇보다도 출발점이 낮기 때문에 앞으로도 눈이 휘둥그레질 만한 성장·발전을 우리들에게 보여줄 것이다. 하지만 인구가 많은 중국이나 인도가 성공하는 것은 환경의 제약에 배려만 한다면 풍족한 소비자가 늘어난다는 것이 되어, 일본 경제에 그야말로 메리트가 많다고 생각한다. 1990년대 말 아시아 통화 위기의 탓으로 「국민 일인당 GDP 만 달러의 벽」 돌파에 좌절한 한국 경제이지만, 그 후에는 성장을 회복하여 지금은 2만 달러에 근접하고 있다. 함께 풍족해져 상호의존관계가 깊어진다고 하는 것은, 양국 관계의 안정화에도 도움이 된다. 그것은 10년 후, 20년 후의 체제가 어떻게 될지 모르는 중국이라도 같을 것이다. 타국의 성장과 풍요로운 소비자의 탄생과 증가는 일본에도 커다란 메리트가 된다.

하지만 그런 속에서도 우수한 물건이나 서비스를 만들어내는 능력이라고 하는 점에 있어서, 일본에는 다른 국가들에는 없는 파워와 가치관이 있다고 필자는 생각한다. 처음부터 「사농공상」처럼, 신분제도 안에 「공工」을 확실하게 넣고 있는 나라는, 내가 조사한 바로는 거의 없다. 일본에는 옛 시대의 「공工」이 만든 수많은 걸작품이 남아 있다. 일본은 대륙으로부터 기술을 가진 사람들을 수없이 맞이하여, 그 사람들의 기술을 전승하고, 더욱 더 갈고 닦으며 키워 왔다. 그렇게 해서 닦은 기술, 미적 센스는 어느 시대에도 세계에 통용될 것이다. 여전히, 그리고 앞으로도, 일본이 만들어내는 제품의 훌륭함은 세계를 매료시킬 것이다.

설령 인구가 줄어도, 일본인은 비관론에 휘둘릴 필요가 없다. 해야 할 일은 여러 가지 있지만, 앞으로도 크게 변화될 세계의 움직임 속에서 그 흐름을 파악하여, 거기에 지혜를 써서 참가하고, 그 문화, 제품, 사고방식, 그리고 서비스로 세계와 교류해 가면, 일본은 앞으로도 세계에 있어서 독자적 지위를 계속적으로 점할 것이다.

2008년 1월

이토 요이치伊藤洋一

아름다운 제품을 만들어내는 나라의 장래

근년, 일본은 계속해서 「쿨한(멋진) 나라」로 해외에서 다루어지고 있다.

산업으로서 넓은 분야를 가지고 있고, 국가의 종합적인 강점을 나타내는 자동차를 비롯하여, 일본제의 다양한 상품이 세계를 석권하고 있다. 나아가 일본이 만들어낸 팝컬쳐(대중문화)도, 지금 폭발적으로 세계에 파급되고 있다.

「Japan is cool.」(일본은 멋지다)이라는 것이다.

2005년 봄에 방일한 세계 패션리더인 데스티니즈·차일드의 세 딸과 TV 프로그램 수록에 즈음하여 이야기할 기회가 있었다. 그러자 그녀들도 일본의, 특히 여성의 패션에 대해서 이 말을 쓰고 있었다.

그 갭은 도대체 어디에서 오는 것일까. 분명히 1990년대의 일본은 광채를 잃고 있었다. 세계 경제의 변화에 대응할 힘이 부족했기 때문에 주변 국가, 세계의 주요국에 비교해서도 혈색이 좋지 않았다. 그러나 필자는, 일본은 그 강점을 회복하고 있으며, 그것은 정당하게 평가 받아야 한다고 생각하고 있다.

「잃어버린 10년」이라는 표현이 자주 사용된다. 필자는 만약에 그것이 일본, 일본 기업이 아무것도 해오지 않았다는 의미라면 큰 잘못이라고 생각한다. 일본의 기업은 10년 이상을 들여 시장경제의 두드러진 규모 확대,

거기에 IT(정보기술)혁명에 의한 변화 스피드 가속에 대한 대응을 마련하고 있었던 것이다. 좋은 경영 형태란 무엇인가, 하고.

그 결과는 일본 기업의 경쟁력, 수익성의 회복이고, 세계의 대표적인 등급평가기관에 의한 등급의 상승이다. 스위스의 유력조사기관인 국제경영발전연구소(IMD)의 조사 등에서도 일본 전체의 경쟁력 재상승이 현저해져 있다. 필자는 90년대의 10년도 「결코 잃어버리지 않았던 10년」이었다고 생각하고 있다. 그런데 「잃어버린 10년」이라며 사고정지에 빠져있는 사람이 얼마나 많은가.

「환경 자동차」로서 세계적 인기를 모으고 있는 프리우스를 만들어낸 도요타의 환경보호 기술에는 포르쉐도, 아놀드·슈왈제네거 캘리포니아 주지사도 머리를 숙이고 있다. 캐논의 기술력도 세계의 찬사의 대상이다. 더불어 헬로키티 등 일본이 만들어낸 캐릭터는 그 신사인 체하는 나라 영국까지도 휩쓸어 세계적인 인기를 받고 있다. 일본제 애니메이션의 강점은 말할 필요도 없다.

자동차 산업에 있어서 일본 메이커는 완전히 세계의 패권을 쥐었다. GM, 포드 등의 미국 자동차 메이커는 예전의 힘을 잃고 있다. GM이나 포드의 자동차보다 도요타, 혼다의 자동차가 세계 소비자의 미적 센스, 미의식에 합치하고 있다. 아름다운 제품을 만들어내는 국가의 장래는 밝다.

가령 이 아름다운 제품이 너무 많이 팔렸다고 해도, 이것을 마찰로서 정치문제화 하기는 어렵다.

개혁을 외쳐도 결과가 나오지 않는 정치, 언젠가 일본의 인구는 감소한다고 하는 현실에 대한 공포, 연속해서 일어나는 기업의 불상사 등, 일본에 대한 비관론이 나와도 이상하지 않을 환경은 확실히 있다. 하지만 일본에서는 역사에서부터 문화, 거기에 현실의 경제력에 대해서까지도 과도하게 비관론이 유포되어 있다고 생각한다.

적어도 공적인 장소에서 의견 표명을 할 때에는 비관론을 말하는 것이 유행이며, 낙관론을 말하는 사람은 적다.

일본인은 진정으로 「만점 갈망 민족」이라고 생각한다. 자신들의 이상을 높은 수준에 두고 그 수준에서 보아 「일본은 얼마나 뒤떨어져 있는가」를 논한다. 「감점 민족」이라고 해도 좋다. 「여기가 나쁘다. 여기가 뒤떨어져 있다」는 논쟁이 된다. 하지만 국력이나 각각의 국가가 갖는 특질·레벨은 어디까지나 상대적 존재이며, 평가도 상대적인 관점에서 내려야 한다. 절대적인 이상적 사회, 국가라는 것은 없다. 국가의 힘, 기업의 힘 등은 어디까지나 상대적인 것이다. 세계 국가들을 보면, 어느 나라든 심각한 불균형, 문제를 안고 있다. 문제가 없는 나라 같은 것은 없다.

중국의 대두를 염려하는 목소리도 강하다. 한국 삼성의 힘을 두려워하는 목소리도 있다. 인도의 컴퓨터 분야에 대한 파워를 느끼는 사람도 있다. 그들의 의견에는 어느 정도 근거가 있다. 특히 중국은 인구가 일본의 10배나 되는 대국이다. 「China Cross」(국가 단위 통계로, 중국이 일본을 추월하는 것)는 향후 여러 분야에서 일어날 것이다. 하지만 그렇다고 해서 일본의 장래나 우리들 생활의 장래에 과도하게 비관적이 될 필요는 없다.

국민 개개인의 생활수준을 높게 유지시킬, 더욱 향상시킬 힘을 일본은 갖고 있으며, 아마 그렇게 되리라 생각한다. 이것은 OECD도 인정하는 것인데, 지금의 일본 경제는 변화에 대한 대응력도 생겨 다양한 면에서 경쟁력을 회복하고 있다. 전체의 형태는 매우 좋다. 이 책에서 새로운 시점에서 분석하고 있는 대중문화의 파워도 가미하여 생각하면, 앞으로 30년은 어쩌면 버블 시기 이상의 「황금시대」를 맞이하게 되지 않을까.

필자는 2004년 단 1년 사이에 인도에 1회, 중국에 3회, 한국에 1회 출장을 갔다. 각 국가의 현재 상황을 눈으로 볼 필요성을 느꼈기 때문이다. 해외에 여러 차례 나가는 것은 2004년만의 이야기가 아니며 아시아 이외의 국가에도 빈번하게 나가지만, 해외에 가면 갈수록 일본의 강점과 잠재력에 용기를 얻고, 동시에 그 사실에 놀란다.

비관론에도 메리트는 있다. 그것이 강한 동안에는 적어도 자만심은 없기 때문에 개선을 시도하는 인센티브가 된다. 일본 메이지 유신으로부터의 약진에는 그런 면도 있었다. 따라서 비관론이 전적으로 괘씸하다고는 말할 수 없다. 하지만 과도한 비관론은 기력을 잃게 하여, 인체에 비유하면 면역력을 빼앗는다. 나중에 남는 것은 떨어진 체력과 쇠약해진 기력과 가난함의 막다른 골목이다. 그런 나라가 즐거울 리 없다. 국가도 개인도, 비관론은 기력과 면역력의 저하를 초래하여, 종종 사고정지를 가져온다. 일본은 그렇게 되어서는 안 된다.

중요한 것은 일본이 서 있을 위치를 불필요한 비관론에 휘둘리는 일 없이, 자신의 국가를 객관적이고 상대적으로 평가하여 거기에서 무엇이 필요하며, 어느 면에서 해외 여러 국가와 협조해 갈 수 있는 것인가, 그리고 국제화된 세계에서 일본은 어떻게 존재감을 발휘할 것인가이다. 자국의 강점을 인식할 수 있으면 해외 여러 국가와의 새로운 교류법에 대한 아이디어도 생겨날 것이다.

필자는 빈번하게 해외에 나가 세계의 경제와 시장을 보고 있기 때문에, 일본의 현재와 장래는 낙관적이라는 것을 알 수 있다. 언제나 마음속에서 「버려야 할 비관론」이라고 생각하고 있다. 독자에게 그 근거인 「일본력」을 보여줄 수 있다는 사실이 기쁘기 그지없다.

제3장　중국 창조력의 진실

제4장 **왜곡된 한국 경제**

제5장 **「축제 없는 나라」의 반란**

제6장 # 신격화된 인도의 실상

제7장 # 세계를 석권하는 문화와 경제

제8장 버려야 할 비관론

승리 패턴에 들어선 일본

2004년 말, 오랜 기간 일본과 미국의 경제 관계를 보아 온 필자가 봐도 실로 놀랄 만한 일이 일어났다. 미국에서도 가장 인기 있는 배우 출신인 캘리포니아 주지사, 아놀드 슈왈제네거가 일본의 토요타 자동차에게 환경차·하이브리드차 공장을 주내에 설치해줄 것을 요청하러 온 것이다.

원래 지금 달리고 있는 「가솔린차」의 대규모 생산은 19세기말에 헨리 포드라는 미국인이 시작한 것으로, 지금도 자동차 산업은 미국을 대표하는 산업이다. 세계 최대의 자동차 메이커는 GM(제너럴 모터스)이다. 이 회사의 연간 생산대수는 세계에서 850만 대를 넘어, 일본의 대표 주자인 토요타의 800만 대를 웃돈다. 『맑은 날에는 GM

이 보인다』(신조문고)라는 책으로도 유명한 이 자동차 메이커는 말하자면 미국 그 자체였다.

그 GM이 아닌 일본의 토요타에 프리우스로 대표되는 환경차·하이브리드차의 공장 설치 요청을 하기 위해 슈왈제네거가 일본을 방문했다는 사실—일본에서는 작은 뉴스로 취급했지만 그것이 갖는 의미는 크다.

아놀드 슈왈제네거

그것은 「환경차·하이브리드차」로는 일본이 GM이나 포드, 나아가 유럽의 메이커를 훨씬 능가하여 일본의 자동차 메이커 특히 토요타, 그리고 혼다가 세계의 톱을 달리고 있기 때문이다. 전혀 타국 기업의 추종을 불허한다.

자동차 산업의 발상지가 미국이라든가 세계 최대의 자동차 메이커가 GM이라는 사실은 상관없는 일이다. 환경 보호라는 시대의, 그리고 세계 속 소비자들의 미의식에 일치하는 차를 만들 수 있는 것은 지금은 일본 기업뿐이라는 엄연한 사실을 재확인하게 되었다. 작았던 보도와는 정반대로 슈왈제네거·캘리포니아 주지사의 2004년 말의 방일, 그리고 토요타에 대한 공장 진출 요청, 그것이 갖는 의미는 컸다.

이 지사는 배우답게 세상의 미의식 변화에 민감하다. 특히 환경차에 깊이 심취되어 있어서 「합승 우선 차선(카풀 차선=두 명 또는 세 명 이상이 타고 있는 차를 위한 우선 차선)에서 하이브리드차라면 한 명밖에 타고 있지 않더라도 달릴 수 있다」라는 법안에도 서명했다. 이에 따라 토요타의 프리우스, 혼다의 시빅 하이브리드 등 일정기준을 클리어한 하이브리드차는 한 사람이 타더라도 캘리포니아 주의 카플 차선을 달릴 수 있게 되었다. 그의 태도는 일관되어 있었다. 이 새로운 지사의 행동은 자신을 선거에서 뽑아준 캘리포니아의 선진적인 주민들의 미의식에 일치했던 것이다.

이에 맞서는 미국의 자동차 메이커의 움직임은 둔하다. 개발에서 늦었기 때문에 미국 제2위의 자동차 메이커인 포드는 자주 개발을 포기하고, 토요타에 환경 보호 기술 제공을 요청했다. 말은 좋지 않을지도 모르지만, 포드는 토요타에게 항복한 것이다.

톱인 GM은 어떻게 된 것인가. 토요타가 프리우스를 아주 잘 팔고 있는 지금도, GM에는 실제로 하이브리드 기술을 판매차에 장착할 기술이 실제론 없다. 토요타 관계자들에게까지도 'GM은 어떻게 할 것인가'라는 것이 관심의 대상이었다. 왜냐하면 이대로 환경 보호차가 인기상품이 되어 판매가 늘어간다면 그것이 없는 GM의 전망은 어두워지기 때문이다. 2005년 초에는 GM의 사채가 크게 하락하여 스탠다드&푸어스사의 신용등급 평가에서는 정크채(투자부적격사채)의 수준까지 떨어졌다. 일본에서도 크게 보도되었지만「GM채가 정크채가 된다」는 등, 수 년 전에는 생각할 수 없었던 사태였다. 시대의 변화는 격심하다.

그런 중에 만약 GM이 하이브리드 기술을 받아들여서 토요타에게 굴복하게 된다면, 그것은 큰 뉴스이다. GM은 2004년 말에「다임러 크라이슬러와 공동으로 전기자동차, 연료전지차를 등장시키겠다」고 발표했다. 하지만 놀라운 것은, GM과 다임러 크라이슬러의 환경 보호차·하이브리드차가 등장하는 것은 2007년이라는 사실이다. 게다가 두 회사 모두 지금까지 자체 제작한 환경 보호차를 소비자에게

선보인 적이 없다. 과연 어떠한 기술 완성도가 되고 어떠한 차가 될지, 그리고 세계의 소비자들이 그것을 받아들일지 어떨지, 전혀 짐작이 가지 않는다.

2005년 봄에는 토요타에 의한 GM으로의 환경 기술 제공에 대한 이야기도 조용히 부상했다.

그뿐만 아니라, GM과 토요타의 관계 변화를 나타내는 뉴스는 2004년 말에 몇 가지가 보도되었다. 그 중 하나는, 세계 제1위 자동차 메이커의 지위를 토요타가 GM에게서 빼앗는다 라는 뉴스이다.

토요타 강점의 증거

일본의 대표적 기업인 토요타는 최상의 상태이다. 좋은 업적이 계속되고 판매하는 자동차도 최고의 인기로, 「어딘가에 결함은 없을까」라며 자신의 약점을 열심히 찾고 있다. 영광으로 빛나던 회사도 한순간의 경영 판단의 실수로 나락에 떨어지는 변화의 시대이다. 그 「결함」이나 「약점」을 발견하면 토요타는 그것을 즉시 메우려고 한다. 「결함은 없을까」는 2004년 말에 나고야에서 회식했던 이 회사의, 그리고 오랜 친구인 간부가 필자에게 흘린 말이다. 「결함」을 굳이 찾지 않으면 안 될 정도로 토요타는 시대에 맞는 자동차를 만들고 있다.

토요타는 일본에서는 연간 이익이 1조 엔을 넘는 등 주로 수익력에서 주목받고 있지만, 세계적으로 보면 그 우수한 환경 기술이 바로 진수이다. 그 때문에 이 회사는 전 세계의 주요 시장에서 시장 점유율(셰어)을 늘리고 있다. 더구나 타사가 트집 잡을 수 없을 정도로 소비자들의 압도적 지지를 받고 있다. 그야말로 필자가 이 책에서 호소하고 싶은 '일본력'을 지닌 회사인 것이다.

이 회사에 약점이 있다고 하면, 전선이 급속히 늘어나고 있는 것으로 인해 인재 부족이 생기고 있다는 점, 좋은 업적으로도 주가가 오르지 않는다는 점, 게다가 F1(자동차 레이스의 포뮬러 원)에서 이길 수 없다는 점이었다.

하지만 2005년 시즌에서 토요타는 F1에서 몇 번이고 표창대에 올랐다. 현안의 하나는 해결한 것이다.

미국에서도 유럽에서도 프리우스를 손에 넣기 위해서 소비자는 오랫동안 기다려야만 한다. 그래도 팔리기 때문에 다른 토요타차의 높은 인기도 더해져서, 전 세계에서 토요타의 셰어가 올라가고 있다. 「토요타에게 하이브리드차에서 선두를 내준 것은 실수였다」고 GM의 수뇌도 순순히 패배를 인정했다.

토요타가 2004년 12월 21일에 발표한 그룹 전체의 「2005년(헤이세이 17년) 계획」에 의하면, 세계 판매에서 803만 대로 첫 800만 대의 목표를 내세웠다. 그 전년에 미국의 포드 모터를 앞질러 세계 제2위로 뛰어오른 토요타는 3년 연속 60만 대 증가라는 급성장을 계속하여, 1위인 GM과의 차이를 급속히 좁히고 있다. 즉 2005년 단계에서 연간 860만 대 전후의 생산대수로 제자리걸음을 하고 있는 GM을 한걸음 차로 추격했다.

실제로 토요타의 최고 수뇌인 오쿠다 히로시 회장은 2006년 세계 판매 대수 전망에 관해, 「2006년에는 세계 판매 대수에서 850만 대 정도가 될 것이다」라고 말했다. 이것은 2006년에 토요타가 자동차를 만들어낸 미국의 GM과 판매 대수로 어깨를 나란히 하게 된다는 것이다. 프리우스 등의 매출 신장을 보면 토요타가 GM을 앞질러 가는 것은 시간문제인 것 같다.

어쨌든 GM의 환경 보호차가 나오는 것은 빨라도 2007년이다. 미국의 소비자는 프리우스를 갖고 싶어서 모두들 오랜 기간 애를 태우며 기다리고 있다. 토요타는 그래서 판매 대수로 가속을 하고 있으며, GM에는 급브레이크가 걸려 있다. 「GM에는 팔릴 차가 없다」며, 미국의 자동차 업계 애널리스트도 냉정하다. 실제로 톱의 자리가 교체될 가능성은 높다. 거기에 바로 주식 시장이나 채권시장의 GM에 대한 염려가 있다. 그것은 또한 일본의 자동차 메이커, 특히 토요타 강점의 증거이기도 한 것이다.

승리 패턴에 들어간 일본 기업

70년 이상이나 되는 기간 동안 세계 제일의 자리에 군림해 온 자동차 업계의 거인, 미국 제너럴 모터스를 토요타가 대신한다—그 가능성이 높아진 것은, 이 토요타라는 회사가 현시점에서 훌륭하다는 증거임과 동시에 일본 제조업의 승리라고도 말할 수 있는 것이다.

일본은 미국에 대해 상당한 제조업 분야에서 지금까지도 승리를 거듭해 왔다. 필자가 뉴욕에 있었던 1970년대 후반에는 컬러텔레비 전부터 강철, 그리고 오토바이까지 잇달아 무역마찰이 일어났는데 그 대부분에 있어서 일본제 생산품들의 품질이 미국제를 명백하게 능가하고 있었다. 미국의 많은 업계는 정치의 도움을 빌려서 보호무역의 벽으로 도망쳐 들어갔다.

하지만 그 후 미국의 소비자들이 한 선택의 결과를 봐도, 일본 제조업의 미국 제조업에 대한 전체적 승리는 명백하다. iPod 등은 일본 기업의 오만이 만들어낸 국지전에서의 패배에 불과하다.

토요타만이 아니라, 일본의 자동차 메이커는 전체적으로 그 어마어마한 경쟁력을 과시하고 있다. 2004년에는 미국 시장에 있어서 일본차의 셰어는 30%를 넘었다. 미국 자동차 메이커의 미국 내 셰어가 46%인 것을 고려하면, 공장 진출이 진전되었다고 하더라도 일본의 메이커가 통틀어서 갖는 셰어는 상당히 크다. 물론 일본 메이커의 미국에 있어서의 셰어로서는 사상 최고이다.

덧붙여서 말하자면, 2004년 일본차의 유럽에 있어서의 판매도 전년 대비 5.8% 증가하여 191만 대가 되어, 셰어도 13.1%로 크게 신장했다. 일본차의 셰어는 전 세계에서 증가하고 있다고 말할 수 있다.

필자가 있던 70년대나 80년대의 미국이라면 즉시 「무역마찰」이 되었을 것이다. 엔저현상이 너무 지나치다든가, 일본 메이커는 덤핑을 하고 있다든가. 하지만 그것이 이번에는 아무래도 그런 전개로는 될 것 같지 않다. 그것은 일본 자동차 메이커가 미국화, 즉 미국에 공장을 전개하여 미국의 노동자와 경영자를 고용하고 그 위에 판매망을 확립하여 판매하고 있기 때문이지만, 더 중요한 포인트가 있다.

그것은 토요타의 프리우스, 혼다의 인사이트 등으로 대표되는 환경 보호에 뛰어난 하이드리드차를 미국 메이커는 만들 수 없다는 점이다. 그 미국 메이커가 만들 수 없는 일본차를 미국 소비자는 서로 앞 다투어 사고 있다.

제품의 이미지라는 것은 강렬하다. 시대의 요청, 미의식에 꼭 들어맞는 차를 만들 수 있는 회사의 차라고 하는 것만으로, 그 회사의 제품은 좋은 순환을 이루며 팔린다. 지금의 일본차 붐에는 그런 면이 있다. 역으로 말하자면, 그런 차를 만들 수 없는 미국 메이커에는 급브레이크의 힘이 작용하고 있다는 것으로, 사실 미국의 GM, 포드의 미래에 대한 불안감은 소비자에게도 시장에도 뿌리가 깊다. GM의 사채가 급락한 것은 앞서 지적한 바와 같다.

그것은 미국의 자동차 메이커도 잘 알고 있다. 여기에 일본차 메이커의 셰어 증대를 옛날처럼 「일본차의 침략」이라고 정치에 호소할 수 없는 사정이 있다.

지금 만일 미국 자동차 메이커가 일본차 메이커를 덤핑 등의 이유를 들어 고소하면 비웃음거리가 될 것이다. '하이브리드차도 못 만드는 회사가 무슨 소리냐….'라고 말이다. 미국이란 그런 나라이고, 여기에 '일본력'이 나타나고 있다. 실제로 이번 경우에는 미국 자동차 메이커로부터의 노골적인 대일비판은 나오지 않았다. 그 정도로 일본 자동차 메이커는 자동차의 종주국 미국에서 소비자의 미의식에 맞는 차를 만들고 있다는 것이다. 그리고 그 힘은 유럽도 석권하고 있는 중이다.

그런 자동차 메이커 그룹을 가지고 있는 일본 제조업의 어디가 비관론의 대상이 되는 것인가. 필자는 비관론을 퍼뜨리고 있는 사람들에게 물어보고 싶다고 항상 생각하고 있다.

토요타나 혼다는, 분명히 일본 기업 중에서는 돌출된 기업이다. 그러나 자동차 산업은 매우 영역이 넓은, 그 나라의 경제력을 나타내는 산업이다. 그 산업에서 토요타나 닛산, 그리고 혼다 등의 유력 기업들을 갖고 있다는 것은 그만큼 일본 산업계 전체의 레벨이 높다는 것을 나타내고 있다.

기술로 앞서는 기업은 강하다. 자동차뿐만 아니라 디지털 카메라,

공작 기계, 공사용 기기, 휴대폰·모바일, 가전 등 일본이 강한 산업 분야는 많다. 세계 시장에서도 압도적인 셰어를 갖고 있는 기업도 있다.

일본 기업의 대부분은 이미 부활했다. 나머지 약한 기업의 뉴스가 많아서 일본 경제의 강점을 많은 일본인이 알아차리지 못하고 있을 뿐이다.

시대의 요청에 맞는 자질을 지닌 민족

그렇다면 왜, 일본 기업은 90년대에, 80년대 세계적으로 주목받던 지위에서 떨어진 것인가. 그것은 일본의 상당 기업이 90년대에 일어난 세계 경제의 큰 변화에 대응하지 못했기 때문이다.

필자는 1997년에 쓴 『스피드 경제』(일본경제신문사)에서 변화의 가속 원인을 지적하고, 일본 기업에 「유연해질 필요성」을 호소했다. 그때 상세하게 다루었는데, 89년부터 90년대 초에 걸쳐 세계 경제에서는 대단히 큰 변화가 두 가지 일어났다. 하나는 베를린 장벽 붕괴로 상징되는 사회주의 체제의 붕괴로, 그때까지 일본, 미국, 유럽을 중심으로 약10억 명으로 돌아가고 있던 시장 경제의 규모가 극적으로 확대된 것이다. 현재 세계 시장 경제에는 대충 어림잡아 45억 명은 참가하고 있을 것이다.

새롭게 시장 경제에 들어온 방대한 수의 노동자의 임금 수준은, 그때까지의 일본을 포함한 선진국으로서는 상상을 초월할 정도로 낮은 수준이었다. 즉, 전 세계에 매우 값싼 노동력이 한꺼번에 제공되었다. 세계의 비용 구조가 그때까지와 크게 달라진 것이다. 어쨌

든 기업은 일본인 노동 임금의 10분의 1, 100분의 1로 일하는 노동
자를 마음껏 사용할 수 있게 되었고, 그들도 또한 선진국 기업에서
일하고 싶어 했다.

그 결과 일본과 같은 선진국 노동자의 임금 수준도 중국이나 베트
남 노동자의 임금 수준으로 끌려가는 형태가 되었다. 왜냐하면 싼
제품에 대항하기 위해 일본 기업도 모두 이들 나라로 공장을 이전했
기 때문이다. 이것은 일본 기업이 노동력과 토지, 공장을 수입한 것
과 같다. 80년대의 「압력솥」과 같은 구조로, 지가도 임금도 오르고
있던 일본이라는 냄비에서는 공기가 한꺼번에 빠져 주식, 부동산 등
자산 가격은 크게 떨어지고 디플레이션 경향이 심화되고 불황감이
높아졌다. 압력솥 경제 속에서 자산 가격은 세계에서도 예가 없는
수준으로 올라갔기 때문에 그 후 하락이 심하여, 일본이 세계에서
제일 먼저 디플레이션으로 고전한 것은 당연했다.

나아가 진전된 것이 산업의 기간 기술로서의 디지털화이다. 이
기술의 진수는, 말하자면 「장벽 붕괴」이다. 법적 틀로서도 80년대,
90년대는 규제 완화도 일본을 포함한 세계 각국에서 진행되었지만,
그것을 테크놀로지로서 한층 더 가속하여 산업 구조의 변화를 밀고
나간 것은 IT였다.

IT 때문에 정보 산업에서는 두드러진 기술 혁신과 업계의 융합이
진행되고, 지금까지의 산업계의 틀은 크게 무너졌다. 지금 되돌아보
아도, 합병 등에 의해 각 업계에서 대기업의 수가 얼마나 감소했는
지를 생각하면 그 충격을 알 수 있다. 일본에서도 80년대에 비하면
대형 은행의 수는 절반이 되었고, 철강도 그렇고 종이·펄프도 그러
하다. 즉 『스피드 경제』에서 지적한 「이분자가 서로 부딪치는 것에

의한 매우 큰 화학 반응」이 일어난 것이다.

90년대에 일본이 80년대의 영광에서 단번에 몰락한 것은 이 90년대 초부터의 큰 변화에 대응할 수 없었기 때문이다. 경영자의 대부분은 「틀을 지키는」 것이 옳다고 주장하는 법학부 출신자로 점해져 있었고, 기업에서 나라의 조직까지 「안정된 성장」을 전제로 하고 있었다. 사회주의의 붕괴, IT혁명이라는 극적 변화를 상정하고 있지는 않았다. 기업에서는 부·과를 바꾸는 것에도 상당히 애를 먹었고, 일하는 쪽도 지위의 변경에 심리적으로 저항했다. 변화를 좋아하지는 않았다. 변함없이, 들어간 회사에 계속 있는 것이 미학이었다.

90년대의 세계 경제의 변화, 요청에 딱 맞는 것은 미국이다. 어쨌든 미국은 이민의 나라이며 원래부터 조직이 유연한 구조이다. 정권이 교체될 때마다 고급 관료는 모두 교체된다. 일본인에게는 상상도 할 수 없는 유연성을 지닌 것이다. 「같은 회사에 5년 이상 근무하고 있다」고 말하면 그들은 의아한 얼굴을 한다. 「능력이 없는 게 아닌가」하고 의심하는 것이다.

미국인은 보통 3년에 한 번은 전직한다. 평생 같은 회사에서 일하는 GM이나 IBM과 같은 예외적 기업의 노동자도 있지만 대부분의 미국인은 전직하는 것이 당연하고, 그것이 자신의 능력의 증거라 여기며, 언제나 보다 우위인 시대의 요청에 맞는 기업을 찾는다. 석탄 산업이 한창일 무렵 일본의 석탄 회사에 취직한 당시의 학생 대부분이, 그 후 에너지 산업의 중심점 이동(석유나 원자력 등)에도 불구하고 계속 석탄 회사에서 열심히 일했던 것과는 전혀 상황이 다르다. 때문에, 미국에서는 신규 산업이 전개된 때에는 속도가 빠르다. 그것은 미국인이 우수해서가 아니라, 사회 구조가 그것을 가능하게 하고 또 용이하게 하기 때문이다.

　미국이 건국 이래 계속 갖고 있던 이 조직 구성과 인적 교체에 대한 유연성은, 90년대 세계 경제의 큰 변화에 딱 맞았다. 미국 회사는 처음부터 「변화 대응형」이라고 할 수 있다. 성장할 것 같은 산업이 있으면 마구 그쪽으로 사람이 이동한다. 비즈니스맨뿐만 아니라, 텔레비전의 유명한 캐스터나 코멘테이터도 앞 다투어 인터넷의 세계로 들어갔다. 일본처럼, 이동하는 사람이 고민하거나, 그것에 대해 부모가 걱정을 표명한다고 하는 일도 없다. 극히 자연스러운 것이다. 지금도 일본의 대다수의 부모가, 특히 남자아이의 전직을 걱정하는 것과는 전혀 사정이 다르다.

　성장하는 산업에는 단기간에 우수한 인간이 모이는 것이 미국이다. 하지만 일본은 늦다. 우수한 사람일수록 회사를 옮기지 않는다. 최근에는 예외도 나왔지만, 여전히 그렇다. 변화가 가속하는 시대에 있어서 일본과 미국의 어느 쪽 조직이 적합했는지는 불을 보듯 뻔하다. 미국이 유리했다.

　때문에 70년대, 80년대의 국제회의에서 일본과 독일로부터 「좀 더 확실히 해」라고 하는 질타·격려를 받았던 미국이, 90년대에는 갑자기 활기를 띠게 되었다. 일본도 독일도 전후의 성공 체험을 질질 끌고 있었던 데다가, 낡은 사회가 가진 완고함에서 시작된 급격한 변화에 대응할 수 없었다. 지금도 그런 면이 있다.

　테크놀로지 면에서 봐도 90년대의 미국에는 윈텔이 있었다. 마이크로소프트의 「윈」도우즈와 인「텔」의 칩 기술이다. 일본인이 사용하는 PC, 컴퓨터의 대부분의 OS(기본 소프트)가 여전히 윈도우즈이며, 안에 사용되고 있는 하드 디스크가 「intel inside」로 나타나는 인텔제인 것은 90년대의 미국의 기술적 우위를 상징하고 있다.

산업 구조가 안정되어 있던 80년대에는 일본의 기업이 시대에「딱 들어맞는」존재였으며, 세계에서 크게 활약했다. 변화가 격심해진 90년대는 미국이「딱 들어맞는」존재였다. 시대의 바람은 그때그때에 있어서「딱 들어맞는 민족·국가」를 골라낸다. 일본인이 갑자기 두뇌가 약해졌다든가, 미국인이 갑자기 영리해진 것이 아니다.

칭기즈 칸이 거느린 몽골군이 13세기에 유라시아 대륙에서 대제국을 만들 수 있었던 것은, 그들이「말」이라는 귀중한 무기·도구를 대량으로 보유하고 있었던 것이 큰 요인이라는 것은 많은 역사가가 지적하고 있다. 말을 갖지 않은 민족은 몽골군에게 전혀 당해낼 수 없었다. 반복하지만 역사에는 그 시대 시대에서, 시대의 요청에 맞는 자질을 가진 민족·국가가 등장하는 것이다.

90년대는 명백하게 변화 대응력이 강한 미국의 10년이었다. 몽골군의「말」에 비유하면, 90년대 미국의 무기는 윈텔도 그렇지만, 건국 이래의 유연한 조직 구조가 그것이었다고 말할 수 있다.

「변화에 대한 대응」이라는 80년대에 없었던 사태에 적응을 요구받은 일본은 신음했다. 그 때문에 일본 경제는 괴로워했고, 그 대응에 더해져 디플레이션에서 발생된 불량 채권의 처리가 일본 경제를 괴롭혔던 것이다.

작은 나라가 우위였던 90년대

세계 각국의 경쟁력을 순위 매김하고 있는 IMD(도표1 참조)의 조사를 보면 흥미로운 것을 알 수 있다.

도표1 세계경쟁력 랭킹(2004년. IMD조사)

스코어

스코어	국가 (순위)
100,000	(1) 미국 1위
89,008	(4) 싱가폴 2위
86,626	(6) 캐나다 3위
86,046	(7) 호주 4위
86,015	(8) 아이슬란드 5위
85,765	(10) 홍콩 6위
84,378	(5) 덴마크 7위
83,636	(3) 핀란드 8위
83,083	(2) 룩셈부르크 9위
80,303	(11) 아일랜드 10위
79,578	(12) 스웨덴 11위
79,543	(17) 대만 12위
78,933	(14) 오스트리아 13위
78,809	(9) 스위스 14위
78,613	(13) 네덜란드 15위
75,919	(21) 말레이시아 16위
75,468	(15) 노르웨이 17위
74,394	(16) 뉴질랜드 18위
74,265	(38) 절강성(중국) 19위
73,730	(31) 바이에른(독일) 20위
73,435	(20) 독일 21위
72,186	(19) 영국 22위
71,915	(25) 일본 23위
70,725	(29) 중국 24위
70,324	(18) 벨기에 25위

(괄호 안은 2003년도 랭킹)

인구가 1억 명을 넘어 세계에서도 손꼽히는 인구 대국인 일본이 기민하게 방향을 잡지 못했던 것이, 어느 정도 당연했음을 알 수 있는 랭킹이다.

바로 알 수 있는 것은, 상위에 오는 것은 미국 이외에는 작은 나라가 많다는 것이다. 이것은 90년대 후반부터 현저해진 경향이다. 2004년의 조사에서는 1위가 미국이고, 2위가 인구 400만 명 정도인 싱가포르, 3위, 4위는 미국과 같은 앵글로 색슨계의 이민 국가인 캐나다와 오스트레일리아로, 그 뒤는 5위가 아이슬란드(인구 29만 명), 6위 홍콩(681만 명), 7위 덴마크(538만 명), 8위 핀란드(519만 명), 9위 룩셈부르크(41만 명), 10위 아일랜드(392만 명)로 이어진다.

그 뒤도 스웨덴(11위), 대만(12위), 오스트리아(13위), 스위스(14위)로 되어 있다. 인구가 5000만 명을 넘는 나라가 등장하는 것은 21위의 독일(8254만 명), 22위의 영국(5923만 명), 23위의 일본(1억 2700만 명)이다.

앵글로 색슨계의 이민 국가인 미국과 같은 경우에 있으며, 3위가 된 캐나다(3000만 명), 4위의 오스트레일리아(1971만 명)도 그다지 인구가 많은 나라가 아니다. 왜 그렇게 되는 것인가. 필자는 이 문제를 계속 생각해 왔는데, 결론은 다음과 같다.

1. 인구가 적은 나라는 세계정세의 변화에 본래 민첩하게 대응하는 생활 방식을 줄곧 취해 왔다. 경제의 변화 스피드가 가속된 90년대에는 특히, 「변화 대응」이 뛰어난 이들 나라가 재빠르게 상황 변화에 대응하여, 미국 이외의 대국보다도 상대적으로 우위가 되었다.

2. 인구가 적은 나라의 국민은 자국어 이외에도 적극적으로 국제어인 영어나

항모보다도 전함, 전함보다도 순양함이 키의 방향을 잡는 것이 편한 것과 비슷하다. 그에 비해 일본이나 독일, 영국은 국내만으로 넓은 시장이 있고, 각각 오랜 역사를 지니며 자국의 방식을 갖고 있다. 또한 대부분의 사람은 자국어로 평생을 살 수 있다. 겨우 수 백 년의 역사밖에 없는 이민 국가와도 다르고, 각각 성공 체험이 있다. 그러한 나라들은 자국을 둘러싼 환경의 변화에는 좀처럼 뒤따라가지 못한다. 어딘가에 「자국 방식이 가장 좋다」라는 생각이 있다. 그러나 작은 나라에서는 쉽사리 그렇게 되지 않는다.

일본은 특히 80년대에 「제팬 이즈 넘버원」으로 칭송받았던 나라이다. 성공 체험을 버리는 것은 상당히 어렵다. 일본은 80년대와는 격변한 현실을 정면으로 바라볼 각오를 하기 위해서만도 90년대 전반을 필요로 했다고 필자는 생각한다. 기업도 정부도 그때부터 본격적으로 키를 잡았기 때문에, 변화 가속에 대한 대응이 늦어진 것은 무리도 아니다. 일본은 인구가 1억 명을 넘는 대국이다. 세계에서 인구가 1억 명을 넘는 나라는 중국, 인도, 미국, 인도네시아, 러시아 등 10개국 밖에 없다. 틀림없이 일본은 항공모함이었다.

하지만 그러면 그 사이가 「잃어버린 10년」이었는가라고 말하면, 그것은 틀리다. 80년대까지의 정책을 되풀이하고, 그것이 90년대에는 통용되지 않음을 이해하기까지 시간이 걸렸을 뿐이다. 예를 들면 필자는, 90년대에 일본 정부가 명확하게 내놓은 각종 경제 대책과 그 후에 있어서의 주가 반응을 단기적으로도 장기적으로도 관련지어 조사한 적이 있다. 92년 8월 28일의 종합 경제 대책(규모 11조 엔), 93년 4월 13일의 신 종합 경제 대책(규모 13조 엔)부터 2000년대에 들어서의 2002년 2월 27일의 종합 디플레이션 대책까지이다. (도표2 참조)

그 하나하나의 경제 대책은 내용이 반드시 같은 것은 아니고, 90년대 공공사업을 중심에 놓은 것에서부터, 2000년대에 들어오고 나서의 구조 개혁·사회 자본 정비를 중심으로 한 것, 또 불량 채권 처리 촉진·주식의 공매 규제를 중심으로 한 것까지 있다. 그러나 총체적으로 말할 수 있는 것은, 특히 90년대 공공사업 중심의 경제 대책에 대한 주식 시장의 반응은 회를 더할 때마다 저하했다고 하는 것이다.

도표2 90년대 이후에 행해진 경제대책과 nikkei 평균주가

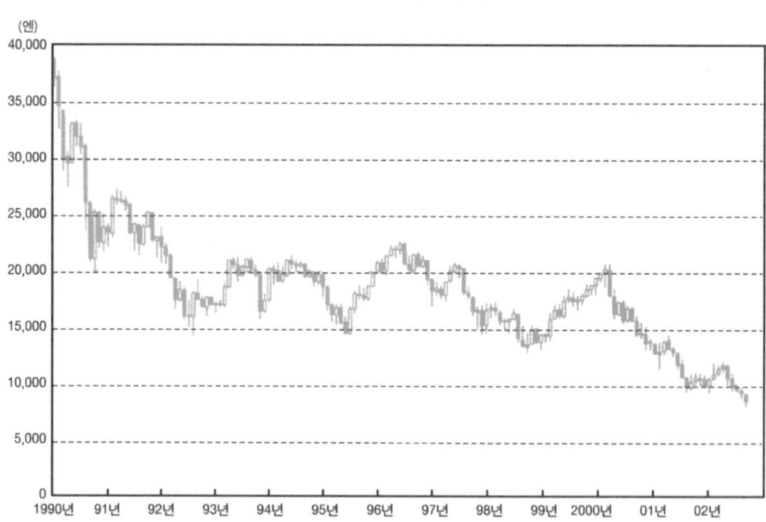

90년대 시작 무렵의 대책은, 발표와 동시에 또는 그 내용이 시장에 전해짐과 동시에 주가를 대폭으로 밀어 올렸다. 시장 측에도, 「공공 대책 → 주가 상승」이라는 기성 개념이 있어서, 그것에 의지했기 때문이다. 그러나 디플레이션은 멈추지 않고 불량 채권은 불어나 경제는 정체되었다. 때문에, 시간이 지나자 또 주가가 하락했다.

일본 경제가 놓인 새로운 환경, 경쟁 조건을 이해할 수 없었던 일본 정부는 「민간에 수요가 없기 때문에 정부가 수요를 야기한다면」이라고 하듯이 공공투자를 반복했다. 그러나 그때마다 주가의 상승은 점점 작아져 갔다.

일본을 둘러싼 경쟁 조건이 80년대와 90년대는 다르게 격변했기 때문에, 규제를 완화하여 기업들이 유연하게 활동할 수 있는 폭을 넓힘과 동시에, 일본이 진정으로 경쟁력 있는 나라가 되도록 자금을 써야만 했다. 그리고 기업이 새로운 환경 속에서 다시 경쟁력을 확보하고, 또한 국민이 첨단적인 그리고 국제적인 교육을 받아 기업도 개인도 자신을 되찾는 정책을 취해야만 했다. 교량이나 도로를 아무리 만들어도 일본인에게도 일본 기업에게도 새로운 세계에서 살아갈 자신이 조금도 생기지 않기 때문에, 국내 수요가 커질 리가 없다. 그러나 그런 인식은 90년대 후반이 되기까지 생겨나지 않았다.

일본의 경쟁력 향상에 도움이 되지 않는, 따라서 일본 경제를 장기적 궤도에 올릴 수 없는 공공사업을 거듭했기 때문에, 나라의 빚은 급증하고, 그것이 또 일본인이 자신을 잃는 원인이 되었다. 이리하여 점점 소비가 위축되었다.

그러나 필시 그것은, 실패를 거듭하지 않으면 깨달을 수 없는 일이었을 것이다. 인간은 간단히 성공 체험을 버릴 수 있을 정도로 현명하지 않고, 실패 속에서 배울 수밖에 없다. 80년대형 공공사업을 반복해도 소용없다고 먼저 시장이 깨닫고, 그리고 사람들이 깨달아 비로소 다른 방법을 강구할 결심이 생겼다고 말할 수 있다. 고이즈미 정권의 정책은 완전한 것이라고는 말할 수 없으며 그 수법에도 찬성할 수 없는 것이 많지만, 적어도 90년대의 실패에 입각하고 있는 것은 확실하며 그런 면에서는 일보 전진이다.

가장 요구되는 것은 많은 경영자가 지적하고 있는 대로「스피드」와「대응력」이다.

계속하여 격상하는 일본 기업

그 일본에 요즘, 다시 세계 경제 속에서「가장 적합하다」라는 징후가 보인다.

토요타나 혼다가 환경 보호차로 앞서는 선진 기업이라는 데에 이의는 없을 것이다. 앞에서 말했듯이, 일본차의 셰어는 미국뿐만이 아니라 유럽이나 그 밖의 다른 지역에서도 급속하게 높아지고 있다. 어쨌든「독자 기술」을 가지고 있고, 그것이 소비자의 미의식에 부합하고 있으면 금상첨화이다. 지금 토요타와 혼다를 비롯하여, 많은 일본 기업이 그 양자를 갖고 있다.

90년부터 시작된 세계 경제의 큰 환경 변화에 다소 시간이 걸렸다고 해도 잘 대응하여 새롭게 그 힘을 발휘하기 시작한 일본 회사는 그 밖에도 여러 곳이 있다. 일본 철강 메이커가 만든 철판 품질의 우수함은 정평이 나 있고, 중국이 2004년 봄에 금융 긴축으로 움직였을 때도 판매 감소는 적었다고 한다. 에어컨, 가전에서 게임기까지 세계 가정에 깊이 들어가 있는 일본 제품은 많으며 그것들의 평판이 세계적으로 다시 높아지고 있다.

그것은 90년대에 일본 기업이 시행착오를 겪으면서, 또한 적극적인 구조조정을 반복하면서 새로운 환경에 대한 대응을 해왔기 때문이다. 실패의 유산인 불량 채권의 처리도 진전되었다.

지금 일본 기업의 체력 회복에는 현저함이 있다. 스탠다드&푸어스(S&P), 무디스 인베스터스 서비스와 같은 미국의 대표적인 신용등급 평가 회사는 일본 기업의 장기신용등급을 전체적으로 끌어올리는 방향으로 움직이고 있다.

양사가 등급 평가의 대상으로 하고 있는 일본 기업의 수는 약 300사이다. 사채 등의 채무를 계약대로 변재할 능력에 따라 S&P가 23단계, 무디스가 21단계로 구분하고 있다. 2005년 초에 발표된 것에 의하면 2004년 중에 S&P는 평가 대상인 일본 기업들 중 64건을 등급 상향했다. 이에 비해, 등급이 하향된 회사의 수는 17건에 머물렀다. 등급 상향 내역에는 종합전기나 상사를 중심으로 일반회사가 41건, 은행이 14건, 보험이 6건, 논뱅크 증권이 3건으로 되어 있다.

일본 기업에 대한 등급 상향 경향이 보다 선명하게 드러난 것은 무디스 인베스터스 서비스로, 등급 상향이 121건인 데 비해 등급 하향은 불과 3건밖에 없었다. 등급 상향 내역에는 은행이 27건, 종합전기를 포함한 하이테크 관련이 14건, 식품이 10건 등으로 되어 있으며, 화학이나 철강도 등급 상향의 대상이 되어 있다. 80년대부터 등급 하향만이 계속되어, 국채의 신용등급 평가는 아프리카의 보츠와나 수준 정도로 평가된 일본이지만 간신히 등급 평가 상에서 강력한 선진국의 지위를 되찾고 있다. 평가된 것은, 불량 채권 처리라는 소극적인 대책과 동시에 일본 기업의 현저한 수익력 회복이다.

IMD조사에 의한 나라의 경쟁력 랭킹에서도 2005년 최신 조사에서 일본은 22위가 되어, 전년보다도 상위를 점했다. 하지만 필자는 제조업 분야에서 일본은 톱을 달리고, 전체 랭킹에서도 좀 더 위에 있는 것이 마땅하다고 생각한다.

세계의 산업 트렌드를 붙잡은 일본

이런 상황 속에서도 필자는 하나하나의 기업뿐만 아니라, 일본인 한 사람 한 사람 속에 「새로운 현실에 대한 대응력」이 싹트기 시작한 것으로 생각한다. 예를 들어 필자는 최근까지 2년 반에 걸쳐 오쯔마 여자 전문대학의 시간 강사를 했는데, 종종 학생으로부터 받은 질문은 「직업학교에 가는 편이 좋은가」라는 것이었다. 학생들도 취직난인 것은 알고 있고, 여자 전문대를 나와도 반드시 직장이 보장되고 있는 것이 아님을 알고 있다. 그래서 「다른 학교에 가서 기술이나 재능을 익히자」는 발상을 하게 된다.

필자가 대학생이었을 무렵에는 대학을 나오면 적어도 취직에 어려움을 겪던 시기가 아니었기 때문에 「요즘 학생들은 지나치게 공부한다」고 생각했지만, 생각해보면 18~19세의 전문대생조차도 지금 자신들이 놓인 환경을 알고 있을 것이다. 그리고 그녀들이 취한 행동은, 「스스로 잘 팔릴 수 있는 무기를 익힌다」였다. 그것은 영어 회화 능력일지도 모르고, PC 조작일지도 모른다. 아무튼 스스로 자신을 가질 필요를 깨닫고 있는 것이다.

여자 전문대생도 그러니 일반 학생도, 그리고 한창 젊은 사원도,

80년대 이전의 일본인보다 지금 사람들은 「변화에 대한 내성」을 훨씬 더 익히고 있다고 생각한다. 이런 자주적 노력에 의해 개인이 자신을 갖기 시작하고, 또한 기업이 변화와의 타협을 잘 지을 수 있게 된 것이 현재의 일본일 것이다. 물론 미국만큼은 아니지만 일본에서도 전직이 비교적 용이하게 행해지게 되었고, NTT도코모의 간부가 보다폰으로 옮긴 것처럼 갑자기 경쟁회사의 간부가 되는 임원도 나왔다. 부적합해서 파산하는 회사도 있지만, 일본 국제적 기업의 대부분은 변화와의 타협을 통해 다시 세계 시장에서 활약하려고 하고 있다.

그렇다 해도 일본은 특이한 나라라고 생각한다. 90년대 후반에 그토록 경제가 흔들려 금융 위기에 처하고 또한 이웃나라 한국 등은 IMF 관리 하에 들어갔음에도 불구하고, 일본은 한 번도 대외수지가 적자가 된 적도 없고 엔은 강세를 이어나갔다. 전혀 가망이 없다고 한 90년대에 있어서도 대부분의 일본 기업의 국제 경쟁력은 떨어지지 않았다. 나아가, 90년대 후반부터는 일본이 가진 기술력이 다시 세계의 산업 트렌드를 잡으려고 하고 있다.

90년대를 지배한 윈텔은 OS로서의 리눅스와 트론의 신장, 인텔의 지배력 저하에 의해 상당히 그 존재가 희미해졌다. 이에 비해, 일본이 장기로 하는 제품을 작게 하는 기술은 응용 범위를 넓히고 있다. 일본의 독무대 분야도 적지 않다. 실질적으로 가전 산업이 없는 미국은 IPv6 등 신기술을 이용하여 종래의 전자 제품에 IT기술을 응용하고, 가전제품과 융합시킨 새로운 제품을 만드는 힘은 약하다. 이런 가전에 관련된 새로운 IT 분야를 개발하는 데에 가장 태세가 갖추어져 있는 것은 일본이다.

필자의 견해에 의하면 전후 쭉 시장 경제 동료로서 서로 경쟁해온 일본, 미국, 유럽의 기업 중에서도, 제조업의 제작 분야에서는 일본이 갖고 있는 힘이 월등히 우수하다고 생각한다. 자동차 업계에 있어서의 일본의 우위는 이미 몇 번이나 말했지만, 이 일본 자동차 메이커의 우위는 오래 고전한 유럽 시장에서도 현저해지고 있다. 유럽 자동차 메이커에는 일본 메이커가 갖는 하이브리드 기술을 가진 메이커가 없기 때문이다.

그 때문에 환경(ecology)에 민감한 유럽 소비자의 미의식은 더욱 일본차로 향하고 있다. 이러한 가운데 유럽에서도 일본차의 세어가 신장하는 것은 자연스럽다고 할 수 있다. 일본은 90년대의 괴로운 시기를 거쳐 「일본력」에 의해, 구미로 한 걸음 나아가려고 하고 있다.

제조업은 역시 일본

일본 기업을 위협하는 존재로서 중국이나 한국, 마지막에는 인도 기업이 자주 거론된다. 거기에는 공포감도 뒤섞인 기사가 군데군데 보인다. 그러나 필자는 제2장과 제6장 사이에서 해설하겠지만, 이들 국가나 기업이 놓인 환경과 비교했을 때, 일본이나 일본 기업의 강점은 당분간 「흔들리지 않는(invincible)」 것이라고 생각한다.

중국이 90년대 중반부터 세계의 생산기지로서 존재감을 높이기 시작했을 때 일본 매스컴을 뒤덮은 것은,

「일본 제조업은 마침내 중국의 싼 비용에 항복한다」

「중국은 일본 경제의 경쟁력을 깎아내린다」

라고 하는 비관론이었다. 그러나 필자는 처음부터 이 견해를 믿지

않았다. 중국 위협론을 주장하고 일본 장래에 대한 비관론을 거침없
이 말한 사람 중에는 중국에 간 적이 없는 자들도 많았다. 싼 임금은
확실히 무기이다. 하지만 그것만으로 생산국가로서 세계에 패권을
주장할 수 있을 정도로 세계의 소비자는 단순하지 않으며, 중국의
체제도 갖춰져 있지 않다. 그것은 제2장, 제3장에서 다루겠지만, 어
쨌든 시장 경제의 기본적인 체제(법률이나 제도 등)까지 갖춰져 있지
는 않다. 그리고 지금도 중국 수출의 대부분을 담당하고 있는 것은
중국에 진출한 외국 기업이다.

일본 기업이 중국을 오히려 중요한 시장으로 간주하고 그곳에서
성공하고 있는 것은 중국에 가면 바로 알 수 있다. 몇몇 일본 기업은
착실한 노력으로 상당히 이른 시기부터 현지에서 성공해 왔다. 일본
의「중국 위협론」이 정점에 달했을 때도, 상해에서 가장 잘 팔리는
맥주는 산토리의 것이었고, 중국 사람들이 가장 원하는 가전제품은
일본제라고 하는 것은 바로 알 수 있었다. 단지 너무 비싸서 살 수
없을 뿐인 것이다. 이제부터 중국이 세계 공장의 지위에 올라 그것
에 의해 풍족해지면, 일본 제품을 대량으로 사는 중요한 손님이 될
것임이 눈에 보였다.

일본 기업 중에서 중국과의 경쟁에서 궁지에 내몰린 회사가 있는
것은 확실하다. 하지만 그것은 아주 빨리 중국에 진출한 일본 기업
의 중국과의 합작기업이 생산한 제품과의 경쟁에 진 것이다. 즉「중
국, 중국」이라고 말하면서, 많은 일본 기업은 중국에 진출한 외국(일
본을 포함한) 기업과의 경쟁에서 패하고 있다. 그것은 경영 판단의
문제로, 반드시 국가 간의 경쟁력 문제는 아니다.

지금의 중국은 일본에 있어서 어떤 존재가 된 것일까. 정말 위협

일 뿐일까. 중국은 그 강력한 경제 발전이 가져오는 견인효과(일본의 대중 수출 급증)로 일본의 경기를 이끌고 있다. 일본의 여론은 우선 어떤 일이든 비관론으로 치우치며, 그것을 부정하는 사실이 나와도 그것을 가능한 한 무시하고 비즈니스맨의 상식이 크게 전개된 후가 되어야만 겨우 그 비관론을 수정한다는 실로 이상한 전개를 보인다.

한국에 대해서는 제4장에서 기술하겠지만, 그 나라가 대외수지 위기에 처하여 IMF 관리 하에 들어간 후에 행한 개혁에 대해서도 일본에서는 큰 오해가 있었다고 생각한다. 일본에서는 한국이 IMF 관리 하에 들어간 것이 잊혀졌고, 한국이 그 후에 취한 발 빠른 경제개혁에 대해서만 칭찬하며 「그에 비해 일본의 개혁은 느리다」라는 이야기만이 들린다.

하지만 그 후 한국 경제의 전개를 보면 당시의 개혁이 성과를 냈다고는 말할 수 없음은 명확하다. 일본이 회복기조에 들어갔음에도 불구하고, 한국은 기업의 재벌로의 재집중이 진행되고 노사분쟁은 끊이지 않았다. 세계가 경기 상승 속에서 금리 인상에 들어간 국면에서도 한국의 경기는 정체되고, 2004년에는 금리 인하도 단행했다. 하지만 일본에서 거론되는 것은 그 나라의 경제 속에서 예외적인 지위를 점하는 삼성의 약진뿐으로, 한국 경제 전체의 곤경은 거의 보도되지 않았다.

「삼성에 비해 일본의 가전 메이커는 한심하다」는 논쟁에는 일리가 있지만, 그렇다고 해서 제4장에서 설명할 삼성의 한국 경제에 있어서의 비정상적인 지위가 건전하다고는 말할 수 없다. 모든 현상은 상대적 관계 속에서 봐야 하는 것이다.

일본에서 주식이 발매되기 시작한 인도도 주목의 대상이다. 필자는 2004년 연초에 이 이국정서가 넘치는 나라에 가서 실태를 보고 왔는데, 가장 큰 문제는 전체적으로 본 일반 국민의 낮은 교육 수준이라고 생각한다. 인도의 경제적 존재감도 앞으로 증대될 것이다. 하지만 필자는 일본과 인도는 상호보완적일 것으로, 일부에서 말하는 것처럼 일본의 경제적 번영을 위협할 존재는 아니라고 생각한다.

구미 기업과 일본 기업의 역학관계는 이미 상당히 명확해져 있다. 말할 수 있는 것은, 제조업 분야에서는 일본이 역시 가장 강하다고 하는 것이다. 그렇다면 중국, 한국, 인도는 어떤가. 브라질이나 러시아에 대해 논하는 것은 아직 시기상조일 것이다.

제2장에서 제6장까지는 일본을 추격하고 있으며 일본에게 위협이 되고 있다고 말하는 중국, 한국, 인도의 실태를 보고한다. 이를 통해 각국이 안고 있는 문제의 심각성을 틀림없이 알게 될 것이며, 그 속에서 일본의 강점, 즉 「일본력」이 뚜렷이 드러나게 될 것임에 틀림없다.

중국이 안고 있는 약점

필자는 2004년에 중국에 모두 세 번 갔다. 처음은 3월. 성도와 상해에 가서 거기에 진출해 있는 일본 기업과 중국 기업의 합작회사나 중국 기업, 그리고 사회과학원 등 중국의 연구 기관을 방문했다. 두 번째는 4월로 대련과 심양이라는 중국 북부 주요도시를 방문했다. 마지막은 가을도 깊어진 10월의 북경이었다. 1989년을 시작으로 필자는 여러 번 중국을 방문했지만, 연간 세 번이나 간 것은 2004년이 처음이다.

무슨 일이 하고 싶었는가 하면, 일본에서 위협이라고도 유망 시장이라고도 하는 중국의 가능성과 한계, 안고 있는 문제점을 가능한 자신의 발로 걷고 눈으로 보며, 사람들과 만나 확인하고 싶었다. 「백문이 불여일견」인 것이다. 2004년 전반기에 갔던 성도와 상해, 대련과 심양에서의 이야기는 제3장으로 미루기로 하고, 마지막 북경 방문에서의 성과부터 쓰겠다. 2005년 봄 반일 데모의 수수께끼를 푸는 열쇠도 있다.

북경에서는 이하에서 언급할 중국의 유력한 정책 입안자와 중국경제에 대해 열심히 토의했다. 직책은 2004년 10월 시점이다.

- 이양李揚 : 중국 사회과학원 금융연구소 소장(전 중국 인민은행 화폐 정책위원)
- 하빈夏斌 : 발전 연구센터 금융연구소 소장
- 오군吳軍 : 대외경제무역대학 금융학원 학장, 정지걸丁志杰 : 부원장, 하자운何自云 : 부교수
- 왕원룡王元龍 : 중국은행 국제금융연구소 부소장

이런 대화 속에서 현재 중국의 정책을 이해하는 데에 키워드로서 필자의 머릿속에 떠오른 것이 다음의 7개이다. 이들 키워드를 기본으로 지금의 중국을 이해하면 「중국에 대한 '왜'」가 상당히 해명될 수 있고 중국의 향후를 예측하는 데도 많은 도움이 되리라 필자는 생각한다. 결론을 말하면 중국은 선진국이 되기까지 아직 먼 길을 걸어야만 한다, 라는 것이다. 7개의 키워드는 이하의 것이다.

「그래듀얼리즘」「최선보다 최고 선택으로서의 차선」「안정과 효율」
「합법보다 합리」「결함투성인 신용 시스템」「정치적 리스크와 통치의 정통성」
「속박으로서의 사회주의」

고 인플레이션 하에서의 소폭 금리 인상은 왜인가

「그래듀얼리즘」(gradualism)이란 점진주의를 의미한다. 지금의 중국에 맞춰보면, 서서히 나아가고, 서서히 변화한다는 의미이다. 의견 교환을 한 분들의 입에서 빈번하게 나온 것은 러시아와 비교한 중국 정책의 특징이다. 그들은 이렇게 말한다.

「사회 안정을 무너뜨려도 급진적인 일을 한다는 자세를 취하지 않는다」
「효율을 너무 요구하면 안정을 잃는다」
「최선이라고 생각되는 것을 굳이 피하고, 차선책으로 생각되는 것 중에 가장 좋은 결과를 가져오는 것이 있다고 생각하는 것도 가능」

중국의 인텔리 층에게는 소련이나 러시아 개혁이 반면교사로 비춰지고 있다. 그렇게까지 안정을 잃으며 개혁할 일은 없다는 생각이 강하다. 러시아는 90년대 후반에는 국가 파산의 위기에 직면했고, 최근에도 유코스라는 민간 석유회사의 총수總帥인 호도르코프스키와 대통령 푸틴과의 대립은 이 국가의 안정과 정권의 강권성에 대한 세계의 의구심을 고조시켰다. 러시아 국내에서는 민족 독립의 물결이 있고, 거기에 관련된 테러도 다발하고 있다.

중국은 왜 「변화를 일으키는 데에도 천천히만 한다」라고 생각하는 것일까. 중국인 특유의 균형감각도 있겠지만, 이유의 하나는 소련이나 러시아에 없고 중국에 있는 부담, 즉 유사시에는 거대하여 제어할 수 없는 물결을 만들어 낼지도 모르는 「13억 명」이라는 인구이다. 중국은행 국제금융연구소 왕원룽 부소장의 입에서는 「개혁도 좋다. 하지만 중국의 위정자들에 있어서 중요한 것은 13억 명의 국민을 어떻게 먹여 살릴까 이다」라는 등소평의 유명한 말이 나왔다. 통화문제 담당자로부터 이 말이 나온 것의 의미에 대해서는 나중에 설명하겠지만, 필자도 계속 이 말이 중국 위정자의 정책을 이해하는 하나의 키워드라고 생각했다.

등소평은 지금도 중국에서 가장 인기 있는 정치가이다. 무엇보다도 중국의 성장은 그가 펼쳐놓은 정책 위에 있다. 하지만 지금 정책통의 입에서 나오리라고는 생각하지 않았다.

점진주의는 시간이 걸린다. 위안화 절상 문제로 아무리 일본이나 미국이 안절부절못해도 , 다른 분야에서의 정책 추진 상태와 마찬가지로 중국은 「점진주의」를 선택하고 있다. 그리고 당분간 이 방침을 바꿀 일은 없을 것이다. 금리를 인상하는 데에 있어서도 천천히 인상하고, 구미나 일본에서 말하는 「민주화」도 서서히 행하며, 위안화를 절상하는 데에도 느린 페이스로밖에 행하지 않을 것이다.

중국은 2004년 10월에 금리 인상을 했다. 하지만 같은 해 1월에

중국 사회과학원에서의 토의

서 9월까지 고정 자본투자가 28%나 신장하여 인플레이션 우려가 나
왔던 나라로서는 놀랄 정도의 소폭 금리 인상이었다. 1년에 겨우
0.27%이다. 「신중하게, 상황을 보면서」라는 자세였다.

「안정」과 「효율」 어느 쪽을 선택할까

「그래듀얼리즘」은 「최선보다 최고의 선택으로서의 차선」「안정
과 효율」이라는 두 개의 키워드로 연결되어 간다.

전자는 최선의 길을 택하는 것은 바람직하지만, 그 루트를 택하면
사회적 혼란과 미래가 불투명한 상태가 찾아올 위험성이 있다. 그렇
다면 중국으로서는 차선일지도 모르지만 사회의 안정 유지와 국민
을 계속해서 먹여 살릴 길을 선택한다는 것이다. 어수선한 소련이나
러시아와는 다른 길을 걷는다는 것이다. 효율을 추구하고 안정을 무
너뜨려서는 아무것도 안 된다. 「안정과 효율」 양쪽을 중요시하고 균
형을 잡는 것이 중국의 정책이고 그것이 결과적으로 「점진주의」가
된다.

지금까지의 중국은 「안정과 효율」의 balancing act(균형 작업)로
성공하고, 그 때문에 현재의 번영이 있다고 할 수 있다. 빈부의 격차
가 크다거나, 몇몇 부문에서 투자의 과열이 보인다는 약점은 있지
만, 거의 매년 중국 어딘가의 도시를 가고 있는 내 눈으로 보면 중국
은 착실하게 풍요로워지고 있다. 그것은 세계 경제의 기적이라고 해
도 좋을 것이다. 지금으로서는 현재, 중국의 「점진주의」는 성공하고
있다.

하지만 이것은 필자의 인상인데 「안정」과 「효율」의 최종적인 선

택을 강요받으면, 아마 중국은 지금의 단계에서는 「안정」을 선택할 것이다. 그것이 등소평 이래 중국 지도층의 지혜인 것처럼 생각된다. 천안문 사건에서 학생들의 운동에 이해를 표했기 때문에 실격된 조자양 전 총서기를 복권시키지 않고, 그 장례식을 삼엄한 경계태세 하에서 거행한 것도 「안정」에 중점을 둔 결정임에 틀림없다. 그것이 중국의 미래에 있어서 좋은지 어떤지는 별도로 하고 말이다. 중국은 때로는 극단으로 치우치지만, 보통은 결코 서두르는 일은 하지 않는다. 그것은 주위 국가를 안절부절못하게 하는 것이지만 그것이 중국이란 나라이다.

산적한 법적 미비

중국에는 급격한 성장 속에서 잊고 있었던 것, 앞으로 해야만 하는 것도 산적해 있다. 서방측 매스컴에서 자주 하는 말은 「도시와 농촌의 격차 확대」「도시와 농촌 양쪽에 존재하는 실업자 문제」이다. 그것은 그렇다. 하지만 방문하면 할수록 중국에는 좀 더 근본적인, 그리고 중요한 문제가 있다고 생각한다.

그것이 무엇인가 하면 사회주의 체제 하에서 등한시해 온 시장 경제에 걸맞은 법체계의 구축이라는 문제이다. 우리들 일본에 살고 있는 인간, 거기에 아마도 대부분의 서방측 시장 경제 하에 살고 있는 인간의 경제적 행동은 법률로 보호되고 있기 때문에 안심하고 할 수 있는 것이다. 법률이 계약을 담보하고, 그 결과 계약에 따라 소유권이 이전한다.

일반적으로 시장 경제에서는 사유재산제가 기본이다. 토지, 건물을 포함하여 모든 것에 소유권이 있고, 그것들이 판매에 의해 이전되고, 또는 계약에 입각한 담보로 가동함에 따라 경제가 성립되고 있다.

하지만 사회주의는 그렇게는 생각하지 않았다. 적어도 지금까지는. 현재도 중국의 토지는 공유이거나, 집단 소유 대상이다. 경제에서 가장 중요한 자산의 하나인 토지가 사유가 아니기 때문에 중국 경제가 선진국의 그것과 이질적이라는 것은 자명하다.

이것은 「신용 시스템」이 전혀 다름을 의미한다. 그럼에도 불구하고 시장 경제를 도입하려고 하기 때문에 법률에서 보면 애매하여, 실제로 의의 한 일이 많이 발생한다. 즉, 법적 미비가 산적해 있는 것이다. 그런데 법적 미비에 대해 법률을 바꾸면서 나아가려고 하면, 조금도 앞으로 나아가지 않는다. 법률을 바꾸려고 하면 정치 체제로서는 사회주의를 취한 이데올로기 문제가 나와 정치 문제가 된다. 그래서는 나아가지 않는다.

일본에서도 그렇지만 법률을 바꾸는 데에는 시간이 걸리는 것이다.

선행되어야 할 돌파구 전략

거기에서 나오는 것이 「합법보다 합리」라는 생각이다.

「합리」의 「리」란 무엇인가. 그것은 경제의 발전, 시장 경제의 보급, 그리고 국민의 경제적 풍족함이다. 「리」를 실현하기 위하여 정책을 선택하는 것이 「합리」이며, 반드시 「법」이 앞서서 나올 필요는 없다는 것이다. 「합리」면 된다는 생각.

반복하지만 표면상의 방침으로서라도 사회주의 정치 체제와 이데올로기를 취하고 있는 국가가, 시장 경제를 도입하여 경제활동을 활발히 하려고 하면 「합법」의 부분에는 눈을 감지 않을 수 없는 국면이 나온다. 왜냐하면 시장 경제에는 사회주의적인 법에 부합하지 않는 부분이 많이 있기 때문이다.

지금의 중국은 「미래에 문제가 생긴다」「문제를 미루고 있다」는 것을 알고 있어도 「합법」 부분을 어느 정도 잊지 않으면 앞으로 나아갈 수 없다. 세계무역기구(WTO) 가맹에 따라 중국의 법률 제정이 진전하고는 있지만, 실제는 「아직 멀었다」라는 것이 현실일 것이다.

그 상징적인 문제가 토지이다. 앞에도 썼지만, 중국의 토지는 모두 공유이거나 집단 소유의 대상이다. 그런데도 중국에서는 맨션 붐이 일고 부동산 투기가 성행한다. 유명한 곳으로는 상해의 맨션 붐이 있고, 그 밖에도 청도 해안 지대의 별장 붐이 있다. 필자도 수년 전에 청도에 갔는데 그야말로 훌륭한 대저택이 늘어서 있었다. 전부 팔린 것인데 밤에 불이 들어오는 집은 적은 듯했다. 투자(투기?)로 산 사람이 많기 때문이다.

하지만 중국에서 토지는 공적 소유의 대상이다. 그렇다면 왜 부동산 투기가 일고 있는 것일까. 그 이유는 토지를 가지고 있어야 할 국가가 상업지에서 약 50년, 택지는 70년의 정기차지권定期借地權을 설정하여 그것을 팔고 있기 때문이다. 이 정기차지권을 기초로 토지의 매매가 이루어지고, 맨션이 늘어서며 투기의 대상이 되고 있는 것이다.

하지만 누구도 그 정기차지권의 가치를 정확히 모른다. 시간의 경과와 함께 차지 기간이 짧아진다고 하는 「타임디케이」(time decay :

시간의 경과와 함께 가치가 저하되는 것)의 문제를 어떻게 생각하면 좋을지도 모르고, 처음부터 정기차지권의 권리가 어떠한 것인지도 정확히 이해되고 있지 않다.

필자도 수년 전에 홍콩 H주식의 절강고속 주식에 투자할 때에 이 문제를 많이 생각했다. 도대체 중국의 고속도로 회사는 토지를 소유하고 있는 것인가. 그것이 아니라 정기차지권이라 한다면 그것은 어느 정도의 가치가 있는 것인가 하는 점이었다. 하지만 결국 잘 이해하지 못한 채 투자하였고 지금까지 그 투자는 실패하고 있지 않다.

국무원 발전 연구센터 금융연구소 소장인 하빈 씨는 나에게 이렇게 말했다. 생각하기에 따라서는 무책임한 발언이지만, 중국 당국이 토지나 건물에 대한 투자를 활성화시키려고 한다면, 애매한 채로 「정기차지권제도」를 만들 수밖에 없었다는 것일 것이다.

예를 들어 「토지를 사유로 되돌린다」라고 선언한다면 어떻게 될까. 그 순간에 혁명(중화인민공화국이 성립된 1949년 10월 1일)으로부터 50수년밖에 경과하지 않은 중국에서는 「이 토지는 우리 집이 대대로 보유하고 있었다」「할아버지가 소유하고 있었다」라는 류의 거센, 그리고 추악한 싸움이 틀림없이 분출할 것이다. 지금도 토지에 얽힌 당 간부나 그 자제의 횡포가 있다고 전해진다. 이것을 수습할 법적 시스템은 지금 중국에 정비되어 있지 않다. 그렇다면 「토지는 공적인 것」이라는 원칙을 허물지 않고, 그러나 「민간인들도 정기차지권을 살 수 있고 그것을 매매할 수 있다」라는 것으로 하는 수밖에 없다. 이것이 하빈 씨가 말하는 「돌파구」이다.

「정기차지권이란 무엇인가」라는 의문과 애매함이 남는 상황에서 중국 부동산의 유동성은 계속 증대되고 있다. 상해의 부동산이 값이 오르고 있다는 말을 들어도 많은 사람이 틀림없이 의심을 지울 수 없을 것이다. 그것은 버블에 대한 두려움 이상으로, 선진국에는 존재하지 않는 「임시거처 시스템」에 대한 의심이 있기 때문이다.

이런 이야기를 북경에서 들었는데, 시스템의 애매함이 이 말에서 한층 뚜렷이 드러나게 된다. 50년이나 70년이라는 숫자마저 불확실하다는 것이다.

중국인들에게는 「정기차지권을 구입해두면 언젠가 반영구적인 소유권과 다름없는 것이 된다」라는 견해가 뿌리 깊다. 예를 들어, 아직 잔존 계약기간이 45년이나 65년 있기 때문에 건물(상업빌딩, 주택)을 짓지만, 앞으로 40년이 지나 잔존 기간이 5년, 25년이 되었을 때 건물을 지을 사람이 나올까 라는 문제가 되었다고 하자. 즉, 권리의 「타임디케이」 문제이다.

이때 다시 빌릴 수 있다는 보증이 없으면 누구도 건물을 짓지 않을 것이다. 그리고 중국 사람들은 「아마 그렇게 된다」 즉 현재 정기차지권은 반영구적인 사용권, 나아가서는 소유권이 된다고 예상하고 있다. 그러므로 잔존 기간이 5년이 되어도 빌딩을 지을 사람은 있을 것이라는 결론에 이르는 것이다.

듣고 보면 그렇게 될 것이라는 생각은 든다. 하지만 지금 누구도 그것을 보증하고 있지 않다. 사는 쪽도 파는 쪽도 자신들이 죽은 후의 일 따위는 생각하지 않는다. 미심쩍게 의심으로 가득 찬 법적·사회적 시스템 속에서 중국의 힘찬 성장은 시작되고, 기세를 더하여 그리고 세계 경제 속에서 중국의 중요성은 증대하고 있다. 게다가 그 비용은 앞으로도 늘어날 것이고, 그렇기 때문에 선진 7개국 재무장관·중앙은행총재회의(G7)나 정상회담(Summit)은 2004년부터 때때로 중국을 협의에 초대하고 있는 것이다.

중국의 「선행되어야 할 돌파구 전략」은 기능하고 있다.

애매한 「신용 시스템」

토지문제를 생각한 것만으로도 중국의 「신용 시스템」이 지극히 취약하다는 것은 명확하다. 하빈 씨도 「신용 시스템은 중국이 안고 있는 최대의 문제」라고 지적하고 있다. 옳고 그름의 문제는 제쳐두고, 토지라는 사유재산제도에서 중요한 것이 중국에서는 그 역할을 담당하고 있지 않다.

그럼, 지금까지 중국의 은행은 무엇을 기준으로 기업에 자금을 빌려주고 있었던 것인가. 이 의문에 대해 하빈 씨는 「국유기업에 빌려주는 경우에는 국가로부터 보증서를 받고 있었다」라고 답했다. 국가가 「이것은 보증한다」고 한 기업에 빌려주고 있었다는 것이다.

보증서가 어떤 판단기준으로 나온 것인지는 모른다. 아마도 정치적 의도와 인적 요인이 결부되어 상당히 남발되었음에 틀림없다.

중국에서의 은행구좌 개설 절차

하빈 씨도 「중국의 불량 채권 대부분이 이런 시스템 안에서 발생했다」 「계획 경제로부터 시장 경제로의 이행 속에서 발생했다」라고 분명히 말하고 있다.

국가의 보증 따위 방침이 변하면 아무런 도움이 되지 않는다. 그 밖에 불량 채권이 생긴 원인은 선진국에도 존재하는 「경기 순환」과 대출·평가·회수 등에 관련된 「노하우 부족」, 그리고 부모, 형제에 대한 대출 등의 「의도적 부정」 등도 생각할 수 있다. 다만 이들 원인이 전체에 차지하는 비율은 작다. 역시 「계획 경제」로부터 「시장 경제」로의 이행 속에, 또한 「사람에게 빌려주는」 시스템 안에서 생긴 것이다.

이러한 신용 시스템의 결함은 정기차지권제도에서 다소는 보완될 것인가. 한번 의심하면 계속 의심하게 되는 관계자가 많은 듯하다. 중국 정기차지권제도가 애매하기 때문에 50년 후, 70년 후에는 가치가 없어질 것으로 생각하여 중국 기업과 거래를 하고 있는 일본의 은행도 있다는 이야기를 들었다.

신용 시스템이 견고한 국가는 세계 어디에도 없다. 언제나 변화에 직면하기 때문이다. 토지를 기본으로 한 일본의 신용 시스템이 드러낸 취약성은 기억에 생생하다. 어느 나라의 은행 시스템도 문제를 안고 있지만, 그렇다고 해도 중국의 신용 시스템은「격한 요동」속에 있다. 아직도 불량 채권의 규모는 크고, 정확한 규모도 모르는 상태이다.

「통치의 정통성」이 결여되었을 때

다음 키워드는「정치적 리스크」, 말하자면「통치의 정통성」이다.「정치적 리스크」에 대해서는 추후 자세히 기술하기로 하고,「통치의 정통성」이란 요컨대 혁명을 짊어진 세대의 소멸과, 새로운 지도자층의 정통성의 문제이다.

「10%의 위안화 절상에 따라 3천만 명의 실업자가 증가한다는 예측이 있다면, 정책 결정자는 좀처럼 위안화 절상에 관한 정치적 리스크를 감당할 수 없다」

중국은행 국제금융연구소의 왕원룽 부소장은 나에게 이런 이야기를 해주었다.「정말 그럴까」라고 나는 직감적으로 생각했다. 일본도 프라자 합의 후의 급격한 엔고 국면에서는 국내에 실업자가 나왔고, 많은 산업이 정체 상태에 빠지거나, 그렇지는 않더라도 일시적으로 궁지에 몰렸다. 통화의 절상은 장기적으로는 해당국에 메리트도 많지만 수출 산업에는 타격이 되고, 경기 긴축 효과가 강하다. 그것은 일본 정책 결정자도 어느 정도 각오했을 것이다.

「그것과 같은 것이 아닌가」라는 것이 내 생각이었다. 중국이라고 해도 급격한 절상을 하면 그 시점에서는 항간에 실업자가 느는 것은 당연한 것이다. 그리고 선진국에서는 어떤 위정자도 때로는 같은 정책을 취한다. 하지만 그것에 관해서는 어느 정도 국민의 이해가 있는 것이다.

중국에서는 이 점을 받아들이는 방법이 다른 것 같다. 이 나라에서는 정책의 변경에 영향을 받는 사람의 수가 현격하게 많다. 중앙 정부의 정책 담당자에게 있어서는 항상 그것이 머릿속을 스칠 것이다. 친척이나 고향을 생각하는 일도 있을지 모른다. 하나의 정책을 변경하면 수천만 명이나 되는 사람들이 직장을 잃고, 그에 수반되는 정치적 리스크가 발생한다. 정책의 변경이 장기적으로 국가에 도움이 된다고 생각해도 위정자는 좀처럼 강행하지 못하는 것이 실정이다.

후진타오

덧붙여서 지금 중국을 통치하고 있는 후진타오·원자바오 정권의 지도자들에게는 심각한 문제가 있다. 그것은 「정통성의 결여」이다. 이전의 중국 지도자에게는 적어도 「혁명을 지도했다」라는 권위가 있었다. 모택동, 주은래, 나아가 등소평—모두 혁명 지도자이다. 강택민은 등소평에게서 권력을 물려받았다. 하지만 강택민은 등소평의 후원이 있었음에도 불구하고 자신의

원자바오

권력 기반을 만들어 내는 데 고생을 했다. 강택민이 주도한 애국 교육은 친부가 일본의 협력자라고 불리는 가운데 자신의 권력을 견고하게 할 필요성이 생겨, 그 결과로서 생겨난 것임에 틀림없다.

하지만 중국의 현 지도층은 과거의 영광에 기댈 수 없는 세대로 들어가고 있다. 다음 세대를 담당할 후진타오는 혁명 때에는 아직 어린 아이였다. 그가 정치가로서 평가받는다고 한다면 앞으로의 활약과 확실한 성과 밖에 없다. 성과가 나오지 않은 시점에서 실업자가 수천만 명에나 이를 가능성이 있는 금리나 외환의 정책 변경을 해야 한다면, 그것은 분명 엄청난 압력이 되었을 것이다. 중국의 지도자들은 앞으로도 영원히 이 압력과 싸워야만 하는 숙명을 짊어지고 있다.

과거의 권위가 없어도 선거를 통하여 국민으로부터 정책 운영을 위임받으면 그것으로 좋다. 하지만 중국 지도자는 국민으로부터 선출되는 것이 아니다. 말하자면 추인 받고 있는 것뿐이다. 선거에 의해 통치에 관한 합법성을 얻는 선진국의 정치가는 통치에 관한 정통성을 명확히 주장할 수 있다. 하지만 전임자로부터의 선양과 주위의 추천으로 통치에 임하는 중국 위정자는 국가를 발전시키고, 국민의 지지가 유지되지 못하면 바로 통치를 해 나가지 못하게 되어 버린다.

금리 인상도, 위안화 절상도, 중국 지도자들에게는 커다란 리스크로 비치고 있음에 틀림없다. 어쨌든, 하나 잘못하면 천안문 사건처럼 인민이 움직이는 것이다. 움직이면 정권이 유지되지 않는 케이스도 있다. 그러므로 2004년 후반에 중국이 금리 인상을 했지만, 9%이상 성장하고 있는 국가에 있어서 금리 인상폭은 1년에 겨우 0.27%였다. 이렇게 통화 절상에도 신중한 자세를 관철하고 있는 듯이 보인다.

지금의 일본 경제가 엔고를 극복하고 체질을 강화하여, 다시 한 번 일본 시대를 맞이하려고 하는 것을 설명해도 중국 지도자가 통화 절상을 순수하게 자신들의 결정에 활용할지 어떨지는 모른다. 중국에는 금리나 외환을 움직이는 데 신중해질 수밖에 없는 충분한 이유가 있는 것이다.

중국이 직면한 중대한 과제

중국의 지도자에게 있어서 또 하나의 중대한 책무는 「국가를 하나로 모아야 한다」라는 것이다. 중국은 다양한 지역과 민족을 내포하는 국가이다. 민족의 수는 중국 정부의 공식 인정만으로 56을 헤아린다. 한족이 92%를 점한다고 해도, 일본인이 상상하고 있는 이상으로 다민족국가인 것이다. 역사를 봐도 알 수 있듯이 중국은 몇 번이나 분열과 통합을 반복해왔다. 그래서 더욱 통일을 고집한다. 대만을 합병하려고 하는 열의도 통합의 지속과 모멘텀을 잃고 싶지 않다는 노력이라고 할 수 있다.

중국의 지폐 중에 지금까지 유일하게 모택동 이외의 초상(소수민족 여성상)을 사용했던 1위안 지폐가 2004년 신권으로 전환할 때에 모택동으로 전환되었다. 이 결과, 중국의 전 지폐가 모택동의 초상으로 통일되었다.

변화와 다양성의 시대에 있어도 여전히 「모택동」에 의지할 수밖에 없는 중국의 위정자들. 아직도 중국에서는 사회의 안정과 국가체제 지속의 상징으로 「모택동」의 힘이 필요한 것이다. 나에게는 그것이, 중국 정치 시스템의 「취약성」으로도 보인다. 모택동이 죽은 지 도대체 몇 년이 되는 건가. 아직 중국과 이를 지도하는 공산당은 이 사람의 권위에 의존하고 있는 것이다.

중국이 지금 안고 있는 리스크는, 정치적 리스크를 회피하기 위해 필요한 개혁에 착수하지 않고, 이러한 개혁의 지체가 국민의 불만을 불러 그 결과 「안정」이 파괴되는 위험성이다. 중국에서 마음속에 쌓인 정부나 공산당에 대한 불만은 좀처럼 겉으로 나오지 않았지만, 최근에는 각지에서 폭동이라는 형태로 표면화되고 있다. 2005년 4월의 반일 데모도 배경에는 인민의 이와 같은 불만이 있다.

게다가 정치적 리스크를 방패삼아 개혁을 늦추는 정부의 현재 행동패턴에는 젊은 인텔리들 사이에서 강한 불만이 들려온다.

중국의 연구자의 발언은 놀랄 정도로 솔직해져 있었다. 대외경제무역대학 금융학원의 하자운 부교수는 「중국의 개혁 페이스는 느리다고 생각한다」라고 분명히 필자에게 말했다. 중국에서도 개인의 욕구나 지식의 깊어짐 속에서 사회적 욕구가 형성되어, 정부에 대한 정치적 압박이 되고 있는 것이다.

특히 커다란 변화는 인터넷과 휴대전화의 보급이다. 인터넷의 보급에 따라, 중국의 민중도 자유롭게 홈페이지를 갖고 발언할 수 있게 되었다. 이것은 사회주의국가인 중국에서도 여론이 형성되고 있다는 것으로, 이 점이 북한과의 커다란 차이점이 되고 있다.

중국의 민중이 소동을 일으킨 사례로 기억에 새로운 것은, 2004년 아시안 컵 축구대회이다. 대회 운영은 혼란스럽고 응원은 반일 일색이었다. 중국의 경우 신문이나 텔레비전은 정부 관할 하에 있지만 인터넷이라는 정보 툴에 의해 「민중의 목소리는 정부가 무시할

수 없는 것」이 되어가고 있다. 이 압력
에 의해, 중국 정부도 마지못해 한 걸음
물러설 수밖에 없는 상황에 있다. 또,
사람들은 걸어가면서도 휴대전화로 통
화하고 문자 메시지를 주고받을 수 있
다. 북한에서는 가능해도, 중국에서 휴
대전화를 금지하는 것은 불가능하다.

주용기

　이러한 흐름이 때때로 반정부로 향
할 것인지 아니면 지나친 반일감정과
같은 잘못된 방향으로 갈 것인지는 모른다. 이것이 2005년 봄에는 반
일로 치우쳤다. 중국에서의 새로운 여론의 대두가 경제적으로 어떤
의미를 갖는 것인지도 좀처럼 예측하기 어렵다. 강택민으로부터 정
권을 이어받은 정권의 과제는 중대하다는 것이다. 많은 중국인들로
부터 「후진타오가 되고나서부터 개혁의 진행 상황이 느리다」라는 평
가가 들려온다. 강택민·주용기의 시대가 빨랐다는 것이다.

　중국에 관하여 확실하게 말할 수 있는 것이 있다. 그것은 중국 경
제가 세계에 차지하는 중요성은 시간의 경과와 함께 증대한다는 것
이다. 하지만 중국이 직면한 과제로서 법체계 문제 한 가지를 들어
도 커다란 것이 있다. 즉, 언제까지나 「합리」라 하며 법률을 소홀히
할 수는 없는 것이다. 조속히 법제도를 확립할 필요가 있는 것이다.

　그렇다면, 어떠한 순서로 법률을 바꿔갈 것인가. 그 경우, 사회주
의의 간판과 시장 경제라는 현실적 상황의 균형은 어디에서 취할 것
인가. 또, 농촌과 도시, 농촌 인구의 도시로의 이전, 내륙부의 발전
촉진, 엄연히 남는 호적이라는 신분제도 등은 어떻게 처리할 것인가.

필자는 인도에도 이 말을 쓰는데, 현재 중국은 어떤 면에서 「카오스」(혼돈)의 상태이다. 표면은 활력으로 넘치고 있지만 그 내부는 모순과 취약성을 갖는다. 경제 시스템이 시장 경제 안에서 정비되어있는 일본이나 미국 등의 선진국과 단순하게 어깨를 나란히 할 수 있는 단계는 아니다.

그러므로 G7이나 정상회담에 초대받았다고 해도 중국은 당분간은 어울리지 않는 곳에 왔다고 생각할 것이다. 그것을 중국은 알고 있기에 지금까지 정상회담에 초대받아도 출석하지 않았다. 때로는 출석하지만, 다시 참가하지 않게 된다.

「카오스」는 또 무한한 가능성과 리스크의 양쪽을 의미한다. 때문에 필자는 이 나라는 흥미롭다고 생각한다. 그러나 흥미로운 존재이긴 하지만, 경제 시스템 면에서 보면 아직 「G7클래스」라고는 말할 수 없다. 어디까지나 「특별한 손님」인 것이다.

「중국은 언제 G7에 정식 참가할 수 있을 것인가」라는 물음으로 되돌아오면, 답은 「당분간은 무리. 조금 시간이 걸린다」라는 것이 될 것이다. 토지의 소유제라는 시장 경제의 근간이 애매모호한 점, 따라서 중국의 신용 시스템에는 굉장히 커다란 결함이 보이는 점, 나아가 국가의 기간적 법률인 헌법에 상당하는 법률이 사회주의에 입각하여 만들어져 있기 때문에 법체계의 미비가 있는 점, 경쟁적이고 자유로운 선거가 없는 점 등, 정치 시스템이나 정부의 정책 결정 시스템도 선진국의 그것과는 여전히 크게 다르다.

중국의 경제 시스템이 일본이나 미국과 다른 하나의 예로서, 중앙은행 시스템을 들어보자. 중국의 중앙은행인 중국인민은행에는 독립성이 없다. 금리도 최종적으로는 국무원이 정하고 있다. 중앙은행은 어디까지나 집행 기관에 지나지 않는다. 이 점은 중앙은행의 독립성을 이념으로서 엄격히 지키려 하고 있는 일본이나 미국 등의 선진국의 시스템과 크게 다르다. 이 점에 관해서 중국사회과학원 금융연구소 소장이며, 최근까지 중국 인민은행 화폐정책위원회의 위원이었던 이양 씨와의 인터뷰가 참고가 된다.

선진국의 시스템에 대한 이양 씨의 이해는 적중하고 있었다. 그는,「미국이나 일본 등 선진국에서는 긴 역사 속에, 중앙은행의 정책 결정은 그 당시의 정부 방침과는 독립하여 이루어져 왔다. 정치 압력으로 금리가 오르락내리락 하면 금융정책이 중립성을 잃고, 경제의 장기적 안정 성장에 타격이 된다는 쓴 교훈 위에 완성되어 있다」라고 강조하였다. 그 말이 맞다.

물론 일본이나 미국에도 사회적 정치적인 압력은 존재하고, 중앙은행이 그것을 의식하는 경우는 있다. 하지만 일본은행의 정책 결정위원회도, 연방 준비제도 시스템의 연방 공개 시장위원회(FOMC)도, 그 당시의 정권과는 독립적으로 금융정책을 운영할 수 있는 법적 테두리 안에서 기능하고 있다.

그러면, 중국의 경우는 어떨까.

중국인민은행 화폐정책위원회라는 위원회가 있다. 언뜻 보면 이것은 일본은행 정책결정위원회나 미국연방공개시장위원회와 비슷하다. 일본의 미디어도 이것을 일본은행 정책결정위원회나 FOMC와 같은 성격을 갖는 것으로 보도하기 쉽다. 하지만 중국인민은행 화폐정책위원회는 금리에 관해서 결정권이 없고, 자문을 행하기 위해 존재하는 위원회이다.

2004년 9월에 우리가 취재한 시점에서는 13명의 위원이 있어 주요관공서에서 9명, 인민은행에서 3명, 학식경험자에서 1명이라는 구성으로 되어 있었다. 개최는 4반기에 한 번. 일본은행정책 결정위원회나 FOMC처럼 의사록을 내는 일은 없다.

위원회에는 주소천周小川 총재가 출석하고, 총재는 참가자의 의견을 가만히 듣는다고 한다. 의견을 집약하는 것도 하지 않는다. 가장 중요한 것은, 주 총재는 원자바오가 지휘하는 국무원과 상담하고 때로는 지시를 요청하여 국무원의 이름 하에 금리 조작을 행한다는 것이다. 중국에서는 금리 결정권을 중앙은행이 쉬고 있지 않은 것이다.

금리 결정 과정 하나를 보아도 중국은 다른 선진국과는 시스템이 크게 다르다. 사회주의적인 공산당 일당 지배 시스템의 컬러를 진하게 남기고 있는 것이다. 하지만 그렇다고 해도 이양 씨는「화폐정책위원회의 설립은 제일보. 장래의 금리결정의 독립성을 향한 전진」이라고 이야기했다. 선진국과 같은 수준의 시스템으로 향하려고 하는 중국.

하지만 중국인민은행 화폐정책위원회가 금리결정의 독립적 권한을 언제 손에 넣을지는 알 수 없다.

민중에 대한 지도력의 현저한 저하

필자의 2004년 가을 북경 방문은 후진타오가 중국군의 지휘권을 포함한 최고지도자로 취임하기 전후의 일이었다. 등소평으로부터 권력을 선양받은 장쩌민江澤民 시대(1990년부터 14년간)가 끝나, 문자 그대로 후진타오 시대의 시작이 되었다.

후진타오는 2004년 제16기 제4차 중앙위원회총회(사중총회)에서 중앙군사위원회주석 자리를 강택민으로부터 이어받았다. 그때까지도 당 주석 등의 지위에 있었지만, 군 주석의 지위야말로 중국 최고 권력자의 증거이며, 후진타오는 그것을 손에 넣음에 따라 중국 최고 지도자의 지위를 드디어 최종적으로 획득한 것이 된다.

하지만 그 후의 후진타오·원자바오 지도부의 평판은 좋지 않다. 하마평은 높았지만 국내적으로는 「개혁이 늦다」고들 말하고 있으며, 실제로 신지도부가 되면서부터 각지의 폭동이 늘고 있다. 중국은 거대한 에너지를 가진 국가, 적어도 56이나 되는 민족을 안고 급속히 성장하여 개인이 부와 정보를 쥐고 있는 국가로, 정권의 부담을 짊어진 것에 대한 어려움으로 고생하고 있는 것같이도 보인다.

2004년 가을, 중국 각지로부터의 관광객이 줄지어 걷는 천안문 앞에서 필자는 생각했다. 그것은 「변함없이 갈색 문 중앙에 내걸어져 있는 모택동의 초상은 언제 떼어질 것일까」라는 것이었다. 천안문사건 직후에는 모택동의 초상이 중국의 상징처럼 보였다. 하지만 지금, 북경에 가서 천안문에 우두커니 서 있으면 「이 사람이 정말로 지금 중국을 상징하고 있는 것일까」라고 생각한다. 후진타오 시대에 떼어질 일은 있을 것인가. 아니면 후진타오도 정권의 자리에서 쫓겨나고 모택동의 초상도 떼어질 것인가.

그것은 「중국에 있어서의 공산당 일당 독재 종언의 날」은 언젠가 올 것인가 라는 문제의식에 가깝다. 현재 엄청난 기세로 진행되는 시장 경제화와 경제의 눈부심이 체제로서의 사회주의와 차질을 초래하여 공존을 어렵게 하는 것은 아닐까. 혁명시의 실적을 갖지 못한 후진타오 정권의 실권 장악은 사회주의 체제의 연명이 아니라 종언을 재촉하는 것이 될 가능성이 있는 것은 아닐까. 국민의 소득이 오르고 정보가 유포되면 국민은 당연히 발언하게 된다. 공산당의 일당지배는 언제까지 계속되는 것인가.

북경 체재 중 현지의 지인에게 이 문제를 던져보았다. 누구도 웃기만 할 뿐「글쎄, 모르겠네요」로 끝나버린다. 상상을 할 수 없다는 것이다.

상상을 할 수 없는 것뿐만이 아니다. 중국의 체제가 바뀌는 것이 세계를 위하여, 그리고 일본을 위하여, 나아가서는 중국 자신을 위하여 어떤 영향을 미칠 것인가를 알 수 없다. 13억 명이 넘는다는 거대한 국민을 안고 있는 이 나라는 체제전환을 할 때 적어도 어느 한 시기 불안정한 상태를 경험하게 될 것이다. 그것이 대동란이 될 것인지, 그렇지 않으면 평온한 혁명이 될 것인지는 불분명하다.

반대로 지금과 같은 정치 체제의 중국이 그대로 20년이나 살아남을까. 나에게는 그런 확신이 없다.

최근에도 중국의 지도부에 심각한 위기의식을 초래한 사건이 있었다. 그것은 일본과 중국이 아시아 축구의 패권을 다툰 축구장에서의 반일운동이었다. 이 소동의 전모는 일본에도 전해지지 않았으며, 하물며 중국에서는 그 극히 일부조차도 전해지지 않았다. 일본에 있어서도 충격이었지만, 그 사건은 중국 지도자들에 있어서도 충격이었다고 하는 사람이 북경에는 많았다.

후진타오·원자바오가 이끄는 지도부에 있어 무엇이 충격이었던 것인가. 그것은 축구장에서 격렬한 반일 움직임이 나온 것이 아니라, 인민의 움직임을 필요에 따라 제지할 수 없었던 것이다.

이전이라면 지도부가 제지하려고 하면 손쉽게 할 수 있었다. 중국 공산당 지배는 국영기업, 농촌사회 등 각 단위를 당이 확실히 장악하고, 그 정치의식을 강요하여 침투시키고 있다. 천안문 사건처럼 무력을 사용해서 억눌러버린 사건은 예외로, 중국은 지금까지 민중 감정의 폭발을 완전히 억제해 온 것이다.

하지만 2004년 아시안 컵 축구 대회에서의 반일행동에 대한 대응은 달랐다. 7월 중경의 축구장에서의 일본팀에 대한 중국 민중의 행동은 대전 상대가 중국이 아니었음에도 불구하고 물건이 계속해서 장내로 날아 들어온다는 심각한 상황이었다고 한다. 그대로 8월 북경 노동자 체육관으로 이어지게 되면 국제적 비난을 받을 것 같았다.

중국 지도부는 북경에서의 중일 결승전은 정연하게 행해지도록 노력했으며, 일부 지도자는 그것을 일본에 약속했다. 그럼에도 불구하고 그 약속은 이루어지지 않았다. 민중은 일본공사의 차까지 파괴했기 때문에, 중국 정부는 일본에 사죄를 하게 된다.그것이 중국 지도부에게는 충격이었다고 한다. 민중에 대한 지도력의 현저한 저하를 나타내는 상징적인 사건이었다고 할 수 있을 것이다.

실제로 결승전 시합에서의 스타디움의 모습은 일본에서 전해지고 있는 「일부가 과격한 행동을 하여, 전체를 선동했다」라는 류의 것이 아니었다는 이야기를 북경에서 들었다. 시합 전 국가 「기미가요」 제창 단계에서부터 스타디움 전체가 이상한 분위기에 싸여, 도저히 「일부의 인간이」라고 할 수 있는 상황이 아니었다고 한다. 즉, 중국 민중의 격렬한 반일감정의 분출이 현저히 나타난 사건이었다는 것이다.

증경홍

중국 측 관중석에 있었던 일본인은 너무 무서운 나머지, 달리 반대로 중국 측의 찬스 때에 그에 맞춰 손뼉을 쳤다고 한다. 그렇게 하지 않으면 신변의 위험을 느꼈다고 한다. 중일 결승전을 스타디움에서 볼 예정이었던 증경홍曾慶紅 국가부주석이 급거 관전을 취소하였다. 「전혀 원하는 경기장 분위기가 될 것 같지 않다」고 사전 판단을 한 지도부가 「리스크를 피한 조치」였다고 여겨진다.

국가부주석이 관전하러 와 있음에도 불구하고 스타디움 전체가 그 정도로 과격해진다는 것은 중국 지도부의 권위가 의문시된다. 게다가 그것을 용서했다고 한다면 대일관계상 뿐만이 아니라, 중국 지도부의 통치능력에 대한 의문으로 이어진다. 뒤집어 말하면 처음부터 「막을 수 있을 것 같지도 않았다」「막을 수 없음을 알고 있었다」때문에 증경홍 국가부주석은 오지 않았다는 것이다.

효력을 잃게 된 「단위」를 통한 지배

그러면, 왜 스타디움에 모인 중국 민중에게 중국 지도부의 의향이 반영되지 않았던 것인가. 중국 주재가 세 번째라는 시사통신사의 무라야마 요시히사 국장은, 중국에 있어서의 「단위에서부터 개인」의 움직임을 지적했다. 중국에 있어서의 지배 프로세스 중에서 중요한 역할을 다한 「단위」(집단농장, 국영공장 등)가 붕괴하고 바야흐로 젊은이를 중심으로 한 「개인의 시대」로 들어가고 있다. 그것을 가속하고 있는 것은 휴대전화가 갖는 전화와 문자 메시지 기능이다. 그곳에서는 정부의 컨트롤이 되지 않는다. 중국에서도 「개인의 시대」가 진행되고 있다는 것이다.

「개인」은 일본과 같이 독립된 행동의식을 갖는다. 「개인」끼리의 교신은 인터넷 채팅이나 휴대전화 등을 통하여 행해진다. 「밤에 쓴 편지는 그대로 보내지 마라」라고 일본에서도 말한다. 밤의 채팅 교신에서는, 감정이 서로 고조되기 쉽다. 낮의 상식을 넘어서 밤은 열정적이 된다. 인터넷을 통한 감정이나 열정을 공유하고 휴대전화를 통해 얻어지는 정보를 공유하는 것이 평범해진 것이다.

「단위」는, 중국에서는 국유기업이나 집단농장 등의 조직을 가리킨다. 중국 공산당은 그것들을 지배단위로 하여 지배 피라미드를 형성해왔다. 물론 모택동의 홍위병 운동이라는 대중동원 사상운동도 있었지만, 일상적으로는 「단위」 지배로 민중을 컨트롤 해왔다.

그 「단위」를 통한 지배가 듣지 않게 되었기 때문에 지도부의 근심은 깊다. 국유기업은 정체상태에 빠지고, 대량 해고가 발생하고 있다. 또 농촌사회의 공동체의식은 무너져, 대량의 농민이 도시로 돈벌이를 하러 나가는 한편, 농촌사회에서도 이익 우선의 사고가 지배적이 되었다. 중국도 「단위」가 중심이 아니라, 「개인」이 조금씩 이기는 하지만 전면으로 나오고 있는 것이다.

「개인」은 「모래」처럼 느슨한 관계로 집합하여, 때로는 대중으로서 집결하는 사회를 만들어내고 있다. 그것을 권력이 있는 방향으로 움직이게 하려는 것은 어렵다. 선진국에서는 이미 당연한 것으로서 받아들여진 것이 중국에서도 겨우 그렇게 되었다고 하는 것이 된다.

이러한 조류는 시대의 추세이며, 권위에 의해 컨트롤할 수는 없다. 「개인」은 분산되어 있지만, 밤 중 인터넷에서의 통신이나 채팅 속에서 여러 개의 무리를 만들어 감정을 폭발시키고 있다.

「마지막에는 국민을 컨트롤할 수 있다」고 생각했던 중국 지도부에게는 깜짝 놀랄 사태일 것이다. 게다가 중국 지도부가 질서정연하게 개최하여 그 권위를 높이려고 하는 2008년 북경올림픽이 이제 눈앞이다.

북경 시내를 차로 달리면 굉장한 건설 러시 광경을 보게 된다. 올림픽 준비이다. 선수촌 건설, 대회 운영시설 건설은 이미 시작 되었다. 아테네처럼 직전까지 시설 건설이 계속되는 상황은 북경에서는 일어나지 않을 것이다. 하지만 아테네와 달리 북경에서는 「국민이 어떻게 움직일지 모르는」 상황에 직면하고 있다. 일본이나 대만이 등장하는 시합은 어떻게 될 것인가.

중국은 「단위에서부터 개인」으로의 커다란 변화 속에서 지금까지와는 다른 정치 상황에 직면했다. 그것은 가까운 날의 중국의 정치의식을 생각지 못한 방향으로 향하게 할지도 모른다.

민중의 적대 의식이 지도부로 향할 가능성도 부정할 수 없다. 계속 지금처럼일지도 모르지만 한편으로 「모택동의 초상이 없는 천안문」은 그다지 먼 일이 아닐지도 모른다고 필자는 생각한다.

「애국 교육」과 「반일」의 목적

제3장에서 중국의 경제를 다루기 전에 먼저 중국 공산당 체제의 특질에 대해 언급해 두고자 한다. 북경의 거리를 걷고 있으면 지금

장쩌민

도 국민이 우선해야 할 사항을 지시한 입간판이 있고, 거기에는 제1항목 중에 「애국」이 명시되어 있다. 한자를 읽을 수 있는 일본인이라면 누구나 알 것이다.

그러면, 현재 중국 체제하에 있어서의 「애국」이란 무엇인가.

일본인이 충분히 인식해야만 할 것이, 중국 공산당의 결당에서 발전, 그리고 장개석을 대만으로 쫓아내 전쟁을 수행하고 마지막으로 정권을 잡기까지의 프로세스는 「대일 전쟁, 대일 애국운동」이라고 표리 일체가 되어 있다. 중국 공산당의 권력으로의 길은 반일 전쟁, 반일 사상 교육의 역사 그 자체인 것이다.

강택민이 90년대에 빈번히 행하였다고 하는 「애국=반일」 교육은 원래 중국 건국시부터 있던 것으로, 강택민은 그것을 강화한 것뿐이다. 중국 공산당의 역사는 반일 투쟁 그 자체인 것이다.

공산당 지도부는 아시안 컵 대회에서의 민중의 움직임을 보고, 「지나쳤다」고 생각할지도 모르기 때문에 조금 수정해 올지도 모르겠다. 하지만 어떻게 수정할지는 큰 문제이고, 반일로 이어지기 쉽기 때문이라고 하여 애국 교육을 그만둘 수도 없는 것이다.

중화인민공화국의 성립은 1949년 10월 1일. 이미 50수년이 지났다고도 할 수 있으며, 바로 요전에 태어났다고도 할 수 있다. 어차피 혁명으로부터 50여 년, 혁명 운동으로 달성한 영웅적 역할을 인정받은 사람들 모택동, 주은래, 등소평 등은 이 세상에서 없어졌으며 그 밖의 사람들도 거의 모두 정계를 떠났다. 영웅으로서 찬사를 받았던 모택동, 주은래, 등소평은 혁명 운동에서의 전과나 통치로「정치가로서의 정통성」을 부여받았다.

하지만 후진타오를 필두로 하여, 현재의 지도부에는 톱의 자격을 확고히 할 정도로 강한 실적은 없다. 등소평의 낙점을 받은 한 세대 전의 강택민조차도 자신의 통치 정통성을 뒷받침하기 위하여, 90년대에는 나라를 통합할 목적으로 애국 교육 강화를 실시한 것이다. 그리고 그 애국 감정이 중국 인터넷을 뒤덮고 있다는 것이 현상이다.「일본으로 치자면 유신維新 후 50년 정도 지났을 무렵. 메이지에서부터 다이쇼로 넘어가는 시기에 해당한다」북경 주재의 저널리스트는 지금의 중국을 이와 같이 표현해 주었다. 일본 다이쇼 시대는 지도부도 바뀌어, 혁명(메이지 유신도 일종의 혁명)의 이념은 약해지고 사회의 유동화가 진행되었다. 2004년 아시안 컵 축구 대회에서의 사건을 생각하면 중국과 당시의 일본이 겹쳐져 보인다. 지도부의 의사가 민중에 전달되지 않는다고 하기보다도 민중에게 무시당하는 시대에 들어왔다고 할 수 있는 것이 아닐까.

반복하지만「선거로 뽑혔다」라는 정통성이 중국의 지도부에게는 존재하지 않는다. 후진타오 자신도 왜 자신이 강택민의 후임이 된 건지 설명할 수 없을 것이다.

중국 지도부는 자신의 권력자로서의 정통성 담보를 어떻게 증명할지 고심하고 있다. 그래서 중요한 도구로서 등장하는 것이「애국 교육」인 것이다. 손을 쓰지 않으면「모래」로 변할지도 모르는 민중을 어떻게든 정치적으로 하나로 하여 점착력 있는 존재로서 남기기 위해서도「애국 교육」은 필요했다. 그리고 그 애국 교육은 당의 성장 과정에서 보더라도, 반드시 「반일」로 표리일체가 된다.

컨트롤 되지 않는 지방 정부

정통성이 없는 정권이 정통성을 주장하려고 한다면 「그 정권은 잘해나가고 있다」라는 증거, 국민에 대한 설득 자료가 필요해진다. 중국의 경우는 그것이 경제 발전이 된다. 유인위성 발사 등도 그 범주에 들어갈지도 모르지만, 일상적으로 자신들 지도부가 평가받기 위해서는 국민을 풍족하게 할 수밖에 없다. 국민이 풍족해지면 국내는 틀림없이 잠시 동안은 진정된다. 하지만 한편으로는 국민의 의식도 높아진다. 향후의 중국 지도부도 지금까지 이상으로 성과에 얽매일 것이다. 혁명에서의 실적이라고 하는 「정권의 정통성」을 잃은 중국 지도부가, 「정권의 정치성과」로서 국민에게 지시할 수 있는 최대의 것은 경제 발전이다.

하지만 이것은 100% 보증되는 것은 아니다. 경기는 선진국이라도 제어가 어렵다. 문제의 근간에 있는 것은, 중앙의 통제가 반드시 지방까지 침투하지는 않는다는 현상이다. 「개인」화된 민중에 대해서도 중앙 정부의 컨트롤은 약해지고 있고, 동시에 지방 정부에 대해서도 약해져 있다. 왜냐하면, 지방도 풍족해지는 것을 서두르고 있기 때문이다. 이웃 성이 제철소를 만들면 「우리도」라고 하게 된다. 그것이 쌓여 가면 국가로서는 과잉투자가 된다.

그럼에도 불구하고, 지방은 중앙 정부에 숨어서라도 그것을 하려고 한다. 때문에 중국의 경제 정책은 컨트롤을 잃기 쉽고 제어가 어려운 것이다. 군의 최고 지휘권을 확보하고 중국의 실질 지배에 들어간 후진타오 정권이지만, 직면한 문제는 상상 이상으로 크다.

강택민 시대부터 후진타오 시대에 들어 중국에서 눈에 띄게 된 것
은 폭동이다. 2004년 후반부터의 주된 사건을 보면 이하와 같다.

1. 중경의 시민간의 언쟁을 계기로 한 폭동(한쪽이 「나는 공무원이다」라고
   말한 것에서 확대되었다고 한다)
2. 중국 하남성 북부의 중모현에서의 회교도와 한족의 교통사고를 둘러싼 분
   쟁을 계기로 한 폭동
3. 중국 사천성 한원현에서 그 지방 정부가 수용한 토지 보상에 불만을 가진
   농민들 수만 명이 항의 행동을 일으켜, 진압을 맡은 다수의 경관과 충돌하
   여 농민 남성 한 명이 사망
4. 중국 남부의 광동성 게양시에서, 다리의 통행료 지불을 둘러싸고 그 지방
   당국과 주민이 충돌하여, 요금소가 소실되는 등 수만 명 규모의 소동으로
   발전

이 외에도 몇몇 폭동·소동이 전해지고 있다. 2005년 봄에는 일련
의 반일 데모나 소동도 있었다(이 문제에 대해서는 제5장에서 자세히 다
룬다). 국내 요인에 근거한 일련의 폭동·소동으로 민중의 공격의 화
살이 향해지고 있는 것은 지방 공무원이다. 이러한 공무원의 권위를
휘두르는 자세와 일상다반사처럼 반복되는 부패 행위에는 주민의
잠재적인 불만의 고조가 배경에 있다고 보인다. 일부의 보도에 따르
면, 소요 행위에 참가한 민중은 「부패 공무원 타도」「(지방 정부는)원
자바오 수상이 말하는 대로 해라」 등을 외치며 데모 행진을 했다고
한다. 몇몇의 예에서는 정부나 학교, 상점이 폐쇄되었다고 한다.

즉, 후진타오가 전권을 잡을 예정인 중앙 정부에 대한 반발이라기

보다는 중앙 정부와 인민, 농민 사이에 있는 「지방 공무원」에 대한 반발 측면이 큰 것이다. 어째서 큰 것인가 하면 그들이 인민의 입장에서 볼 때 「횡폭하고 부패해 있기」 때문이다. 후진타오가 전권을 잡을 예정이 되고 나서 이런 일이 격하게 발생하고 있는 것에 필자는 주목하고 있다.

이것이 지금 중국에 있어서 어떤 의미를 갖고 있는지는 지금 당장에는 읽을 수 없는 점이 있다. 후진타오로부터 멀어지는 세력이 음모적으로 일으키고 있는 것인가, 후진타오가 갖는 체질이 강택민보다도 이러한 사건을 일으키기 쉽다고 중국 민중에게 생각되고 있는 것인가. 아니면, 후진타오라면 지방 공무원의 부패를 타파해줄 것으로 생각하고 있는 것인가. 또는 반대로, 그의 권력 기반 확립을 위한 음모인가.

한 가지 말할 수 있는 것은 고성장을 구가하여 도시가 크게 발전을 이루고 있는 속에서, 중국 안에서 뒤떨어지게 된 사람들의 불만은 증폭되고 그것이 중앙 정부에서도 제어할 수 없을 정도로 고조되고 있다는 것이다. 거기에는 「중국의 호적 제도」라는 특수한 제도가 있어, 이 제도 때문에 중국 민중의 분노가 폭발하는 케이스가 많다.

사회보장이 있는 것은 인구의 1할뿐

처음 중국의 호적 제도는 1957년 전국인민대표대회에서 헌법이 개정된 때에 「천사자유僊徙自由」(이동의 자유라는 의미)의 네 글자가 말소되어 농민이 하나의 토지에 묶여 있게 된 것으로부터 시작되었다. 당시로서는 국공내전 후의 경제, 특히 농업 산업력의 회복을 위해 필요한 조치로, 중요한 의의가 있었다. 하지만 최근 수십 년 동안 이 제도는 바뀌는 일이 없었고 개혁 개방 정책 하에서 저소득 농민들에게 있어서는 커다란 족쇄가 되고 있다. 농촌 호적을 가진 자가 도시에서 일해도 이동의 자유가 보장되어 있지 않기 때문에, 도시 호적을 갖는 자에게 보장되고 있는 입학, 취직, 결혼 등의 자유나 권리를 향유할 수 없게 되었다. 아이가 태어나 성장해도, 돈벌이하러 떠난 노동자(농민공)는 아이를 초등학교에도 넣을 수 없는 것이다.

그러면 현재 중국의 인구 13억 명 가운데 호적 분포는 어떻게 되어 있을까. 먼저, 농촌에 사는 것이 의무인 농촌 호적 인구는 7억 명 내지 8억 명으로 보인다. 「내지」의 상하가 1억 명 차이로 표시되는 것은 과연 중국답지만, 그 나머지가 도시 호적을 갖는 사람이라는 것이 된다. 따라서 5억 명 내지 6억 명이 도시 호적의 사람이 된다.

하지만 중국에는 호적 그룹으로서는 농촌 호적이면서도 도시에 돈벌이하러 나가 있는 사람들이 있다. 그것을 「이동 인구」라고 부른다. 그 사람들의 수는 가족까지 넣으면 2억 4천만 명에 달한다는 통계도 있다.

이 사람들이 놓인 환경은 냉엄하다. 도시에서 일하고 있지만, 기본적으로는 다쳐도 의료보험제도도 없고, 하물며 실업보험제도도 없다. 본래의 호적이 없는 도시에 있기 때문이다. 부부가 도시에 돈벌이하러 나가서 아이가 태어났다고 해도 그 아이를 도시 학교에 넣을 수도 없다. 일부 도시 당국은 특별히 의료보험을 이동 인구에도 적용하자는 노력을 하고 있지만 실제로 실시되고 있는 도시는 적다. 그러한 매우 냉엄한 환경에서 일하고 있는 사람이 일본 인구의 약 2배에 달하는 2억 4천만 명이나 있는 것이다. 따라서 아이는 할아버

가장 상해다운 풍경 「외탄」을 뒤로 하고 가이드 장씨와

지, 할머니와 시골에서 살며 부모는 도회지로 돈벌이하러 나간다고 하는 비참한 가족이 굉장한 수에 달한다. 생각해보면 이것은 중국에 있어서의 일종의 「신분제도」이다.

이런 이동 인구에 해당하는 사람들에게 도시 호적을 부여하자는 움직임도 조금씩이지만 나오고 있다. 1993년에 상해에서는 전국 도시에 앞장서서, 상해 이외의 사람이 상해의 호적을 취득할 수 있는 제도를 도입했다. 하지만 그것은 터무니없이 장벽이 높다. 20만 달러, 또는 100만 위안화의 투자를 하든지, 혹은 100평방미터 이상의 면적의 집을 구입한 자에 한해서 「준시민으로서의 호적」 신청이 인정되어, 그리고 나서 1년 후에 상해 호적을 취할 수 있다는 것이다. 지금은 북경에서도 같은 제도가 도입되었다고 한다.

하지만 이것은 처음부터 돈벌이를 하러 와 있는 사람들이 지불할 수 있는 금액이 아니다. 중국의 보통 샐러리맨이 평생 걸려도 낼 수 없는 금액이다. 실질적으로는 같은 중국 국민이라도 농촌 호적 인구와 도시 호적 인구 사이에는 지극히 커다란 벽이 있다는 것이 된다.

「중국은 이원사회」라고 불리는 이유이다. 이동 인구 중에 불만이 쌓였다고 하여도 이상하지 않다. 실로 경직된 호적 제도라고 할 수 있을 것이다.

또한, 중국에는 일본에서 말하는 그런 사회보장제도는 없다. 그런 가운데 중국은 이미 빠르게, 일본보다 심한 「저출산 고령화」로 돌진하고 있다. 이것은 2005년 초에 라디오 NIKKEI의 「Asia Today」라는 방송에서 닛세이 기초연구소의 사은화 씨에게 들은 것인데, 연금, 의료보험 등 일본에서 말하는 사회보장 시스템에 들어 있는 중국인은 전인구 13억 명 중에서 불과 도시에 호적을 갖는 주민 가운데 1억~2억 명에 지나지 않는다고 한다. 그 외의 11억~12억 명의 중국인에 대해서는 지역, 회사에 따라 예외는 있지만 기본적으로는 사회보장 시스템이 전혀 존재하지 않는 것이다.

중국의 기본적인 노인 부양 시스템은 계속 「자식에 의한 부양」이었지만, 한 가정 한 자녀 정책의 영향으로 특히 연안부에서는 부부의 자녀가 한 명으로(내륙부에서는 상당히 자녀가 많아, 그 결과 「다출산 고령화」가 되어가고 있지만), 평균하여 1명의 자식이 부모나 조부모 등 6명을 부양해야만 하는 상당히 심한 상황에 접어들고 있다. 심하다고 말하기보다도 이것은 무리이며, 큰 문제가 되고 있다.

농촌 호적에 들어간 사람들에 대해서는, 극히 풍요로운 농촌에 예외적으로 존재하는 것 이외에는 사회보장 시스템도 존재하지 않는다. 이동 인구, 즉 호적이 농촌에 있으면서 도시에 거주하는 사람들에게도 물론 사회보장 시스템은 존재하지 않으며, 자녀를 도회지의 학교에 넣을 수도 없다.

도시에 사는 인구 중에서도 연금보험이나 의료보험에 들어있는 사람은 1억~2억 명 뿐이다. 중국에서도 사회보장 시스템을 서서히 확대하려고 하는 노력은 행해지고 있다. 이동 인구에 대해서는 적어도 의료보험 제도를 적용하려는 일부 도시 당국의 노력도 있다. 하지만 급속하게 고령화되고 있는 인구에 대처하고 있는가 하면, 그것은 「NO」이다.

사은화 씨의 말에 의하면 중국 사회보장 시스템은 큰 틀로 「사회보장」, 「사회구제·복지」, 「군인우대제도」 3개가 있고, 두 번째 「사회구제·복지」 시스템은 핸디캡이 있는 사람을 대상으로 하고 있다.

또한, 「사회보장」 중에는 「연금보험」「의료보험」「실업보험」「노동자 재해 보상 보험」「출산·육아보험」이 있어, 앞의 두 개가 이른바 서방측 사회에서 말하는 사회보장에 해당한다고 한다. 하지만 그 혜택을 받을 수 있는 것은 인구의 거의 1할이라고 한다. 지금 상태로 중국의 고령화가 진행된다면 도대체 어떻게 되는 것일까. 중국 여기저기서 소동이 일어나는 것에서 사람들의 불안감이 강하다는 것을 쉽게 상상할 수 있다.

중국은 경제 발전만이 세계에 보도되지만, 정치 시스템 한 가지만 들어보아도 일종의 신분제도라고 할 수 있는 호적 제도 문제에서도 안정된 앞날을 알 수가 없는 격동 속에 있다. 하물며 「일본력」과 같은 파워, 즉 풍족함과 근면과 세련됨으로 뒷받침된 기술력이나 문화 발신력은 아직 전혀 보이지 않는 것이다.

제3장

중국 창조력의 진실

일본보다도 많은 대부호의 수

중국이 안고 있는 문제가 많음을 지적한 것만으로는 이 거대한 이웃에 대해서 공정하다고 할 수 없다. 틀림없이 중국은 변화하고 있고, 그 변화의 모습은 매년 특정 도시, 예를 들면 상해에 가고 있는 나에게 있어서도 놀라울 정도다. 특히 오랜만에 가는 중국 도시의 변화하는 모습은 굉장하다.

2004년 가을에 필자가 북경에 갔던 일은 이미 앞 장에서 기술했다. 실은 그 전에 북경을 방문한 것은, 1989년 6월 천안문사건으로부터 어느 정도 지나서였다. 중국의 다른 도시는 여러 번 방문하고 있었는데, 이 기간 중에 북경에는 한 번도 갈 기회가 없었다.

천안문사건 후에 갔을 때, 북경을 안내해 준 친구가 천안문 앞 광

대련의 광장에서 일본어를 배우는 학생과

장에서 지하로 통하는 통로를 가리키며 "여기서부터 엄청난 수의 인민해방군 병사가 올라 왔다"라고 설명해 준 것이 지금도 생각난다. 2004년 가을에 갔을 때 통역을 해 준 분이 "나는 그 사건 다음날 천안문 앞 광장에 갔다"라고 이야기해 주었는데, 새삼 그 사건을 떠올리면서 천안문 앞을 지나며 그 사건(6·4사건이라고 표기됨)으로부터 베를린 장벽 붕괴로 이어졌던 1989년이라는 해를 생각해 본다. 필자는 1990년 연초에 독일을 보았는데, 어찌되었건 전후 세계 역사가 다시 쓰였던 해이다.

2004년 가을. 천안문 앞은 15년이라는 시간이 흘러도 변하지 않았다. 하지만 놀랐던 것은 천안문 앞을 달리는 동장안 거리라고 하는 도로를 따라 펼쳐지는 풍경이었다.

천안문사건 직후에 북경을 방문해 숙박했던 곳은 장부궁이라는, 호텔 뉴오타니 관련 호텔이었다. 그때 '쓸쓸한 곳이구나. 빌딩도 적고 거리도 갈색 빛이야' 하고 제법 높은 층의 내 방에서 동장안 거리를 내려다보며 생각했다. 인민복을 입은 사람이 많이 눈에 띄었고,

사람들의 표정도 어두웠다. 왕부정(북경 제일의 번화가)도 '이것이 이야기로 들었던 번화가인가?'라고 고개를 갸웃거렸다. 한쪽의 일차선 도로에서는 사람과 차가 닿을 것처럼 위험하게 왕래하고 있었다.

그것이 2004년이 되자 모습이 달라졌다. 천안문에서 장부궁 근처까지 걸어가 보니, 도로가 넓은 것은 여전하지만 왕부정은 전면 개발되어, 일요일·경축일에는 넓은 보행자 천국이 되어 있었다. 근처에는 그랜드 하얏트 호텔이 완성되어 그 앞에는 세계적인 명품 숍이 고층빌딩의 1, 2층을 차지하고 사람들은 센스 있는 옷을 입고 있었다.

며칠밖에 있지 않았지만, 2004년 가을에 북경의 거리를 걸으며 인민복을 입은 사람을 만난 것은 단 한 번이었다. 그 인민복도 평상복으로서의 것이 아니라 한껏 패션감각을 살린 것이었다. 여성의 화장은 아무리 좋게 보려 해도 잘했다고는 할 수 없었는데, 입는 것에 대해서는 놀랄 정도로 발전해 있었다.

중국 대도시의 변모, 선진국화는 2004년 1년간 방문했던 다른 도시, 즉, 상해, 성도, 대련 등에서도 볼 수 있었다. 심양과 같이 10년 전의 중국의 색채를 짙게 남기고 있는 도시도 있기는 하지만 적어도 주요 선진 도시에 사는 중국의 풍요로운 사람들의 생활양식은 선진국의 그것에 상당히 접근해 있다. 상해에서는 개인 맨션도 구경했는데 일본의 주거환경과 그다지 다른 점은 없었다. 가전제품이 갖춰져 있고 넓은 거실이 있으며 한 자녀와 맞벌이 부부, 그런데 저녁 식사는 대개 남편이 만든다고 한다.

중국이 단순한 도상국이 아니라는 것은 분명하다. 도시를 방문해 사람들을 보고 있으면, 연간 소득이 1만 달러를 넘는 사람이 급증하고 있다는 것을 실감할 수 있다. 일설에 의하면 개인금융자산이 1억 엔 이상인 사람의 수는 일본보다 많다고 말한다. 인구가 13억으로 일본의 10배, 경제도 현저한 발전을 이루고 있지만 한편으로 빈부격차가 극히 큰 나라인 중국에「일본보다 부자가 있다」고 해도 놀랄 일은 되지 않는다. 거리의 비교적 값이 비싸고 맛있는 레스토랑은 가족 단위의 손님이 수없이 많이 찾고 있었다. 90년대 중반까지는 볼 수 없었던 광경이다.

북경이나 상해에 가서 놀라는 것은 틀림없이「교통체증」일 것이다. 주말에 시간의 제약 없이 이동하는 것이라면 괜찮지만, 평일에 시간을 정해 목적지에 가려고 한다면 정말 큰일이다. 정말 엄청난 수의 자동차이다. 교통 시스템도 정비되어 있지 않다.

특히 북경은 일본에서 보면 놀랄 정도로 넓은 도로이지만 자동차가 원활하게 운행되지 못하고 있다. 택시를 이용하면 몇 시에 목적지에 도착할 지 전혀 예상할 수 없다.「이래서야 2008년 북경올림픽은 괜찮은 것일까」라는 것이 솔직한 느낌이지만, 듣는 바에 의하면 현재, 북경에 세 노선이 있는 지하철에 추가로 세 노선을 증설할 예정이라고 한다.

또한 택시의 색을 통일하는 계획이 진행되고 있다. 북경 택시의 색은 붉은색이 많지만, 잘 보면 은색도 있고 검정색도 있다. 지붕에 알아볼 수 있는 표시판이 나와 있어「택시」라는 것은 알 수 있지만 색을 통일하는 것보다 나은 것은 없다.

단지 지하철이 세 노선 늘었다고 해서 격심한 교통체증이 하루아침에 해소된다고는 생각되지 않는다. 정책적으로 일반 차의 시내 유입을 규제하거나 하겠지만, 2008년은 굉장해질 것 같다.

정권을 움직이는 인터넷의 힘

중국을 방문하고 놀란 것은, 인터넷 환경이 일본보다 발전해 있다는 점이다. 특히 북경의 일류호텔은 인터넷 환경이 아주 뛰어나다. 늦게 선진화를 진행시킨 나라는 종종 「발전의 중간생략」이 이루어진다. 예를 들면 유선전화의 시대를 거치지 않고 바로 휴대전화의 시대로 들어가는 것과 같은 것이다. 중국에서도 그 「발전의 중간생략」이 여기저기에서 보인다. 일본인인 내가 갔을 때, 「이 점은 중국 쪽이 발전해 있다」고 생각한 일이 종종 있다. 도시의 극히 일부의 이야기이겠지만, 이것도 현 중국의 일면이긴 하다.

북경에서는, 주요 호텔의 방에는 반드시 ADSL회선 단자가 벽에 달려 있다. 일본에서 가지고 간 노트북의 ADSL·광단자에 접속하면, 호텔의 홈페이지가 나오고, 호텔에서 제공되는 간단한 사용자 ID와 패스워드를 넣으면 하루 1000엔 정도의 요금으로 마음껏 사용할 수 있다.

제2장에서 지적했던 대로, 중국 사회에서 인터넷이 이루어내고 있는 역할은 크다. 반일감정이 인터넷을 통해서 증폭되고 있는 것은 일본에서도 보도되었다. 어느 나라든 인터넷에 사람들이 여유 있게 접속하게 되는 것은 밤이다. 밤에 쓰는 문장은 낮에 쓴 문장보다 날카롭다. 일본의 「2Ch(일본의 가장 큰 인터넷 토론 게시판)」 등에서는 기존 매스컴에서는 볼 수 없는 격렬한 반중발언 등이 나오고 있는 것 같은데, 중국의 인터넷도 같은 상황일 것이다. 중국은 기존의 미디어에서의 언론 자유가 봉쇄되어 있거나, 적어도 억제되어 있는 면이 있어서 인터넷에서의 이러한 격렬한 발언이 주목을 받는다고 하

는 사정도 있다.

　중국의 여론 형성에 있어서의 인터넷의 역할에 관해 명확한 의견을 내준 것이 제2장에 등장했던 대외경제무역대학 금융학원의 하자운 부교수였다. 하자운 부교수는, 중국 사회에서 인터넷이 하고 있는 역할에 대해서는 보다 구체적으로 「인터넷에 의해 민중의 욕구는 다양화되고 또 인터넷을 통해 지식이나 정보가 확대되고 있다. 인터넷에서 형성되어지는 욕구에 대해 정부는 한 걸음씩 물러나고 있고, 그 물러나는 속도는 빨라지고 있다」라고 말하고 있었다.

　기존 매스컴이 통제와 억제 하에 있는 중국에서는 설령 인터넷의 특정 사이트가 삭제되는 그런 사태가 있다고 해도, 인터넷 전반이 여론형성에 커다란 힘을 발휘하고 그 커다란 힘을 정부도 무시할 수 없게 된다는 것이다.

　아시안 컵 축구대회에 있어서의 반일기운의 고조는 분명히 정부가 희망하는 범위를 일탈하고 있었다. 그것은 틀림없이 인터넷을 통해 퍼진 것이다. 앞으로 이 「인터넷 여론」이 후진타오 정권을 어느 정도 움직일지는 명확하지 않다. 그러나 무시할 수 없는 커다란 힘이 되는 것은 분명할 것이다. 중국은 인터넷대국, 휴대폰대국이 되어가고 있다. 이에 대해 정부나 공산당의 규제도 심해질 것이다.

창조성이 결여된 중국

　매년 중국을 찾아 현지 기업을 직접 방문하여, 그리고 경제 정책 입안자를 만나 이야기를 듣고 알 수 있는 것은, 중국 또는 중국 기업의 의외의 약점과 그것과 비교했을 때의 일본 및 일본 경제의 균형

중국에서의 미팅 모습

잡힌 모습, 그리고 견고한 경쟁력이다. 그러면 지금의 중국 경제에는 무엇이 부족한 것일까. 그것은 한마디로 말하면 「창조력」이라고 보여진다.

「여기에서는 일본 본사에 지지 않는 제품을 만들 수 있다」

「우리는 열심히 학습하고 있다」

이러한 발언을 일본과 중국의 합작회사에서 반복해서 들었다. 그리고 그 말을 들을 때마다, 나는 어딘가 걸리는 점이 있었다.

「그러면 도대체 중국은 일본을 뛰어넘는 제품을 언제 만들 것인가」

이런 의문이었다.

생각해 보면, 중국은 오랜 동안 「학습하는 나라」였다. 모택동어록을 손에 들고 주석의 발언에서 배우고 TV에서 이야기하는 등소평의 말에서 무언가를 얻으려고 했다. 그리고 지금, 중국은 선진국의 기업에서 배우고 있다. 모범답안이 되는 길만을 보고 달려, 커다란 경제 발전의 한가운데에 있다. 노동 임금이 낮고 시장도 거대하기 때문에, 선진국 기업이 대거 진출하여 고용이 창출되고 장사 기회가 생기고, 그리고 부를 축적하는 기업이나 개인이 생겨나고 있다. 학습의 과정에서도 부는 창출된다.

문제는 「배움의 과정」 다음에 있는 「창조의 과정」에 들어갈 수 있을지 어떨지 하는 것이다. 그것이 가능하지 않다면, 「일본력」에 필적할 파워를 중국은 가질 수가 없다.

우선, 중국제 공업제품으로 사람들이 널리 인정하는 「브랜드」는 아직 존재하지 않는다. 그렇다는 것은 중국의 제조업은 여전히 「학습과정에 있다」라는 것이다. 유인우주선을 띄우기는 했지만 독창적인 위업이라고는 부를 수 없는 것이다. 로켓에 관해서는 미국, 러시아 등의 선진국이 있고 국가목표로서 그들에게 배워 달성한 것이다.

이에 대해 일본은 어떠한가. 일본 제품의 강점은 그 독창성·창조성에 있다. 이 책에서 말하는 「일본력」에 넘쳐흐르고 있다. 소니의 「워크맨」이 그랬고 세계적으로 팔리는 제품은 소비자의 미의식, 세련됨에 부합하는 독창적인 제품이 많다. 그것을 많이 가진 것이야말로 선진국이라고 말할 수 있는 것이다. 「워크맨」에 대체되려 하고 있는 미국 애플사의 「iPod」도 실로 창조적인 공업제품이고 그렇기 때문에 폭발적으로 팔리고 있다. 하지만 일본 메이커의 「iPod」 추격 태세도 갖추어지고 있다.

중국도 실로 「생산의 나라」가 되어 「중국제 브랜드」를 만들어 내기 위해서는 그러한 창조력, 독창력을 가질 필요가 있다. 창조성이나 독창성이 없으면 경제 발전의 「다음 단계」로 나아갈 수 없다. 「소강小康사회」(한숨 돌릴 수 있는 사회)로 1인당 GDP 3000달러를 목표로 하고 있지만, 향후 노동 임금이 오르게 되는 상황에서 싼 임금에 의지한 중국의 경쟁력이 언제까지나 유지된다는 보장은 없다. 「배우는 것」 이상의 것이 반드시 필요해지게 되는 것이다.

그러나 필자는 중국이 「learning curve」에서 언제 앞으로 갈 수 있는가에 대해서 몇 번을 가도 확신을 가질 수 없다.

본래 중화민족은 「상업」의 민족이다. 세계로 펼치고 있는 화교는 주로 장사로 살아왔다. 레스토랑이나 통상이다. 대만에서는 제조업이 꽃 피웠지만 여태까지 한 번도 대만의 「브랜드」라고 하는 것이 나오지 않았다. 지금의 중국도 「상업」에는 뛰어나지만 싼 노동 임금이라고 하는 무기가 없어진 후, 「제조」로는 강력한 기반을 가질 수 없는 것이 아닌가 하는 인상이 있다.

중국이 일본을 추월할 수 없는 이유

그렇게 필자가 생각하는 한 가지 이유에는 정치 체제가 있다. 즉 지금의 정치 체제 하에서는, 마지막에는 기업이나 그곳에 근무하는 개인은 자립성을 주장할 수 없다고 생각한다. 사천성의 국가발전 개혁위원회나 사회과학원(성 정부나 중앙 정부에 경제 정책 등을 자문하는 기관)에서 이야기를 들으면, 지방경제를 움직이고 기획을 하는 사람들에게서 주체성을 볼 수 없는 것이 마음에 걸렸다. 즉, 경제 정책 입안자가 여전히 「위로부터의 지시를 기다리는 자세」인 채라는 것이었다. 변함없이 중앙으로부터의 지시 없이는 발언하지 않으며 움직일 수 없는 것이다.

아마 개인이나 기업인의 창조성도 중앙집권적인 현 체제 하에서는 충분히 발휘되지 않을 것이다. 일본과의 관계에서 「새로운 사고」

를 외친 마립성馬立誠 씨는 인터넷에서 집중공격을 받아, 어쩔 수 없이 인민일보를 사직하고 홍콩으로 이주하게 되었다. 자유롭고 창조적인 발언이 허용되지 않는 환경에서 기업인이 「배우는 것」 이상의 재능을 발휘하기는 어렵다.

일본은 범죄가 되지 않는 한 무슨 말을 해도, 무엇을 해도 허용된다. 언뜻 보기에 야무지지 못하고 느슨해 보이는 이 자유로운 환경, 게다가 사회의 이곳저곳이나 개인에 깃들어 있는 「세련됨」이 일본의 창조력이나 독창력을 만들어 내는 기반이 된다고 필자는 생각한다. 그리고 그것이 「일본력」의 저력이 되고 있는 것이다. 나아가 종교적 속박이 없는 것도 발상의 자유를 살리는 데에 있어 중요하다. 중국에 「축제」가 없는 것은 제5장에서 기술하겠다. 일본에서 흔히 볼 수 있는 「축제」는 창조성·독창성을 키우는 요람의 장이 되고 있다고 생각한다.

그런데 중국은 현재 지금의 엄격한 정치 체제를 스스로 바꿀 의사가 없는 것처럼 보인다. 그러한 체제 하에서 기업이나 개인이 자유로운 발상을 서로 주고받아 창조적인 제품을 만들어 내는 것이 과연 가능할까. 아마도 불가능할 것이다. 그렇다면 학습단계에서의 부의 축적에서 나아가 한 단계 위의 레벨로 경제가 올라가는 것도 어려울 것이다. 이 점이 바로 일본과 중국의 차이이다. 자유라는 활력원을 가진 일본을 체제가 바뀌지 않는 중국이 추월하는 것은 불가능한 것이다.

현재 중국은 선진국이나 그 나라의 기업으로부터 배워 좋은 제품을 세계에 공급하고 있다. 또한 제품을 팔아서 벌은 외화로 전 세계에서 자원을 사, 인프라정비를 하면서 때로는 과잉투자를 행하여 그것을 경제의 활력으로 삼고 있다. 중국은 그 과정에서 명백히 세계 경제의 성장엔진이 되었다.

하지만 그 후의 중국 기업은 어떻게 하여 세계에서 패권을 주창하려고 하는 것일까. 값이 싼 것만으로는 세계를 제패할 수 없다. 마지막은 「일본력」과 같은 창조력·상상력이라고 생각한다. 현재의 정치 체제에 많은 문제가 내포되어 있는 것은 이미 기술했지만, 중국이 그 정치 체제 안에서 창조성을 죽이는 것 같은 상황을 계속한다면 그만큼 일본 기업은 중국에 대해서 강점을 유지할 수 있는 것이다.

국민이 하고 싶은 말을 해서 통제할 수 없을 것처럼 보이는 이탈리아도 그렇기 때문에 훌륭한 제품을 만든다. 독창성에 관해서 이탈리아는 세계의 톱클래스이다. 일본 여성이 사고 있는 명품의 상당 부분은 지금도 이탈리아제이다. 일본의 기업이나 그곳에서 일하는 사람들에게는 그 자유로운 환경에서 생겨나는 「창조력」이 갖추어져 있는 것이다.

가까운 미래, 중국 기업에 있어서도 창조력이 필요하게 되는 시대가 반드시 찾아온다. 그것이 없으면 한 걸음 더 앞으로 나아갈 수 없다. 하지만 지금의 정치 체제 하에서는 어렵다고 필자는 생각한다. 그러면 중국은 일본 기업처럼 실로 참신한 제품을 만들어 낼 수 없고, 그렇다면 당분간은 일본 기업의 라이벌은 아닐 것이다. 하물며 「일본력」에 필적할 만한 「중국력」 같은 것은 아직 꿈에서도 먼 이야기이다.

정부를 약하게 할 필요성

창조성의 문제와 관련되는데, 중국에 가서 여러 분야의 사람들과 이야기할 때 가장 의견이 일치한 것은 「지나치게 강한 정부나 공산당의 존재가 문제다」라는 점이었다. 그렇다. 시장 경제를 시스템으로서 도입하고 있다. 하지만 대호령은 언제나 중앙으로부터 나온다. 「서부 대개발이다」「동북진흥이다」라는 식이다. 이 정부·공산당의 대호령(구호, 슬로건)과 시장 경제 시스템의 진전은, 지금까지는 서로 상호 보완해 온 면이 있다. 그렇기 때문에 비로소 중국은 대발전에 있는 것이다.

일본의 전후처럼 나라의 초기 발전단계에 있어서는 정부의 호령과 경제 성장이 잘 맞아떨어진다. 어째서 맞아떨어지는가 하면 정부에 지혜가 있기 때문으로 그 지혜는 보다 발전한 다른 나라에서 얻어진다. 일본의 경우, 전승국인 미국은 지금 어떤 산업이 성장하고 있는가 등을 조사할 수 있었다. 예산 등 자원 배분도 이 지혜에 따라 운용하면 그다지 큰 실수는 없었다.

전후의 일본도 정부가 강했던 시기가 있었다. 외화 사용도 제한되었던 시대이다. 즉, 지금과 같이 인터넷을 통하여 간단하게 통신을 할 수 없었던 시대에는 정부에 가장 먼저 정보가 모였던 것이다. 이렇게 해서 모인 정보로 성장 산업을 선별하는 것은 용이했다. 그야말로 전후의 통산성이 하고 있던 일이다. 다만 재미있는 것은 소니이든 토요타이든 실제로는 관의 성장전략에서 제외된 회사 쪽이 크게 성장한 케이스가 많다는 것이다. 그런데도 정부의 계획이 몇 군데에서는 적중할 수 있었다.

그러나 초기 발전단계를 지나, 서서히 어느 산업이 성장할지 알수 없게 되었을 때에는 정부의 대호령이 종종 예상에서 벗어나게 되어, 오히려 경제 발전에 있어서 장해가 된다. 일본 정부의 과거의 산업정책을 보아도 해외에서 예를 찾을 수 있는 동안은 그런대로 정확했지만 발전단계가 진척되자 그 순간 예상에서 벗어나게 되었다. 당연히 통산성, 현재의 경제산업성의 지위는 내려간다. 그것으로 된것이다. 성장할 산업을 간파할 힘 같은 것은 정부에게 없다. 정부가할 수 있는 일은 룰 만들기나 조정인 것이다.

정반대로 중국에서는 명백히 정부·공산당이 지나치게 강하다. 어쨌든 사회주의 체제이기 때문에 정부·공산당이 모든 것을 지도하는 입장에 있다. 정부·공산당은 만능이라는 사고방식이다. 하지만시장 경제의 선배국이 경험했던 것은 「시장도 때로는 틀리지만, 정부는 더 크게 틀린다」라는 것이다.

문제는 「시장은 잘못을 고치는 데에 노력을 아끼지 않지만 정부의 잘못을 바로잡는 데에는 시간이 걸리며 거대한 에너지가 필요하다」라는 것이다. 그래서 선진국에서는 시장 경제가 발달하여 경제가 성숙되면 어디나 「작은 정부」를 지향하여 정부의 힘을 줄이려고한다. 다음에 성장할 산업 같은 것은 누구도 알지 못하는 것이다. 그것을 정부는 알 것이라 생각하는 것은 잘못되었다. 시장에 맡길 수밖에 없다. 또한 같은 잘못이라도 시장의 잘못이 수습하기 쉽다. 정부의 잘못은 체면이 걸려 있고 예산이 결부되어 조직이 방해물이 된다.

때문에 중국도 시장 경제체제를 계속해서 국민의 풍요로움을 추구한다면 정부를 약하게 하지 않으면 안 된다. 하지만 공산당 정권

하에서의 그것은 지극히 어려운 일이다. 여기에도 중국 발전의 모순이 있다. 지금은 발전단계, 학습단계이니까 괜찮지만, 머지않아 반드시 이「지나치게 강한 정부·공산당」의 문제는 분출하게 될 것이다.

중국에서도 순수한 민간 기업은 행동 면에서도 발상 면에서도 상당히 참신하여 활력을 느끼게 한다. 경영자를 만나도 그랬다. 하지만 관의 세계나 그것에 이어지는 시스템은 여전히 경직되어 있고 계획 경제의 잔재가 있어, 중국 경제의 한 단계 위로의 발전을 저해할 것이라는 것은 쉽게 상상할 수 있다.

관 의존으로 몰락한 대도시

관 의존으로 결과적으로 발전이 늦어져 버린 예는 동북 지방의 심양에서 볼 수 있다. 김한미 가족 탈북사건(탈북자 가족의 일본 영사관으로의 망명사건)으로 일본에서도 유명해진 이 중국 동부의 도시를 차로 이동하고 있으면 반드시 눈에 들어오는 간판이 있다.「동북대진흥 심양요선행」이라고 쓰여 있다.「동북을 크게 진흥시키자. 심양이 그 선구자가 된다」라고 하는 슬로건이다.

그 슬로건이 의욕으로밖에 느껴지지 않을 정도로, 선행하는 다른 중국의 대도시에 비해 심양은 뒤처져 있다. 낡아서 먼지투성이인 빌딩, 화려함이 없는 사람들의 복장…… 건설 중인 빌딩도 적고, 자본 투하 부족의 인상을 지울 수 없다.

심양을 포함한 이 일대는 오래 전부터 철광석이나 석탄 등의 자원이 풍부한 중공업지대였다. 전후, 산업의 대부분이 국유화되어 중앙

정부의 두터운 비호를 받은 일로부터 심양은 중국 동북 지방 사람들의 자랑이었다.

그런데 동북 지방을 이끈 중공업은 국유기업 특유의 비효율적인 체질에 의해서 해외와의 경쟁에서 활력을 잃었다. 나라도 중국 경제 진흥의 기둥을 다른 지역으로 옮겨 갔다. 심천을 시작으로 대련 등의 항구도시를 개방구역으로 지정해, 등소평은 「풍족해질 수 있는 자부터 풍족해져라」라고 외쳤다. 예를 들면, 상해는 관이라기보다는 정치가·등소평의 「개발」이라는 말 한마디로 발전으로의 실마리를 잡았다고도 할 수 있다. 특히 포동지구는 닭이나 소가 한가롭게 먹이를 먹는 농촌이었다. 옛날에는 심양 쪽이 훨씬 도회지였지만, 지금의 포동은 중국의 맨해튼과 같은 모습을 띤다.

심양을 중심으로 했던 이 일대는 정부가 오랫동안 중공업을 지배했기 때문에 중국 전체의 대발전의 흐름에서 완전히 뒤떨어졌다. 자본 투하는 진척되지 않고, 전 기업 수에 차지하는 국영기업의 비율은 다른 지방에 비해서 비정상적으로 높다. 이 관 의존 체질이 거리

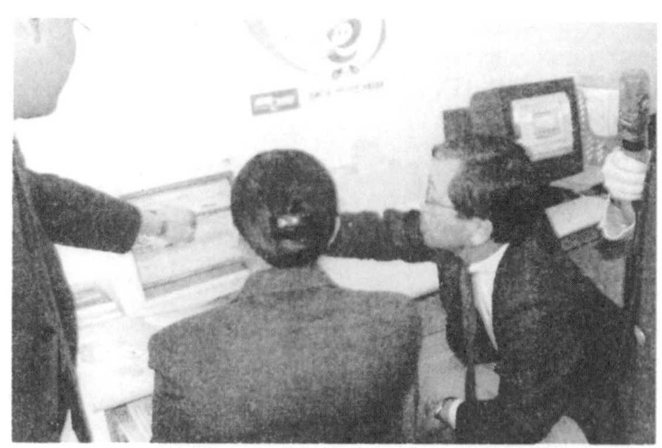

심양에서 견학한 중국의 인터넷 뱅킹

의 발전을 느리게 했다. 개혁이 늦었기 때문에 경쟁력을 잃은 채로 새로운 산업도 육성되지 않는다. 하이테크산업 등이 큰 기대를 모으지만, 아직까지 지역산업을 이끄는 존재로는 되어 있지 않다. 지역을 진흥시킬 산업의 가교 역할에 실패하여 산업의 전환기에서 벗어나지 못하는 현상이다.

이 지방 사람들은 자신들이 뒤쳐져 있는 현실에 당황하는 것 같다. 「왜 우리가 뒤쳐진 걸까」 하는 평가와 새로운 발전으로의 결단이 불가능한 채로 시간을 보내고 있다고 해도 좋을 것이다.

국유기업이 안고 있는 문제는 세계 공통이다. 「지시 대기」 「고객 무시」 「대응력 부족」 「경쟁의식 결여」…… 변화가 빠른 경제활동의 조류 속에서 중국 동북부의 존재감은 희미해질 뿐이다.

「인재는 빼앗기고 시장도 없으며 자본도 없는 것입니다」

성의 사회과학원 원장이 한탄한 내용이다. 우수한 지역의 리더가 탄생해도 다른 지방에 빼앗기고 만다고 한다. 확실히 시장은 작고 남부에 비해 북부는 인구가 희박한 지대가 많다. 토지도 메말라 있다는 인상이 든다. 자본을 움직이게 할 일본 기업의 유치가 늦어지고 있다는 현실도 있다.

일본 기업도 시장이 있고 이미 자본의 축적이 어느 정도 진척된 상해 등의 남부를 투자처로서 생각하는 것이 자연스럽다. 중국 서부의 사천성도 일본 기업에 추파를 보내고 있다는 것을 생각해보면 동북3성은 지역 간 경쟁에서도 이기지 않으면 안 된다.

중국 공산당이 슬로건으로 내걸고 있는「서부 대개발」이라는 것은 항간에 들리는 것처럼 성도 등 서부의 대도시를 타깃으로 한 것은 아니다. 어디까지나 농촌이나 도시 근교의 개발을 목표로 한 것이다.

중국의 대도시에서는 상해가 발전의 상징이라고들 말한다. 하지만 다른 도시에서도 같은 개발이 진행되어 빌딩 가격의 앙등이 일어나는 등 격차는 그다지 없는 것이 실상이다. 성도에 내려섰을 때 가장 인상에 남았던 것은「차분하고 좋은 도시이다」라는 것이었다.

격차가 있는 것은 대도시 이외의 서부 지방, 시골이다. 물론 연안부와 서부에서도 전체를 보면 격차가 있다. 후지쯔 종연 경제연구소 주임연구원 구룡 씨는 이것을「수평적 격차」라고 부른다. 하지만 멀리 있는 사람이 부자가 되어도 그다지 신경이 쓰이지 않는다. 반면 이웃집의, 이웃마을의, 그리고 같은 성내의 지인이 부유해지고 자신

성도에서의 공장 견학

이 가난하다면「격차」를 절실히 느끼게 된다. 그는 이것을「수직적 격차」라고 부른다.

서부 대개발은 지역으로서의 서부 개발을 목표로 하지만, 실은 서부 안의 이러한 도시부 이외의 지역, 구체적으로는 농촌이 개발의 목표가 되고 있다.

서부 대개발에 대해서「동북진흥」은 지금까지 중국의 오래된 산업 시스템 그 자체의 개선을 지향하고, 발전이 늦었던 동북 지방을 움직이는 것을 목표로 하고 있다.

이런 일련의「개발」로 중국은 무엇을 지향하는가. 그것은 2004년 초에 열린 전국인민대표자대회에서 화제가 되고 일본에서도 종종 보도된「소강생활」이다. 그러면「소강생활」이란 무엇인가. 제2장에서도 조금 언급했지만,

「1인당 연수입이 3000달러가 되는 것을 의미합니다」

어느 정부고관이 분명하게 이렇게 말해 주었다.

「소강」이란「국민 전원이 보통의 생활을 할 수 있다」라고 하는 것인데,「3000달러」는 매우 흥미 있는 숫자이다. 현재 한국의 1인당 연수입이 대략 1만 달러이기 때문에, 어림잡아 말해서 한국 국민 1인당 연수입의 약 3분의 1의 수준을 목표로 하자고 하는 것이다. 일본과 비교하면 일본이 1인당 3만 달러 전후이기 때문에, 일본의 10분의 1을 목표로 한다는 것이 된다.

여기서 중요한 것은 1인당 3000달러라고 하는 수준은 이미 중국의 연안·도시부에서 그것을 넘어서고 있는 사람의 수가 일본의 인구 총수보다도 많다는 점이다. 성도에서는, 한 대에 500만 엔이나 하는 사천 토요타의「프라도」라는 차가 대단히 인기이며 급속하게

매출을 늘리고 있다.

정부의 대호령은 「서부 대개발」 「동북진흥」이 되어 온 나라 안에 울려 퍼진다. 하지만 많은 중국 기업을 방문하거나 정부의 개발담당자의 이야기를 듣고 느끼는 것은, 중국 경제에 정말로 활력을 주고 있는 것은 역시 「국민의 힘」이라는 것이다.

중국에서는 심양의 「원대그룹」 사장과 같이 순수한 민간회사 사장이 밝고 쾌활하여, 이야기를 하면 마음이 끌린다. 반대로 사회과학원 소장이나 수석 연구원의 이야기에는 패기가 없고, 「지시 대기」적으로 이야기를 진행시키고 개혁의 아이디어도 가지고 있지 않은 것 같다.

하지만 중국 사람이 정말로 「소강생활」을 구가할 수 있는 것은 조금 후가 될지도 모른다. 2004년 봄의 상해 방문 때이다. 귀국하기 전날 밤 7시경, 상해의 호텔에서 목욕을 하고 있는데 갑자기 정전이 되어 아주 캄캄해졌다. 바로 복구되었지만, 항간에 전해지고 있는 중국 동부의 전력 부족을 실제로 체험했다. 중국의 정전은 중국 주요도시 전체로 퍼지고 있다는 설도 있다. 공장은 주중의 조업을 줄여달라고도 한다고 한다.

사천성의 관리가 이런 말을 했던 것이 생각났다.

「우리 성은 수력자원이 대단히 풍부. 동부에 전력을 파는 것을 경제 발전의 하나의 기둥으로 하고자 한다」

하지만 중국 서부가 자랑하는 수자원도 현저한 수요 증가에는 미치지 못하고 있다. 전력 공급도 뜻대로 되지 않아 대도시의 호텔에서도 정전이 일어나서는 「소강생활」도 위태롭다.

심각한 에너지 문제

자, 그 에너지에 대해서 보기로 하자.

중국에 있어서 2004년 가을은 하나의 다리를 건넌 시기로서 역사에 남을지도 모른다. 정식 멤버는 아니지만 미국 정부로부터 「선진국클럽」이라고 하는 선진7개국 재무장관·중앙은행 총재회의(G7)에 정식 초대되어, 회합 후의 만찬회에도 참가했다.

참석한 것은 김인경金人慶·재정부 부장과 중국인민은행(중앙은행)의 주소천 총재였다. 중국은 그때까지와 같이 「중국의 일은 중국이 결정한다」라는 비개방적인 자세가 아니라, 투자 과열 문제나 금리 인상의 시비, 위안화 환율제도의 유연성 확대 문제 등을 선진 여러 나라와 이야기했다. 중국은 이 회의를 계기로 그 후에도 G7에 초대되었다.

현재, 세계에 있어서의 중국의 위치는 미묘하다. 그 미묘함과 다른 한편으로의 거대함이, 이 나라를 좋게도 나쁘게도 돌출시켜 보이게 한다. 단적으로 말할 수 있는 것은 중국은 어떻게 보아도 선진국은 아니라는 것이다. 이 점에 대해서는 이미 언급했다.

중국은 스스로도 「거대한 개발도상국」이라고 부른다. 하지만 중국의 경제 상황의 변화나 경제 정책은 세계 경제에 커다란 영향을 주기까지에 이르고 있다. 일본을 웃도는 대량의 석유를 소비하고 세계 최고액의 외화를 받아들여 세계 시장을 흔들고 있다. 다른 선진국이 관심을 갖지 않을 수 없다는 점에서 중국은 보통의 도상국은 아니라는 것이다.

G7에 참석한 김인경·재정부 부장과 주소천·중국인민은행 총재

두 사람은 자신들의 나라가 획득하고 있는 커다란 지위를 실감한 것은 아닐까. 하지만 G7으로서는 중국을 부르지 않을 수 없었다. 그리고 최대의 초점은 「석유」, 그리고 「외환(구체적으로는 위안화 문제)」이었다.

이 두 가지 문제는 중국이 불참해서는 진전되지 않을 뿐만 아니라 토의의 의미조차 없었다. 때문에 미국은 중국을 초대하고, 중국도 세계에 자신의 정책을 설명해야 하는 책임이 있어, 설명하는 편이 장래에 있어서 유리하다고 생각했을 것이다.

2004년 가을의 G7에 있어서 긴급했던 것은 「석유문제」였다. 뉴욕의 선물시장 WTI는 배럴당 55달러대까지 폭등했다. 그 한 원인은 중국이다. 10월초, 신화사통신은 다음과 같은 기사를 전했다.

「중국의 올해 1~8월의 석유 대외 의존도는 40%에 달했다. 2002년엔 32.6%였다. 경제의 고도성장에 동반하여 2020년에는 60%를 넘는다는 견해도 나와서, 원유의 국제시세를 밑에서 끌어올리는 요인이 되고 있다.

세관 통계에 의하면 1~8월의 원유수입량은 7996만 톤으로 전년 동기 대비 39.3% 증가, 석유제품 수입량은 2531만 톤으로 36.4% 증가했다」

전년 동기 대비 40%나 석유 수입을 늘리는 중국. 게다가 중국의 석유 소비량은 이미 2004년 단계에서 일본을 앞질러, 거의 시간차 없이 미국에 접근하리라 보인다. 중국은 1993년에 석유 순수입국이 된 이래 일관되게 수입을 늘리고 있다. 중국의 지금의 경제 성장이 계속되고 또 그 에너지 사용의 비효율이 개선되지 않으면 중국의 수요는 계속 늘어날 것이다.

중국의 석유 수입량은 이미 한국도 앞질렀다. 이「수요증가 예상」이 세계 석유가격 폭등의 주 요인이 되고 있다. 러시아의 유코스문제, 나이지리아의 노동분쟁, 멕시코만을 덮친 허리케인의 영향 등 여러 가지 요인이 있지만, 근본적으로는 중국의 석유 수입 증가이다. 2004년 가을 G7이「고유가」를 하나의 토의 재료로 했을 때부터 중국의 참가는 필요했다는 것이 된다.

문제는 거기에 그치지 않는다. 2005년 초에 발표된 통계에 의하면, 중국의 2004년 1년간의 석유 수입량은 36%나 증가했다. 원유 가격 폭등 속에서의 수입량 급증. 그리고 그 속에서도 진행되는 전력 부족. 중국의 성장이 에너지의 제약으로 좌절되는 것은 아닐까, 라는 견해에 일리가 있음은 이러한 상황을 생각해 보면 납득이 간다.

그렇기 때문에 중국은 에너지 확보에 필사적이다. 그리고 지금까지 선진국의 석유회사가 그다지 노리지 않았던 지역에까지 교섭의 손을 뻗치고 있다. 일본 근해의 경제수역에서 일본 측의 동의를 얻지 않고 시굴을 했던 것은 2004년의 사건에 의해 일본인이 알게 되었다.

이 중국과 인도의 석유 수요 급증은 세계의 에너지 수요 지도를 크게 바꾸고 있다. 선진국의 석유 수요는 가장 큰 수입국인 미국에서도 연간 3%대의 증가에 그치고 있다. 중국의 36% 증가라고 하는 숫자는 중국이라는 국가의 거대한 존재감과는 반대로 중국의 취약성을 말해준다.

중국의 에너지 문제에 대해 일본이 할 수 있는 것에 관해서는 제8장에서 다루겠다.

중국에 있어서 「에너지 문제」에 이어 머리가 아픈 것이 「위안화 문제」이다. 중국에 대해 대폭의 무역 적자를 계속적으로 안고 있는 미국은 2004년 11월 대통령 선거와 결부하여, 위안화를 절상시키자는 「위안화제도의 유연성 향상」을 중국에 요청했다. 이 요청을 국제 회의의 장에 가지고 나가는데 G7은 안성맞춤의 무대였다.

위안화는 중국의 통화이지만, 종래의 G7의 틀(일본, 미국, 영국, 프랑스, 독일, 이탈리아, 캐나다)에는 중국이 들어갈 여지가 없어, 그 결과 2004년 후반의 G7부터 중국이 초대되는 형태가 정착되었다.

중국이 위안화 문제로 머리가 아픈 것은 이것이 국내의 실업 문제와 직결되어 있기 때문이다. 중국은 2004년 말이 되어, 2005년의 경제 성장률 목표를 종래의 7%에서 8%로 끌어올린다고 발표했다. 어째서 1% 올린 것인가. 그것은 대졸만 연간1000만 명이라는 학생을 흡수하기 위해서는 7%의 성장으로는 부족하다는 결론이 나왔기 때문이다. 그래서 8%로 했다—중국에서는 직업이 중요한 테마인 것이다.

그런데 위안화의 절상은 경쟁력이 없는 중국 기업에 있어서 확실히 타격이 된다. 그러나 세계로부터는 「절상하라」 하고 압력이 가해져, 실제로 자본 유입의 격심함으로부터 과잉 유동성이 생겨나고 있는 것은 확실하고, 그것이 상해의 아파트 가격의 폭등 등으로 이어지고 있다. 제 살 베어 먹기 식 상태인 것이다.

제2장에서 필자는 위안화의 절상이 있어도 소폭일 것이라고 예상했다. 하지만 소폭이었다고 해도 중국에는 격변으로 치달을 가능성

이 있다. 향후 수년간의 중국에 있어서 위안화 체제를 어떻게 할 것인가, 그리고 그 환율을 어디에 설정할까는, 극히 커다란 외교, 그리고 내정문제가 된다.

중국이 G7의 정식멤버가 되는 날은

그래도 13억 명이라는 국민을 안고 세계에 커다란 시장을 제공하며 석유부터 철광석, 알루미늄, 시멘트 등의 수입으로 존재감을 키워 온 중국을, 세계 경제를 둘러싼 회의의 장에 넣지 않을 수는 없다. 그것이 세계 경제의 현실이다.

G7은 그때까지도 재무장관회의 전후로 중국을 포함한 차관급 협의를 개최해 왔지만, 각료급 협의에 중국을 부른 것은 처음이다. 그들은 위안화 개혁이나 투자 과열 문제 등을 협의했다. 중국과 G7의 각료급에서의 긴밀한 만남은 세계 경제의 변화를 잘 말해주고 있다. 일본을 포함한 많은 선진국에 있어서 중국이 지극히 중요한 무역 상대국이 되고 있어 「중국을 빼고 세계 경제를 말한다」고 하는 것은 어렵게 된 현실을 G7이 인정한 꼴이 되었다.

그러나 존재감을 늘리는 중국은 경제체제, 법제도에 있어 일본 등 G7의 종래 회원국과는 크게 다른, 정식멤버가 되기에는 오랜 시간이 걸리는 나라이다. 2004년에 「소강사회」를 목표로 한다고 말했는데, 중국은 2005년에는 이미 「화해和諧사회」가 목표라고 말했다. 소강에 도달하기도 전에 빈부 차가 확대되고 사회에 균열이 생긴 것이다. 이 때문에 모두가 사이좋게 하자는 의미의 「화해」를 목표로 내세웠다. 그러나 그것은, 어떤 의미에서는 나라가 크게 분열되고 있다는 증거이기도 한 것이다.

왜곡된 한국 경제

중국에 이어 일본인이 머리 한편에 두고 「언젠가 일본을 능가하는 것은 아닌가」라고 생각하는 것은 한국일 것이다. 삼성의 강점이나 수익력에 대해서는 일본의 신문에도 자주 실린다. 일본에서는 아시아 통화 위기 때의 IMF 관리 하 이후의 한국의 경제회복은 일본보다 강력했고, 개혁을 단숨에 진행시킨 만큼 원활하고 한국 경제를 강하게 했다는 잔상도 남아있다.

그러나 그것은 잘못된 인상이다. 최근 몇 년의 한국 경제에는 일본 경제에서 볼 수 있는 그런 「부양감」이 없었다. 2005년에 들어서 주가가 상승하고 원도 달러에 대해 강해지는 등 다소 서광은 보이기 시작했지만 여전히 경기는 힘이 부족한 상태이다.

게다가 한국의 중앙은행은 2004년 후반부터 단기금리 인하를 행하고 있다. 경기 회복으로부터, 세계 각국의 중앙은행이 금리 인상을 서서히 추진하고 있는 가운데서의 금리 인하로, 최근의 한국 경제의 침체가 한층 눈에 띄는 형국이다.

실은 한국 경제에는 일본에서 그다지 알려지지 않은 약점이 다수 있다. 삼성 등 일부 기업의 활약은 굉장하지만, 한국 경제 전체를 보면 일본에서는 볼 수 없는 약점을 다수 안고 있는 것이다.

2004년 5월의 연휴 후에 한국을 방문하였다. 그 조금 전부터 하네다에서 서울로 가는 항공편이 운행을 개시하여 동경에 사는 사람으로서는 가기 쉬워졌기 때문이다. 2002년에 두 번(한일월드컵 준결승전 관전과 노무현 당선 후의 취재) 가고 난 이후였는데, 무엇보다도 흥미를 가진 것은 한국 경제에 점하는 삼성이라는 회사의 규모, 굳이 말하자면 과도한 존재감이었다.

나는 한국에 가면 반드시라고 해야 할 만큼 대우증권의 동경지사장을 했던 친구 강창희 씨와 만난다. 강씨가 굉장하다고 생각하는 한국 비즈니스맨을 데리고 와서, 한일경제나 서로의 주식 시장의 전망 등에서 의견 교환을 할 수 있기 때문이다. 2004년의 한국 방문은 두 가지의 놀랄 만한 사실을 알 수 있었던 점에서 굉장히 유익했다.

하나는 한국 경제에 있어서의 삼성이라는 회사의 과도하다고도 생각될 정도의 존재의 크기이며, 또 하나는 한국에 있어서의 제조업 노동자의 급속한 감소이다. 이 두 가지 사실에 관해서는 한국의 친구들로부터도 우려의 소리를 들었다. 강씨의 친구 중 몇 명인가는 저널리스트였다. 저널리스트라는 것이 대개 자국의 앞날에 비관적이라는 것을 감안하여도, 그들이 제공해준 수치는 흥미로운 것이었다. 일본에는 그다지 알려져 있지 않은 사실이다. 아래에 제시하는 수치는 그 당시(2004년 5월)에 강씨의 친구가 자료로 보여준 것이다. 현재의 수치와는 조금 다를지도 모르겠지만 한국 경제에 점하는 삼성 지위의 비정상을 잘 보여주고 있기 때문에 그대로 기술한다.

1. 한국의 전 법인세 수입의 4분의 1을 삼성이 지불했던 적이 있다. 그것이 2003년에는 전체의 5분의 1이 되었지만 그래도 세수에 차지하는 삼성의 지위는 거대하다.
2. 한국 주식 시장 시가 총액의 22%는 삼성주가 차지한다.
3. 한국 전 기업의 순이익의 25%는 삼성이 낸다.
4. 한국 전 수출의 16%는 삼성 한 회사에 의한다.
5. 한국 무역흑자의 3분의 1은 삼성이 낸다.

처음 이것을 들었을 때에는 귀를 의심하였다. 그와 동시에 그만큼 한 회사의 존재가 크다는 것은 그 나라의 경제의 건전성이 낮다는 증거가 아닌가, 라고 생각하였다.

일본에서도 예를 들면 토요타는 굉장히 큰 존재이지만 이 정도까지는 아니며, 앞으로도 이러한 지위에 토요타가 오를 가능성은 적다. 왜냐하면 토요타가 셰어의 40%를 넘는 수준에 달한 일본 자동차 업계에도 닛산, 혼다라는 라이벌이 있고,.다른 업계에서도 일본에는 여러 회사가 군웅할거하고 있으며 또 세계에서 그 이름을 떨치고 있기 때문이다. 그야말로 「일본력」의 증명인 것이다.

그러나 한국의 경우에는 삼성의 지위가 전 산업을 통해 지극히 높은, 거의 거인임을 알 수 있다. 한국 친구에게 그 점을 이야기했더니, 확실히 평범하지는 않지만 한편으로 삼성은 디지털 가전, 반도체, LCD(액정디스플레이), 휴대전화의 네 사업을 균형 있게 전개시키고 있다는 점이 중요하다고 지적했다. 그와 함께 분명 삼성은 돌출되어 있지만 그렇다고 해서 다른 한국 기업의 존재가 미미하다는 것은 아님을 기술했다.

그런 견해도 가능할지 모른다. 그러나 앞에 기술한 다섯 가지 수치를 보고 「정상이다」라고 생각하는 사람은 적을 것이다. 필자에게 한국 경제는 정상이 아닌 것처럼 보인다. 또 삼성은 세계적으로 유명해 한국의 산업계에 처음으로 공업제품의 「브랜드」가 확립될 가능성이 있지만, 한편으로 삼성은 여전히 재벌의 색채를 짙게 남겨 경영 형태에 투명성이 결여되어 있다. 대담한 투자로 세계 업계를 떨게 하고 있지만, 아직도 조금 국민 경제에 공헌하는 정도가 확실치 않은 점이 마음에 걸린다.

격감하는 제조업 노동자

그때의 이야기에서 또 한 가지 놀란 것이 있다. 이것도 일본에는 거의 전해지지 않았다. 그것은 한국의 전 노동자에 점하는 제조업 노동자의 비율이 80년대 후반의 28% 가까이에서 급속히 저하하고, 현재는 일본의 그것을 밑돌아 20%를 무너뜨리려고 하고 있다는 점이다. 도표3을 보기 바란다.

일본 전 노동자에 점하는 제조업 노동자의 비율이 70년대의 28% 가까이에서 실제로 천천히 저하해 온 것과 대조적으로, 한국에서는 70년대부터 80년대 후반까지 제조업에 종사하는 노동자의 비율이 급속하게 증가한 후, 90년대 전후부터 이번에는 급속하게 감소하기

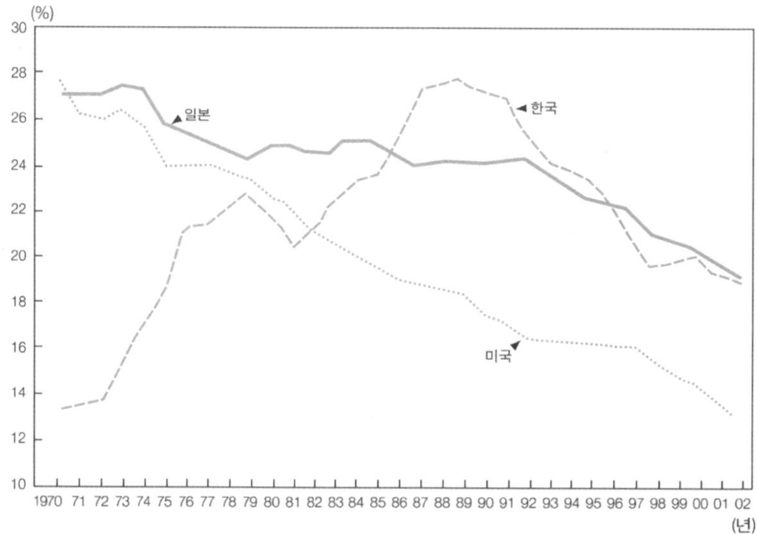

시작했다. 이 도표를 보면, 80년대의 한국은 한창 신장하는 제조업 국가라는 인상이지만, 그 후는 급속하게 경제가 탈제조업의 색채를 짙게하고 있다고도 말할 수 있다. 삼성의 활약이 눈에 띄기 때문에 눈치 채지 못하고 있지만, 한국은 급속하게 탈공업화 경제가 되어가고 있다고 할 수 있다.

한국 친구는 그때, 「한국은 이미 제조업 국가라고는 할 수 없다」고 말했다.

전 노동자에 점하는 제조업 노동자 비율 저하는 미국을 보면 더욱 현저하게 진행되고 있다. 제조업 국가가 아니게 되었다고 해서 성장이 멈추는 것은 아니다. 미국은 2004년에는 4%대의 성장률을 올렸고, 2005년에도 3%대 중반의 성장률을 달성할 것 같다.

다만 나의 인상으로는, 한국에서는 다소 너무 빠른 페이스로 제조업에 종사하는 노동자 수가 줄기 시작한 것 같다. 제조업에서의 고용자가 감소하면 인구라도 줄지 않는 한 그 감소를 어딘가의 산업에서 채우지 않으면 실업률이 올라가 버린다. 어느 국가든지 제조업이나 농업 분야에서 나온 노동자를 새로 고용하는 것은 서비스 산업이다.

그러나 국민소득이 아직 낮고 국민 1인당 GDP 1만 달러를 조금 넘은 단계의 한국에서 제조업에서 나온 노동자를 다 흡수할 수 있을 정도의 커다란 서비스 산업이 육성되어 있다고는 생각할 수 없고, 사실도 그와 같다. 한국은 한류열풍을 타고 일본을 포함한 아시아 여러 나라에 영화나 TV드라마를 수출하기 시작했다. 김대중 정권 때에 시작한 것으로, 미국에 있어서의 할리우드의 존재를 의식한 소프트산업육성정책의 결과라고도 할 수 있다.

그러나 그러면 한국의 서비스 산업에 즉시 밝은 전망이 보이는가 하면 반드시 그런 것은 아니다. 영화 산업의 규모도 미국에 있어서의 할리우드의 지위에는 훨씬 미치지 못한다. 할리우드 영화는 미국에 있어서 수출 상품 그 자체이지만, 일본의 애니메이션과 비교해도 「한류스타」의 인기는 일본인 등의 한국 방문의 촉진 정도로밖에 도움이 되고 있지 않다는 통계도 있다. 이것은 후술하겠다.

IT 관련 기업에서는 세계 최고의 이익

왜 한국 최대 재벌그룹의 핵심회사로서의 삼성은 그렇게 강한 것인가.

현재의 삼성 윤종용 부회장 겸 최고 경영책임자(CEO)는 2005년 2

월 초의 일본경제신문에서, 「(1997년의)통화경제 위기 이후, 합리화를 추진하면서도 장래를 보고 전략분야에 대한 투자를 계속해 온 것에 있다」라고 지적했다. 즉, 「집중과 선택」을 대담하게 실행했다는 것이다. 일본의 메이커는 할 수 없었던 일이다.

덧붙여 말한다면 일반적으로는 다음과 같은 요인이 제시되고 있다.

1. 일본의 회사, 일종의 집단 지도 회사에는 불가능한 그런 스피드로 반도체·정보·디지털가전 등의 분야에 지극히 큰 연구 개발 투자를 행하고 단숨에 세어를 점유하는 전략을 취하고 있으며 그것이 성공하고 있다.
2. 중국에서의 휴대전화 인기 조사에서 3위에 들어가고 일본 메이커를 능가하는 등, 디자인 면에서도 소비자의 마음을 끌 수 있는 제품 설계가 이루어지고 있다.
3. 인재 면에서도 국내 우수대학의 학생을 대량 채용하여 연구 개발에 진력하는 등, 전력의 충실을 꾀했다.
4. 한국 정부도 삼성을 한국의 대표기업으로 보고 있고 여러 분야에서 우대책을 취하고 있다.

어쨌든 그 투자의 규모는 크다. 반도체든 무엇이든, 종종 삼성은 일본의 여러 경쟁회사를 합한 것보다 큰 규모의 투자를 단숨에 행한다. 삼성은 2005년의 설비 투자액을 전년 대비 34% 늘린 10조 2700억 원(1조 270억 엔, 1원=약0.1엔)으로 끌어올리겠다고 발표했다. 반도체 양산 라인의 증설이나 액정패널 신 양산 라인 건설 등이 중심이 된다. 한꺼번에 투자·생산하고 시장 세어를 확보하여 이익을 확실히 하려고 하고 있으며, 현재 그것에 성공하고 있다. 그 때문에 이익률은 일본의 경쟁 타사에 비해 2배 이상 높다.

2005년 초에 삼성전자가 발표한 2004년 결산은 순조로운 반도체 사업 등이 받쳐주어 순이익이 전년 대비 81% 증가한 10조 7867억 원(약 1조 787억 엔)이 되어, 처음으로 10조 원을 넘었다. 이것은 그 시점에서 이미 2004년의 결산을 발표한 미국 인텔의 75억 달러(약 7650억 엔)를 웃돌며, 세계 IT(정보기술) 관련 기업으로서는 최고 수준이 된 것이다.

삼성의 존재감은 경영 방침 결정의 규모와 신속함, 그것이 만들어 내는 이익뿐만이 아니다. 연구 개발에 쏟아 붓는 자금과 인재는 굉장하고, 그 결과 삼성은 메르크말이라 불리는 미국에 있어서의 특허 취득 건수에서도 착실히 순위를 올리고 있다. 도표4는 2005년 초에 발표된 2004년 미국에 있어서의 특허 취득 건수이다.

도표4 2004년 미국의 특허취득 톱10

순 위	건 수	기 업	2003년 순위
1	3248	IBM	(1)
2	1934	파나소닉	(4)
3	1805	캐논	(2)
4	1775	HP	(5)
5	1760	마이크론	(6)
6	1604	삼성	(9)
7	1601	인텔	(7)
8	1514	히타치	(3)
9	1310	도시바	(13)
10	1305	소니	(10)

이것은 미국 특허상표청(USPTO)의 발표로, 1위는 12년 연속의 IBM으로 3248건, 그 뒤는 일본 메이커가 뒤를 이어 전년 4위에서 2위로 오른 파나소닉으로 1934건, 3위는 전년 2위였던 캐논으로 1805건이었다.

4위 이하를 보면 HP(휴렛, 팩커드)(전년 5위), 5위 마이크론(6위)으로 이어지고, 6위에 한국의 삼성(9위)이 들어간다. 뒤로는 7위 인텔(7위), 8위 히타치(3위), 9위 도시바(13위), 10위 소니(10위)의 순으로 되어 있다.

도시바가 새로이 TOP10에 들어가고 네덜란드의 필립스가 10위권 밖으로 된 것 이외에는 예년대로의 멤버이지만, 한국 삼성은 2002년 11위, 2003년 9위에서 2004년에는 6위로 매년 순위를 올리고 있는 것이 눈에 띈다.

삼성은 특허 취득 건수로 소니를 앞질렀다. 삼성과 소니는 2004년이 되어 액정 디스플레이 분야에서 합작회사를 스타트 시켜 업계를 놀라게 했는데, 이런 수치로부터 이 합작의 타당성을 엿볼 수 있다. 소니는 미국의 특허 취득 건수만으로 보면 삼성에 대해서뿐만 아니라 다른 일본 메이커에 대해서도 열세이다.

이런 점에서 보아도 삼성의 경영진이 미래에 대한 전망을 크게 잘못 보지 않는 한, 세계 시장에 있어서의 삼성의 존재감은 계속해서 커질 것이다.

경제 깊이의 차이

그러나 중요한 포인트는 이 랭킹 속에 일본 기업이 5개사나 들어 있다는 것이다. 한국에서는 한 회사, 말할 것도 없이 삼성이다. 그러나 세계랭킹으로 보면 삼성의 지위가 높은 것은 아니다. 한국에서는 독보적인 삼성도 특허 취득 건수의 세계랭킹은 「one of them」에 지나지 않는다.

일본에서는 삼성의 기세에만 주목하고 있지만, 일본의 기업은 이면에서도 상당히 분발하고 있다고 할 수 있다.

IMD의 조사를 보아도, 일본의 연구 개발 랭킹은 90년대 전체의 순위가 떨어지는 중에서도 줄곧 미국에 이은 세계 제2위의 지위에 있었다. USPTO의 발표도, 그 조사도 그것을 뒷받침한다. 미래의 신제품을 만들어내는, 그것에 의해 이익을 낼 것인 특허 취득 건수에서 일본 기업을 하나로 모은 존재감은 지극히 높은 것이다. 「일본력」의 진면목이다. 한국의 삼성은 같은 한국 어딘가의 회사를 인술하여 올라와 있는 것은 아니다. 한국 기업으로 삼성 이외에 눈에 띄는 것은 현대자동차 정도이다. 실제로 한국에서는 재벌계의 일부 기업 이외에는 그다지 눈에 띄는 기업이 없다. 일본에는 대표적 기업 이외에도 작더라도 세계적인 기업이 많은 것과 대조적이다.

또한 삼성의 세계에 있어서의 랭킹은 오르고 있지만 예를 들어 특허 취득 건수를 보아도, 그 훨씬 위에 일본의 기업으로서 파나소닉이나 캐논이 있다. 즉, 삼성의 성공은 어디까지나 한국 기업 중에서도 예외적인 사례라 할 수 있다. 실제로 반도체에 관련된 「정적 정보 기억과 검색」이라는 중요 분야의 특허 건수를 보아도, 삼성은 미쓰비시 전기나 NEC보다 낮다.

삼성은 확실히 지금의 세계 시장에서 활약하고 있다. 그러나 그것은 기술력으로 일본의 기업을 능가해, 따라잡을 수 없는 곳까지

가버렸다기보다도 삼성이 IMF 관리 하에서 어떤 의미로는 몰아붙여진 형태로 시작한「스피드」우선의 빠른 결단을 특징으로 하는 경영의 힘으로 세력을 늘리고 있다고 할 수 있는 것이다.

그렇다고 해도, 한 회사에 전 법인세 수입의 4분의 1, 주식시가 총액의 22%, 전 기업 순이익의 25%, 전 수출의 16%, 무역흑자의 3분의 1을 의존하고 있다고 하는 한국 경제의 현상이 건전하다고는 생각할 수 없다. 삼성의 한국 경제에 점하는 커다란 몇몇 수치를 보면, 기타 기업의 이익이나 주가, 고용에 점하는 그 존재감이 작은 것을 엿볼 수 있다는 것이다.

한국의「삼성 의존 체질」을 보고 새삼 생각하는 것은 일본은 여러 기업이 동시에 업계의 벽을 넘는 형태인 복층적·중층적으로 기업이 존재해 서로 경쟁하고 싸워가며 경제를 형성하고 있다는 것이다. 이것은 한국뿐 아니라, 다른 세계 대부분의 나라를 보아도 그다지 예가 없다. 그만큼 일본 경제는 깊이가 있다는 것으로, 이는「일본력」을 지탱하는 커다란 요인이 되고 있다.

「협공」을 받는 한국 경제

삼성의 호조와는 정반대로 현 한국 경제는 부진에 허덕이고 있다. 2000년대에 들어와 장기적으로 경기가 좋은 상태였던 적이 없다. 그리고 한국은행은 2004년에만 2번의 금리 인하를 하게 되었다. 8월과 11월로, 박승 한국은행 총재는 특히 11월 금리 인하에 대하여 이렇게 이야기했다.

「내수회복의 침체가 지극히 깊어 회복이 늦어지고 있다. 이것이 국민 생활에 큰 고통을 주고 있다」

박승 총재는 「소비, 건설, 설비 투자의 모든 것이 침체되어 있는 데다가 수출의 성장기조에도 그늘이 보이기 시작한 것으로 경기의 하락 기조가 지배적이다」라고 하고 「이런 상황이 2005년 상반기까지 계속될 것이다」라고 말했다.

한국은행은 2004년 중반의 단계에서 2004년보다도 2005년 경기 쪽이 악화될 것이라고 읽고 있었던 것 같다. 이 결과, 2005년도 미국을 시작으로 세계 각국이 금리를 인상하는 가운데, 내수회복을 향해 「한국은행은 2005년도 1~2회의 금리 인하를 단행한다」라는 것이 대부분의 견해이다. 이 결과, 한국에서 우려되고 있는 것은 저금리를 받은 한국으로부터의 자금 유출이며, 고유가가 계속되는 속에서의 인플레이션 압력의 증대이다.

하긴, 이런 한국 경제도 2005년에 들어와 회복의 조짐을 보이기 시작하고 있다. 격렬했던 노동 운동에 대한 비판적 분위기가 강해져, 이에 동반하여 주가도 상승해 원도 오르고 있다. 그러나 앞으로가 염려스럽다. 한국은행의 결사적인 노력에도 불구하고 「한국 경제의 회복에는 큰 효과를 얻을 수 없다」라고 하는 분석도 많은 것 같다. 「금리 인하로 투자가 늘지는 의문」이라는 소리가 강하기 때문에 「기업이 투자를 하지 않는 것은 금리가 높기 때문이 아니라 자금을 조달해서 투자해 수익을 올릴 자신이 없기 때문」이라는 의견도 강하다. 한국 경제에서도 삼성은 예외로, 국내 경제의 미래에 자신을 가질 수 없는 많은 기업은 투자조차도 소극적이 되어 있음이 명확하다.

한편으로 한국 기업은 여러 면에서 중국 기업의 추격을 받고 있

다. 삼성을 제외하면 한국 경제는 「협공」을 받고 있는 인상이다. 즉,
일본이나 대만, 중국으로부터의 협공이다.

100명 중 13명이 신용불량자

한국 경제의 발목을 잡는 최대 요인은, 어린이나 노인까지 포함해
서 인구 4700만 명인 나라에서 340만 명(일설로는 360만 명)에 달하
는 신용불량자의 존재이다. 한국에서 신용불량자란, 금융기관·국세
청 등에 대한 납부 지연에 의해 금융거래에 제약을 받고 있는 자를
가리킨다. 생산 활동을 하고 있는 100명 중, 실제로 13명이 신용불
량자라고 한다. 어째서 그러한 사태가 생긴 것인가. 이야기는 1997
년의 아시아 통화위기, 그에 이어지는 IMF 관리 하의 한국 경제로
돌아간다.

IMF 관리 하의 한국은 재벌을 중심으로 각 기업은 어쩔 수 없이
큰 정리해고를 하게 되었다. 그리고 유이자부채의 삭감에 쫓겼기 때
문에 당연히 기업의 자금 수요는 감소했다. 곤란했던 것은 은행 등
한국의 금융기관으로, 새로운 수익원을 확보할 목적으로 개인용 대
출을 확대하는 전략을 채용했다. 한국의 친구들에 의하면, 정부도
소비 부양의 의도에서 이런 금융기관에 의한 개인 대출, 신용카드
사용을 장려했다고 한다. 엄밀한 심사도 없이 대학생에게까지 신용
카드가 발급되었다.

그 결과가 2000년대에 들어온 후부터의 소비 과열이다. 일본에서
는 이 당시 「한국 경제 위기로부터의 멋진 회복」이라는 기사가 많았
다. 소비가 한국 경제를 이끌었기 때문에 그렇게 보였지만, 실태는

개인용 금융의 현저한 완화에 의한 「소비 과열」이었다.

열은 언젠가 식고 무리한 도취 후에는 숙취가 남는다. 수입도 없는 학생까지 신용카드를 마구 써버리거나 카드 대출로 돈을 빌린 청구서는 신용불량자의 증가라는 형태로 나타났다. 한국의 신용불량자 340만 명 중 신용카드 관련 불량자가 200만 명을 웃돈다. 지금의 한국이 얼마나 카드의 재앙에 빠져 있는지를 알 수 있다.

한국 정부는 2002년에 들어와서 현금 인출 한도액의 인하나 금융기관 사이에서의 개인 신용정보의 공유화, 카드 권유에 관한 규칙 강화 등의 조치를 연달아 도입하였다. 신용불량자에 대한 금리의 감면이나 변제기간의 연장 등도 행해지고 있다. 그 효과는 나왔다. 하지만 예를 들어 현금 인출 한도액의 인하는 단기적으로는 신용불량자를 증가시켰고, 개인 신용 분석의 강화는 소비의 억제로 이어졌다. 대형 소비재는 대출로의 구입이 주류이기 때문에 자동차 등의 매출이 떨어지는 것은 자연스럽고 한국 경제는 2005년에 들어서도 소비 침체에 고통 받고 있다.

그 뒤처리를 하고 있는 것이 한국은행인 것이 된다. 하지만 일본에서도 그렇지만, 아무리 중앙은행이 계기를 만들려고 해도 경제 활성화는 소비를 하는 개인과 투자를 행하고 사람을 고용하는 기업의 활력이나 건전성, 자신의 회복이 없으면 실현되지 않는다. 일본에서 보도되는 삼성의 두드러진 활약에도 불구하고 한국 경제가 안고 있는 문제는 뿌리 깊다.

또 한 가지. 카드의 재앙은 머지않아 종식될 것 같지만, 한국 경제를 전후 일관되게 위협해온 것은 과격한 노동조합 운동이다. 2002년의 철도, 발전, 가스노조의 민영화 반대 파업은 대규모이고 과격하

김대중

여 한국 경제를 혼란 상태에 빠뜨렸다. 이때의 김대중 대통령의 말은 유명하다. 김대중 대통령은 「외국의 투자가가 가장 걱정하는 것이 한국의 과격한 노동 운동」이라고 말하며 「이 문제를 해결하지 않으면 안 된다. 이 문제가 해결되지 않고서는 세계로 나아갈 수 없고, 경쟁력도 얻을 수 없다」라고 말했다.

김 대통령은 또한 「노동자는 노동자의 본분을, 기업은 기업의 본분을 지키지 않으면 안 된다」라고 하며 「노동자는 근로조건을 둘러싸고 얼마든지 투쟁할 수 있지만 경영에 간섭해서는 안 된다」라고 강조했다. 이것은 한국 노동 운동의 성격을 잘 나타내고 있다. 한국 노동조합은 종종 사장의 인사부터 민영화의 옳고 그름까지 투쟁의 대상으로 한다. 이에 대하여 대통령은 「이와 같이 엉망이어서는 외국의 자본 등도 등을 돌리고 결국 우리나라의 경제는 공동화되어, 노동자의 직장이 감소한다」라고 말했다.

2005년 봄에 들은 한국 친구들의 말에 의하면, 과열되었던 한국의 노동 운동에도 최근 들어 변화의 조짐이 보인다고 한다. 이것은 매스컴을 포함해서 여론이 과격한 노동 운동에 대한 비판을 강화했기 때문이다. 경제 활성화, 외자 도입이나 국가 경쟁력을 앞으로도 진척시키기 위해서는 한국의 노동 운동이 보다 합리적으로 바뀔 필요가 있을 것이다.

1만 달러의 벽

한국 경제의 운명을 이야기할 때 종종 사용되는 말이 「1만 달러의 벽」이다. 현 일본의 국민 1인당 GDP는 그 시점의 환율에도 의하지만, 대체로 3만 달러를 넘는다. 이에 대해서 한국이 최초로 「국민 1인당 GDP 1만 달러」에 접근한 것은 1996년이다. 하지만 그 이듬해인 1997년에 일어난 경제 위기로 한국 국민 1인당 GDP는 한순간에 6000달러대까지 격감했다. 너무나도 그 감소가 격심했기 때문에 엄격한 긴축 조치를 한국에 강요한 IMF의 이름을 따 「IMF 쇼크」 등으로 불리었다.

그 후 5년 만인 2002년에 간신히 1만 달러대를 회복했지만 그 해의 노무현 정권의 발족과 보조를 맞춰서 생긴 노동쟁의로 한국 경제는 재차 커다란 시련에 직면해, 1인당 GDP도 다시 1만 달러로 떨어진다. 2번의 1만 달러 붕괴로 한국에서는 「1만 달러의 벽」이라는 말이 나왔다.

어쨌든 그 해의 노동쟁의는 엄청나서 3월의 두산중공업, 4월의 전국철도노동조합, 5월의 화물연대, 조흥은행, 6월의 전국교원노조, 부산, 대구, 인천의 지하철노조, 민주노총, 철도노조, 7월의 한국노총, 금속연맹, 화학연맹의 파업으로 이어졌다. 이런 가운데서의 노무현 정권의 인기 하락이 그 후의 재신임을 묻는 국민투표 실시의 한 요인으로도 되어 간다.

노무현

여담으로 지금의 한류열풍 속에서 잊혀지기 쉽지만, 한국은 여전히 일본에서 보면 개발의 여지가 큰 나라이고 사회 자본 등도 부족하다. 예를 들어 일본에서는 고령화 사회로의 사전 대응으로 전 일본의 역 등, 상하로 이동하는 장소, 계단이 있는 장소에서 에스컬레이터의 설치가 진행되고 있다. 그런데 한국에서는 수도인 서울에서도 이와 같은 에스컬레이터를 볼 수 없다. 서울의 도로는 넓고, 차에 타고 있으면 쾌적하다. 그러나 일단 보행자가 되면 고생이다. 횡단보도, 육교와 같은 것이 거의 없어, 보행자는 지하도에 들어가지 않을 수 없다.

한국은 일본보다 평균연령이 낮기 때문에 힘차게 걸을 수 있는 것일까. 하지만 한국의 출생률은 1.17로 일본보다 낮다. 한국도 급속히 고령화되는 운명에 있는 것이다. 그런 의미에서는 일본 사회 자본의 충실함은 한국 등을 훨씬 능가하고 있다.

「북한」의 문제

한국이 다시 「1만 달러의 벽」의 비애를 맛보지 않고 끝날지 어떨지의 한 가지 큰 포인트는, 북한이 어떻게 되는가, 남한이 북한과 어떻게 맞붙을까이다. 왜냐하면 독일의 동서통일보다 한반도의 남북통일 쪽이 훨씬 더 담당하는 측에 있어서 힘이 드는 일이 될 것이 분명하기 때문이다.

1989년의 베를린 장벽 붕괴를 계기로 진행된 독일의 통합은 세계적인 생활수준을 자랑하며 외화 준비도 충분히 갖추고 있던 서독이 동독을 흡수하는 형태로 진행되었다. 그때의 서독 인구는 약 5800만 명, 이에 비해 동독은 약 1600만 명이었다.

즉 서독인 3.6명이 동독인 1명을 보살피는 형태가 되었다.

필자는 베를린 장벽이 붕괴한 직후인 1990년 초에 함부르크에서 당시 동독령이었던 슈베린이라는 마을에 갔다. 아직 동독이라는 나라가 존재해 80년대의 동쪽이 그대로 남아 있었는데, 그것은 정말로 중세의 거리였다. 성이 있지만 완전히 낡아서 허물어져 버릴 정도로 전혀 손질되어 있지 않았고 그 옆에 있는 훌륭한 호수 주변은 한적하며, 도로는 몇 세기나 사용한 건지 알 수 없는 돌로 깔려 있고 만나는 사람은 서독 사람과 비교하면 초라하게 야위어 있어, 마치 다른 인종처럼 보였다. 그런데도 동독은 「동유럽의 우등생」이었던 것이다.

한반도는 사정이 다르다. 인구는 남한이 4700만 명, 북한은 정확히는 알 수 없지만 2400만 명 정도로 여겨진다. 게다가 그 대부분은 최빈국의 생활을 강요당하고 있다고 생각한다. 그렇지 않으면 잡혔을 때의 형벌을 각오하면서까지 대량의 사람들이 탈북을 시도할 리가 없다. 인구비로 보면, 만약에 북한이 붕괴된다면 한국인 2명이 한명의 북한 사람을 부양하는 형태가 된다. 이것은 상식적으로 생각해도, 또한 미국이나 일본이 지원하는 것을 전제로 해도 엄청난 부담이고, 또한 1인당 GDP 1만 달러 붕괴라고 하는 그런 사태도 예상된다. 덧붙여 말하면, 북한의 가난함은 동독에 비할 바가 아닐 것이다.

2002년 말에 필자는 노무현이라는 신진 정치가가 어떻게 대통령에 당선될 수 있었는지를 취재하기 위해 한국에 갔다. 그 해에는 남한의 선거 방향을 바꿀지도 모르는 북한 관련의 사건이 여럿 있어, 예를 들면 북한이 1994년 「북미의 제네바 합의」에 입각한 합의사항을 뒤엎고 핵시설의 봉인을 풀고 IAEA의 감시카메라를 보이지 않게 한 일 등이 있었다. 일본이나 미국에서는 「한반도의 위기 고조」가 크게 보도되고 논의된 시기로, 이러한 객관적 정세도 북한에 강경한 한나라당의 이회창 후보가 유리하다고 보이게 했던 것이다.

그러나 선거는 햇볕정책의 계속을 주장하는 노무현의 승리로 끝났다. 물론 노무현에게 유리하고 이회창에게 불리한 사건도 있었다. 장갑차로 한국의 여중생 2명을 치어 죽게 만든 미군에게 무죄판결이 나와, 이것을 계기로 반미운동이 거세진 일이다. 이것은 친미를 내세우는 이회창 진영에게는 불리하고 노무현에게 유리했다. 그러나 일본이나 미국에서 보면 북한의 핵을 둘러싼 도발적인 움직임 쪽이 훨씬 위협적으로 비추어졌고 한국의 선거 결과를 좌우하는 요소로 보였다. 그러나 이때의 선거에서 한국 국민이 그렇게 생각해서 움직인 모습은 없었다. 즉 북의 위협이 이회창의 지지로는 이어지지 않은 것이다. 어째서인가.

나는 그 「어째서」를 묻고 싶었고, 「세계 최초의 인터넷 선거」로 일컬어진 선거의 실태를 보고 싶었다. 그래서 2002년 말에 한국에 갔다. 이 문제는 본서에서 다루는 주제는 아니지만 결국 노무현이라는 정치가가 인터넷 시대의 사람들을 다수 끌어들이는 매력을 가지고 있던 것에 비해 이회창의 정책은 대북정책 하나를 들어봐도 참신함이 결여되어 있었던 것이다. 노무현은 그 후에도 탄핵을 빠져나와 대통령 직을 계속 하고 있다.

그러면 남한 사람은 북한을 어떻게 생각하고 있는 것인가. 북한과 어떻게 상대할지는 앞으로의 한국을 생각하는 데 있어서 지극히 중요한 것이다.

2002년에 일어난 일련의 북한 관련 사건에 대해 한국 사람들로부터 나온 것은 「10년 전이라면」이나 「아니, 5년 전이라면」하는 말이었다. 무슨 말인가 하면, 10년 전, 5년 전이라면 북한이 이 선거 중에 취한 행동이 선거의 행방을 바꿨을지도 모른다는 것이다. 당시라면 북한의 실태가 보이지 않았기 때문에 그 행동이 위협이 되었을 것임에 틀림없다는 것이다. 그럼 어째서 지금은 그렇게 되지 않는 것인가. 몇 가지 이유가 있다.

1. 북의 곤경(식량이 없다, 기름 없다 등)이 전해지게 되어 북한이 경쟁상대라기보다는 경제적으로도 궁지에 몰린 허세를 부리는 말뿐인 나라라며 여유를 갖고 볼 수 있게 되었다.
2. 심각한 대립이 남아있다고 전해지긴 하지만 실제로는 북한과 한국의 경제교류가 진행되어 사람들도 빈번히 왕래하고 있는 가운데 북한을 구체적인 위협으로 보는 한국 사람들이 감소하고 있다.
3. 위협으로서의 지위가 저하된 북한에 비해 서울 시내에 기지를 가지고 한국인을 무시하는 듯한 그런 행동을 취하는 미국에 적의가 집중되어, 그만큼 북의 위협을 가볍게 보는 풍조가 생겼다.

김정일

남한 사람이 북한에 대한 감정을 헤아리는 데에 있어서 굉장히 상징적이라고 생각되는 것으로, 이미 소개한 강 씨가 수년 전 지인들을 모아 준 오찬미팅 석상에서의 어느 실업가의 이야기를 들 수 있다. 그는 그 직전에 38선의 전망대에 자신의 두 아들을 데리고 갔다. 거기에서 그들이 이렇게 물었다고 한다.

「저 건너편에는 어떤 사람이 살고 있어요?」

두 아이의 아버지인 이 실업가는 아이들에게 도저히 「건너편에는 나쁜 사람들이 살고 있다고는 말할 수 없었다」라는 것이다. 이것은 중요한 발언이라고 생각한다. 한국 사람들의 북한에 대한 생각은 우리 일본인이나 미국인이 생각하는 것 이상으로 변했다. 김정일은 별도로 하더라도 북한 사람들을 적으로도 생각지 않으며 나쁜 사람이라고도 생각하지 않게 됐다는 것이다. 30대의 기자도 「북한이 위협이라고 생각하는 사람은 우리 세대에는 없다」라고 말했다.

2004년 서울 체류 중에 읽은 「인터내셔널·헤럴드·트리뷴」에 재미있는 기사가 있었다. 미국이 아무리 북한을 적시해도 남북의 경제 관계의 긴밀화는 계속되고 인적 교류도 진행될 것이라는 내용의 기사였다. 조금 오래된 기사였지만 당시의 사정을 알 수 있어서 요지를 제시해두고자 한다.

1. 2002년 1년간 남북 간의 무역량은 6억 달러에 달할 전망으로 이것은 2001년을 약 50% 웃돈다.
2. 과거 5년간 평양을 방문한 한국인은 3만 6천 명에 달하고, 북한의 관광지로서 유명한 금강산을 방문한 한국인은 50만 명에 달한다.
3. 한국 자본의 북한 투자도 활발해, 특히 개성프로젝트(3000개의 공장, 10만 호의 주택, 1100실의 호텔 등)는 한국 자본에 의한 최대의 대북 투자가 될 예정으로 핵을 둘러싼 긴장 속에서도 프로젝트는 속행되고 있다.

이것은 당시에조차 한반도의 남북 간의 경제 관계나 인적교류의 확대가 착실히 진행되고 있었다는 것을 보여준다.

남북통일의 시기는

2002년에 한국을 방문했을 때 더욱 재미있는 이야기를 어떤 사람에게서 들었다. 그것은 북한 정보의 남한으로의 유포에 관해서이다. 그에 따르면 북한의 북쪽에서 강을 건너갈 수 있는 중국의 국경지대에는 수만 명의 탈북자가 있는데, 당시 그들은 북한 정부로부터 처벌을 받지 않고 왕래를 했다고 한다. 왜냐하면 이미 북한의 감옥은 포화상태로, 탈북자 수도 많기 때문에 북한으로서도 일일이 처벌할 수 없기 때문이라 한다. 이것은 일본에서 전해지고 있는 상황과는 상당히 다르다.

그 결과 보급대수로 세계 제1의 휴대전화 대국인 중국에서 입수한 휴대폰을 북한 사람들이 자국의 북부로 가지고 들어오는 일이 비교적 용이하게 이루어지고 있다고 한다. 전파는 국경의 좁은 강을 넘는다. 그 결과 북한의 암시장 정보 등은 매우 정확하게 한국으로 들어오고 있다. 구체적으로 말하면, 한국에서는 중국으로 국제전화를 건다는 형식으로 북한 사람과 연락하는 것이 가능해서 북한의 북부, 중국 국경부터는 중국 경유로 한국으로 정보를 흘려보내는 일이 가능하다고 한다. 물론 위법이지만 그런 형태로 남북 간의 정보 왕래는 활발해지고 있다는 것이다.

2004년 말부터 이런 상황에 대한 북한 당국으로부터의 엄격한 통제가 시작되었다고 한다. 그러나 기술의 발달로 북한의 정보가 밖으로 나가는 일도, 밖의 정보가 북한 국내로 들어오는 일도 완전히 저지하는 것은 어려운 상황이 되었음에 틀림없다.

그러나 「그렇다 해도」라고 일본인인 나는 생각한다. 「북을 그렇게 얕봐도 되는 것인가」「김정일은 위협적이지 않은 것인가」「체제로서 인정해도 좋은 것인가」「한때는 200만 명이나 되는 사람이 굶어 죽었다고 전해지고 있지 않은가, 북한 사람들은 지금의 체제 하에서 불행한 것은 아닌가. 도와주지 않아도 되는 것인가」라고.

2002년 말 서울에서의 오찬미팅에는 한국인이 9명 정도 참가했는데, 매우 특징적인 것은 이런 점을 연속해서 질문의 형태로 내던지면 순간 그곳의 분위기가 얼어붙는다는 것이었다. 서로 얼굴을 마주보고 「이 사정을 모르는 일본인에게 어떻게 설명하면 될까……」라고 고민하는 듯한 표정을 보이는 것이다.

확실한 것은 젊으면 젊을수록 한국 사람들은 북한 사람들을 동포·같은 민족이라 생각한다는 것이다. 그들에게는 싸웠던 기억도 없다. 미국 신문에는 「한국의 젊은이들은 왜 미군이 서울에 주둔하고 있는지 모르고 있다」라는 기사가 실려 있다. 김정일에 대한 자세도 어딘지 일본인이나 미국인과는 다르다. 좋아하는 것은 아니고 적의가

없다고 하면 거짓말이지만 그렇다고
해서 김정일을 처음부터 부정하고
있는 것 같이는 생각되지 않는다. 하
물며 북한의 보통 사람들에 대해서
자신들과는 다른 종류의 인간이라고
는 생각하고 있지 않다. 즉 일본인,
미국인보다도 북한을 「자기편」이라
고 생각하는 것이다.

38선 근처에서

그들은 말한다. 위협, 위협이라 말
들 하면서 50년간 결정적인 일은 아무것도 일어나지 않았다. 때문에
앞으로도 아무것도 일어나지 않을 것이라고. 내가 노동이나 대포동
의 이야기를 해도 반응은 둔하다. 여기서부터가 문제이다.

그러면 「통일」을 어떻게 생각하고 있는 것인가. 한국인들이 민족
의 동일성을 인정하고 그것을 받아들여, 그리고 협조하고 싶은 것이
라면 빨리 북한을 흡수하는 조치를 취하면 되고 그 방향으로 노력하
면 되는 것이다.

그러나 여기가 중요한 데, 북을 위협으로도 생각하지 않는, 오히
려 동포라는 마음이 강하게는 있지만 「통일」이 구체화되어도 좋은
가 라고 하면 그렇지는 않은 것 같다. 내가 받은 그때의 인상은 많은
남한 사람들이 한반도의 통일이 바람직하다고는 생각하지만, 자신
들에게 큰 부담이 되는 형태로 북한이 남한을 의지해왔으면 한다고
는 생각하지 않다는 것이다. 동서독일의 통일 때에는 서독이 많은
부담을 지었다. 그것은 잘 알려져 있다. 서독은 세계에서 으뜸가는
경제대국이었다. 그래도 부담은 컸다.

한국은 강해졌으며 또 90년대 말 IMF에 의한 관리에서도 벗어나긴 했지만, 그 후로도 여러 경제적 문제를 안고 있다. 그것은 이미 설명했다. 덧붙여서 남북통일이 되면 세금이 늘고 실업 문제가 심각해지는 등 과제는 많다.

즉 비용의 문제인 것이다. 한국인들은 속마음 한 부분에서는 북한에 대해「소란피우지 말고 지금 체제대로 있어 주었으면 한다」라고 생각하고 있다고 볼 수 있다.

어디에든 명분과 실리는 있기 마련이다. 명분으로는 한반도는 하나의 나라여야 하고 민족은 통일되어야 한다고 말한다. 그러나 실제로는 통일에 동반되는 비용 문제부터 비롯해 성급한 통일을 원하는 목소리는 지금의 한국에는 적다. 그러나 좀처럼 그렇게는 말할 수 없다. 이것은 지금 한국이 직면해 있는 큰 딜레마일 것이다.

당분간 북한이 얌전하게 있어 주었으면 하는 한국인들의 입장에서 보면 사태를 뒤흔드는 김정일의 강경정책도, 북미대립도, 환영하지 않는 것으로 보이고 있을 것이다. 나에게는 그렇게 생각된다.

그러나 한국인이 북과의 통합 시기를 선택할 수 있는 것은 아니다. 이미 국내에서 반체제운동이 일어나고 있다고도 하는 김정일 체제의 명운은 누구도 알 수 없는 것이다. 한국은 일본에는 전혀 없는 리스크를 언제나 안고 있는 나라라고도 할 수 있다. 언제 붕괴되어도 이상하지 않은 북한의 존재는 한국 경제에 있어서 당면한 가장 큰 잠재적인 위협이다.

여담이지만 「남북문제」는 반도 전체의 문제임과 동시에 수도인 서울이 안고 있는 문제이기도 하다. 지금까지 서울의 번화가라고 하면 명동이었다. 시청 앞 광장에서도 가깝고 롯데호텔에서도 걸어서 갈 수 있다.

30년 정도 전의 서울은 한강이 시내 남쪽의 경계였다. 그러나 한강 남쪽에 ASEM(아시아 유럽회의)의 회의장이 된 ASEM타워 등이 생긴 것을 계기로 해서 새로운 빌딩가와 그 아래에 코엑스몰 지하상가(「삼성」역과 ASEM타워를 연결하는 지하상가)가 생겨 새로운 가게, 영화관, 백화점 등이 집중적으로 모였다. 서울 거리의 모습은 남쪽으로의 중심 이동이라는 형태로 크게 바뀌어 갔다.

그 결과 명동은 좁은 길과 협소한 가게, 더욱이 거리 자체가 낡은 것에 의해 그 매력을 잃어가고 있다. 부자들은 쇼핑 지역을 낡고 촌스러운 거리라는 이미지가 박힌 명동에서 강남으로 옮겨갔다.

시간의 경과와 함께 산뜻한 가게, 명품숍은 강남으로 옮겨갔고 또한 소비자도 옮겨갔다. 이러한 중에 서울 시내에서도 「강북」과 새로이 부의 상징이 된 「강남」과의 경제적 격차가 커졌다.

「강남」 지역의 교육 수준, 주택 가격, 소득계층은 명백히 「강북」을 웃돈다. 서울대학교 학생의 30%는 「강남」 출신이라고 하며, 그들의 출신교가 「강남」에 있기 때문에 진학을 목표로 하는 자식의 부모는 「강남」으로 주거를 옮기고 있다. 한국에서는 거주지역이 입학하는 학교를 결정하기 때문에 좋은 학교에 가고 싶으면 좋은 학교가 있는 지역으로 이주하는 수밖에 없다.

또한 「강남」의 주택 가격도 급격히 오르고 있다. 축구 전 국가대표 홍명보 선수가 산 아파트가 단기간 동안에 가격이 크게 올라 사회문제가 되기도 하였다. 한국의 부자는 일본과 마찬가지로 부동산으로 재산을 형성하는 케이스가 많은 것 같다.

세계의 도시를 보면 보통 남쪽이 저소득자이고 북쪽이 고소득자라는 구도가 되는 경우가 많다. 런던의 남미 도시도 그렇게 되어 있다. 그러나 서울은 다르다.

서울에서 북쪽으로 차로 1시간쯤 달리면 북한과의 국경 「38선」이 있다. 북쪽으로의 신장에는 한계가 있다는 것일지도 모른다. 또한 ASEM 개최라는 이유로 「강남」에 새로운 거리가 생긴 것에 원인이 있는 것일지도 모른다.

어차피 서울 거리의 중심은 「강남」으로 이동하고 있다. 「강남」은 도로도 넓고 크리스마스 조명도 밝았다.

방대한 과제를 안고 있는 국가

이 장의 정리를 하자.

일본에서는 한국이라 하면 삼성의 약진이나 한류스타의 화제가 보도된다. 그것은 그것으로 사실이지만 한국은 어떤 의미에서 일본 이상으로 신음하고 있다. 장기화되는 불황 속에, 일본 경제에서 볼 수 있는 그런 부양감은 없다. 나의 오랜 지인인 증권맨은 회사를 그만둔 후 창업을 노리고 있지만 좀처럼 잘 되지 않는 것 같다.

국내에는 경제활동 인구의 10% 이상을 차지하는 신용불량자가 있어서 소비가 좀처럼 늘지 않는다. 중앙은행인 한국은행은 2004년에 이어 2005년도 어쩔 수 없이 금리 인하를 하게 될 것 같지만 그것에 의해 한국의 경제 활동이 활성화되리라는 견해는 적다. 기업이나 소비자의 마인드가 너무나 식어버렸기 때문이다. 다른 한편으로 자녀의 출생률은 1.17로 일본을 크게 밑돈다. 그 큰 원인은 자식의 교육비가 너무 비싸기 때문이라고 한다.

언제 붕괴될지 모르는 북한의 존재는 한국의 큰 짐이다. 북한 사람들은 지금 열악한 경제 상태 하에서 생활하고 있다. 아마 북한의 지방 등은 인프라가 없는 것과 같은 것이 아닌가. 동유럽의 우등생이라던 통합 전의 동독에 갔던 적이 있기 때문에 어느 정도는 상상이 간다.

그 국민을 1인당 GDP가 막 1만 달러에 도달한 4700만 명의 한국 국민이 부담한다. 일본 등 여러 외국의 지원이 있다고 해도 그것은 용이한 일이 아니다. 어쨌든 북한에는 2400만 명이나 되는 사람이 산다.

한국의 제조업에 종사하는 사람의 비율이 이미 일본을 밑돈 것도 기술했다. 그 제조업은 삼성이나 현대자동차 등 일부 메이커의 활약은 별개로 하고, 일본과 중국의 협공에 부딪힌 듯한 형태로 고전하고 있다. 그렇기 때문에 한국 경제는 부진한 것이다.

북한이라는 폭탄을 안고 있으면서 하는 경제, 정치 운영은 앞으로도 쉽지 않을 것이다. 발전단계가 다른 국가를 단순하게는 비교할 수 없다. 그러나 한국이 직면한 문제는 일본이 직면한 문제보다도 훨씬 커 보인다.

일본인이 안고 있는 문제는 일본인들끼리 스스로 처리할 수 있는 문제이다. 한국이 발전해 온다고 해서 일본인이 일본에 비관적이 될 필요는 없다.

제5장

「축제 없는 나라」의 반란

반일의 진실

2005년 일본이 마침 벚꽃의 개화를 애타게 기다려 그것을 만끽하기 시작했을 무렵부터 중국에서는 정치의 수도인 북경, 경제 수도인 상해를 시작으로 주요한 도시 대부분에서 대규모 반일 데모가 있었다. 없었던 곳은 남경 등 일부에 그쳤다. 일본에서는 연일 크게 보도되었지만, 그것에 앞서 한국에서도 격렬한 반일 움직임이 있었다. 그것들은 왜 일어난 것인가, 일본이 가진 힘과 어떻게 관계되어 있는 것인가, 중국이나 한국 사람들의 심리는 어떤 것일까, 그리고 일본인으로서 그것을 어떻게 생각해야만 하는 것인가를 생각한다.

우선 중국에서의 반일 데모인데, 일본에 있는 우리들에게는 그 수를 확인할 방도는 없지만, 예를 들어 4월 9, 10일 주말에 있어서의 북경 데모는 1만 명 가까이에 달했다고 한다.

북경 데모의 특징은 다음과 같다.

1. 표면적으로는 주최단체 등도 불명확한 채로 인터넷에서의 동참요구를 받아 사람이 모여 시작되어, 그 후에는 당초 참가자의 휴대전화 메일이나 전화에 의한 친구에게로의 호소로 참가자가 증가했다. 게다가 농촌에서 도시로 돈벌이하러 온 외지 노동자도 다수 참가했다. 처음에는 웃는 얼굴도 보이는 피크닉 기분이었던 것이 인수가 증가함에 따라 주도적인 인물이라고 생각되는 사람의 질서유지 요청·제지도 받아들여지지 않게 되어 일부는 폭도화 되었다.

2. 그 결과로 일본대사관이나 일본대사관저에 대한 투석(주위 사람들은 투석한 사람에게 「加油」≪힘내≫라고 말을 했었다) 등이 있었고 실제로 대사관이나 대사관저 건물에 물리적인 손해가 생겼다. 중국 경찰부대는 대사관 등을 둘러싸 대강의 경비체제를 구축하고 있었지만, 그 외부 측으로부터의 중국 민중의 투석 등을 저지하지 못하고 오히려 방관해 민중의 행동을 용인, 때로는 유도하는 모습을 엿볼 수 있었다. 그 결과, 데모 후나 투석 후의 일본대사관은 무참한 모습을 드러내게 되었다.

3. 데모대가 소리 높여 반복하여 외친 것은 「애국무죄」(나라를 사랑하는 행동은 무죄이다)로, 이 논리를 펴며 데모대는 일본의 공적 시설에 대해서 뿐 아니라 큰 길가에 있는 일본 레스토랑이나 일본의 은행, 그리고 일본 기업의 광고에 대해서도 파괴 행동을 행하였다. 그러나 습격을 당한 일본 레스토랑의 대부분은 중국인 경영이었으며, 일하고 있는 사람도 대부분이 중국인, 손님도 중국인이었다.

4. 그 결과, 중국 전토에 진출해 있는 일본의 기업이나 일본인(10만 명 정도
   라고 한다)은 적어도 정신적으로는 위험을 느끼는 상황이 생겼고 「(중국에
   대한) 출장을 삼가는」 등의 대응도 몇몇 일본 기업에서 나왔다. 커다란 중
   국에서 실제로 데모에 참가한 사람의 수는 적고 중국의 대부분의 장소가
   여전히 조용한 것은 확실하지만, 최근 몇 년 중에 중일관계는 가장 긴장되
   었다.

이 북경의 데모에 앞서, 중국의 몇몇 도시(성도 등)에서도 반일 데
모가 일어났고, 그 후에도 얼마 동안 반일 데모·소동은 중국 각지에
서 계속되었다. 상해에서는 일반 레스토랑에 들어간 일본인 두 명이
「중국인인가」라고 물어온 중국인에게 「일본인이다」라고 대답해 맞
았다고 하는 사건도 있었고, 택시에서의 일본인 승차 거부와 같은
사건도 산발적으로 보고되고 있다.

각각의 도시의, 다른 주에 있어서의 데모나 그에 따른 소동에는
각각 특징이 있었지만, 취직률 60% 정도의 취직난으로 고생하는 대
학생이 중심이 되고 게다가 외지 노동자(중국에서는 「농민공」이라고
불리며 도시 주민으로부터는 경멸의 눈으로 보아지고 있다)가 가담한다
고 하는 패턴은 공통적이었다.

데모에 참가한 중국 젊은이들의 플랜카드나 확성기에서 일제히
외치는 슬로건을 참고로 하면 그들의 주장은 「과거를 확실히 반성
하지 않는 일본이 유엔 안보리 상임이사국이 되는 것은 괘씸하다」
「조어도는 중국 영토이다」「교과서 문제를 일본은 반성하라」「일본
제품 불매·배척」 등이다. 중요한 것은 이하의 포인트이다.

1. 일본에서는 텔레비전 톱뉴스, 신문의 일면에 이 관련 뉴스가 연일 다루어
   지고 있지만, 중국에서는 공적 보도기관은 거의 직접적 보도를 하지 않았
   다. 원자바오 수상의 발언 등을 인용하는 형태로 보도된 것뿐이다. 운동을
   확산시키는 주역이 되었던 것은, 인터넷의 반일 사이트 등도 종종 폐쇄 당
   하는 가운데 휴대전화의 메일이나 전자 메일 등이었다고 생각된다.

2. 일련의 반일운동에 중국 공산당이나 정부가 어느 정도 관계되었는가는 불
   분명하지만 표면적으로 보면 2004년 아시아 컵 축구대회에서의 반일행동
   때와 같이, 적어도 당국이 바람직하다고 생각하는 레벨을 넘었다고 보인
   다. 사실, 5월부터 중국 정부는 진압에 들어가 그것에 성공했다. 데모의 발
   생 자체를 「사실은 뒤에서 조작하고 있었다」라고 하는 설도 있다. 공산당
   이 모든 일을 주도하며 게다가 경찰 국가인 중국에서는 그럴 가능성도 충
   분히 있다. 하지만 데모행동은 종종 주최자나 정부의 의도를 벗어난 정도
   로까지 과격화되어, 정부는 올림픽(2008년) 등 국제적 이벤트를 앞두고
   중국에 대한 국제적 평가가 내려가는 것을 피하기 위해서 그 후에는 억제
   하지 않을 수 없는 입장에 서게 되었다.

3. 일본 정부가 열망하는 「안보리 상임이사국의 지위」, 일본이 주장을 바꿀
   것 같지도 않은 「조어도의 귀속 문제」, 정부로서의 대처가 어려운 「교과
   서 문제」 등이 원인으로 여겨지고 있지만, 한편으로는 중국이 안고 있는
   국내의 정치적·경제적 문제도 심각화 되고 있다. 이것들에 어느 정도의
   배출구가 필요한 것도 확실한 것이다. 중일 간의 현안에는 일본 측도 굽히
   기 어려운 문제가 많다. 그 결과, 일본과 중국의 긴장 상황은 얼마간 계속
   될 가능성이 높다.

공산당의 음모설이 뿌리 깊게 남고 또한 젊은이들 중심의 데모행위였다고 치더라도, 중국 사람들은 왜 저 정도로 일본에게 화를 내는 것일까. 이것은 일본인으로서는 꽤 이해하기 어렵다. 커다란 원인 중 하나는, 중일 쌍방에 있는 정보의 갭, 그리고 서로 양보할 수 없는 이해 차이이다.

먼저 안전보장이사회의 상임이사국으로 일본이 승격되는 것에 대해 중국에서 분노가 생긴 배경에는 네 가지의 이유가 있다고 생각한다.

첫 번째는 역사 교육. 일본의 전쟁 중의 악행을 반복해서 배워 온 중국의 민중에게 있어서는 그러한 행위를 한 나라가 상임이사국이 되는 것이 이상하다고 하는 마음이 있다. 중국의 역사교과서에서는 일본이나 일본군이 제2차 세계대전 전전, 전중에 있어서 행한 행위에 관해서 신빙성이 의심스러운 사진도 포함하여 상당히 참혹한 형태로 그려져 있고, 그것이 교과서의 3분의 1을 차지하고 있다고도 한다. 강택민 정권이 행한 애국 교육에 관해서는 제2장에서 상세히 기술했다.

두 번째는, 일본의 안보리 상임사국 진출은 전승국으로서 아시아에서 유일한 안보리 상임이사국의 지위를 점해 온 중국에 있어서, 그 정치적 지위에 대한 중대한 도전이라고 비춰지고 있다. 즉, 아시아에서의 리더십을 둘러싼 싸움이다. 어떻게 보아도 중국은 경제에서는 일본에게 이길 수 없다. 중국 사람들은 중국에서 만나면 반드시, 아부가 아니라 「일본 제품은 좋다. 갖고 싶다」라고 말한다.

자본관계를 보아도 일본 기업이 중국에 공장을 짓고 중국 사람들을 고용해서 경제활동을 행하고 있고, 거기에서는 중국의 많은 사람들이 일하고 있다. 중국의 수출은 급증하고 있지만 그 상당 부분은 일본이나 미국 기업이 중국에서 만든 것으로, 「중국 수출」로서 카운트 되고 있는 것에 지나지 않는다. 중국의 산업 활동을 지탱하고 있는 것은 일본 등의 외국 기업이다. 「일본을 앞지를 수 없다」라고 하는 마음이 있는 중국인에게는 「아시아 유일의 안보리 상임이사국」의 지위는 마음의 방파제이기도 하다. 그 중국의 지위에 일본이 도전하고 있는 것 같이 보이는 것이다.

세 번째는, 일본인이라면 거의 누구라도 알고 있는 「일본은 유엔에 대한 두번째 자금 갹출국」이라는 것을 중국의 민중이 전혀 알지 못한다는 사실이다. 일본 국내에서도 「상임이사국이 되어서 도대체 무엇을 하는 가」라는 논쟁이 있지만 「두번째 갹출국으로서 공헌해 왔기 때문에 상임이사국이 되어도 당연」하다는 의견에는 일본인은 그다지 위화감을 갖지 않는다. 하지만 중국 사람들은 애당초 일본이 유엔에 그 정도의 돈을 내며 공헌해온 것을 모른다. 때문에 「어째서 일본이 상임이사국이 될 자격이 있는 것인가」라고 생각한다. 원래부터 중국에서는 유엔(United Nations)을 「연합국」이라고 번역한다. 즉, 「승리국 연합」이라는 의미이다.

다시금 말하면, 중국의 젊은이들은 전후의 일본에 대해서 무지하다기 보다도, 배우지 않았다. 일본이 국제전쟁의 해결수단으로서 전쟁을 포기한 것, 중국이 보유한 핵도 갖고 있지 않고 민주주의의 나라를 구축한 것 등을, 중국인의 다수는 모른다. 일본에 와서 실제로 배우고 있는 유학생도 많은 것 같다고 일본인은 생각하지만, 일본에

오는 것이 가능한 중국인 수는 13억 명이라는 아주 많은 인구 속의 극히 일부이다. 지금도 많은 중국인의 일본에 대한 지식은 한반도나 중국의 동북부에서 악행을 저질렀고 앞으로도 그 위험성이 높은 위험한 나라, 라고 하는 것이다. 그런 나라가 왜 안보리의 상임이사국인가, 라는 것이다.

최근에 역시 지적하지 않으면 안 되는 것은, 때린 쪽보다 맞은 쪽이 훨씬 그것을 잘 기억하고 있다는 것일 것이다. 때문에 일본의 안보리 진술도 심정적으로 걸린다는 것이다. 이것은 한국도 같을 것이다.

개인의 인간관계에서도 이것은 말할 수 있다. 이지메(따돌림)에서도 괴롭힌 쪽은 그것을 금방 잊어버리지만, 괴롭힘을 당한 쪽은 그것을 죽을 때까지 잊지 않는다. 일본과 그 주변국과의 관계에 있어서도 그것은 엄연한 것으로서 남는다. 일본이 중국을 침공하고, 그리고 한반도를 식민지로 한 것은 사실이다. 중국이나 한국의 친일파라고 불리는 여러 식자도「피해자의 마음을 일본이 잊지 않기 바란다」라고 일본의 신문 등에 글을 보내고 있다.

일찍이 무라야마 수상이 행한「무라야마 담화」와 같은 형태로 일본은 사죄하고 있다고 일본인은 생각하지만, 중국이나 한국 사람들이 그것을 자세히 알고 있다고는 생각할 수 없으며 그들은 자신들이 피해를 받은 것을 잊지 않고 있다. 중국에서도 한국에서도 20세기의 전쟁에 대한 것을 학교에서 반복해 가르치고 있다. 그것이 매년 고이즈미 수상의 야스쿠니 참배 등으로 다시 문제 삼아져「피해자 의식」이 되살아나고 있다.

일본이 전후 중국에 대하여 행한 원조·차관은 방대한 금액에 이른다. 그 총액은 3조 엔이라고도 한다. 하지만 나의 지식으로는 중국에서 일본이 그러한 공헌을 중국에게 했다는 사실을 거의 가르치고 있지 않다. 반대로 중국의 강택민 전 정권은, 오로지 정권 기반의 강화를 위해 애국심을 부추기는 반일교육을 철저히 행해 왔다.

그러한 교육을 받은 사람들에게 있어서는 일본의 안전보장이사회의 상임이사국 진출은 아무래도 이해하기 어렵다는 것이다. 지기 싫어하는 한국 사람들도 속마음으로는 일본의 세계에 있어서의 지위 향상에 그다지 좋은 기분을 갖고 있지 않음에 틀림없다.

한국, 중국 정부는 그것을 무시할 수 없고, 때로는 국내 정치상의 문제로서 이용하는 것이다.

「애국무죄」의 위험

2005년 봄, 중국에 있어서의 반일 데모나 소동 속에서 데모대가 가장 소리 높여 반복해서 외친 것은 「애국」무죄였다. 제2장에서 북경의 거리를 걸으면 국민이 우선해서 행해야 할 사항을 지시한 입간판이 있고, 그 맨 처음에 「애국」이 명시되어 있다는 것은 이미 지적했다. 강택민이 쉽게 반일로 이어지는 「애국」을 교육의 축으로 삼은 것도 잘 알려져 있다.

민중이 「애국무죄」를 외치는 이유는 「우리들의 행동은 당의 방침에 따른 것이며 그것에 죄는 없다」라고 하는 것이다. 어릴 때부터 교육받은 당의 일대방침인 「애국」으로 행동하면 그 결과로서, 가령 일본대사관이나 총영사관이 파괴되고 일본 레스토랑이 영업을 할 수 없게 되어도 그것은 용인된다고 하는 면죄부가 된다. 「애국」을 국시로 하는 중국 정부가 이것을 억누르기는 상당히 어렵다. 실제로 2005년 4월의 학생·노동자 데모에 대해서 경찰은 엄격한 행동을 취할 수 없었다. 「애국」으로 성장하면서 인터넷이나 메일, 게다가 문자 메시지라는 교신도구를 손에 넣고 중국의 민중이 「모래알」이 되어, 지금까지 당이 움직여 온 「단위」로부터 일탈하게 된 것도 설명했다. 당국은 인터넷상의 과격한 홈페이지까지는 규제할 수 있어도 개인의 정보 도구인 전자 메일이나 휴대전화 통화를 사전에 규제하기는 어렵다. 중국에 가면 바로 알 수 있지만, 중국의 휴대전화 보급률은 지극히 높다. 유선 전화의 시대를 그다지 거치지 않고 「발전의 중간생략」을 해서 중국은 휴대전화 시대로 들어온 것이다.

실제로 어디에서나 휴대전화가 잘 되고 문자 메시지 기능도 서서히 보급되고 있다. 필자는 수년 전에 중국의 중경에서 삼협으로 내려올 때에 배 안에서 여권을 잃어버려 그것을 찾기 위해 무한에서 중국의 산속을 택시 운전사와 차로 이동한 적이 있는데, 어디에 가나 휴대전화는 통했다. 중국의 잘 발달된 휴대전화 대국의 면모에 깜짝 놀랐다.

중국의 주요도시에서 행해진 반일 데모를 충실히 보도한 텔레비전을 보면, 당초 모인 수백 명의 참가자가 휴대전화를 사용하고 있는 모습을 볼 수 있다. 친구를 부르고 있는 것일 것이다. 일본의 우리들과 마찬가지로 친구의 번호는 등록해 두었을 테니까 간단히 「지금 재미있는 일 하고 있어」라며 친구를 부를 수가 있다. 하물며 그다지 오락이 없는 중국 도시에서의 주말이다. 어느 정도 눈덩이처럼 사람 수가 증가하면, 도시 생활의 현상과 미래에 불만이 있는 외지 노동자들도 그것을 보고 참가한다고 하는 패턴이 보였다.

휴대전화나 문자 메시지로 모여드는 데모대를 당국이 사전 규제하는 것은 어렵다. 신문이나 텔레비전에서 무엇이 일어나고 있는지를 알리지 않기 때문에, 이런 사적 정보교환 도구는 즐겨 사용되고 「데모를 할 때에 경찰이 취한 태도」 등이 그때마다 휴대전화로 알려졌다고 생각된다. 엄격한 규제 행동을 취하지 않으면 그 순간부터 데모에 참가하는 것에 대한 불안감은 사라져, 반대로 참가하는 것에 대한 안심감이 확대되었다고 생각해도 좋다. 2005년 4월에는 그것이 현저했다. 때문에 천안문사건 때에 모인 사람들이나 학생들의 긴장감이 이번 반일 데모의 참가자에게는 없었다. 그들은 종종 미소를 띠며, 마치 투석을 경쟁하는 아이와 같이 일본 대사관이나 총영사관에 돌을 던졌다.

중국 공산당·정부가 데모에 대한 규제를 강화하지 않았으면 어떻게 되었을까. 아마 중앙도 「데모의 반복」은 바람직하지 않다고 생각했을 것이다. 「중국의 국제적 평가의 저하」도 문제였다. 반일 데모는 구미의 미디어 등에서는 「비민주주의 국가인 중국의, 민주주의 국가인 일본에 대한 부당한 공격」(「워싱턴포스트」 등)이라고 하는 견해가 강했다. 때문에 중국은 5월에 들어서자 철저히 데모를 금지했다. 반일 데모가 반정부운동으로 전환될 가능성도 있었다. 그런 의미에서 2005년 봄의 일련의 반일 데모는 중국 정부에 있어서도 지극히 다루기 어려운 문제였던 것이다.

필자에게는 그 진위를 직접적으로 입증할 수단이 없지만, 이번의 일련의 반일 데모에 대해 1. 중국에 대한 ODA(정부 개발 원조) 계속의 압력을 일본에 가한다. 2. 친족에 친일을 한 조상이 있던 것이 정보로서 서서히 확대되고 있는 강택민에 대해, 후진타오가 반일 데모

를 이용하여 최종적인 축출을 꾀했다, 등의 음모설을 주장하는 사람
도 있다.

그럴지도 모른다. 큰 사건에는 보통 여러 요인이 서로 맞물려 있
는 것이다. 중국의 국내 정세가 불안정하게 되고 있는 것은 틀림없
고, 휴대전화나 문자 메시지 등의 사적 정보교환 도구가 중국 사회
안에 깊이 파고들어가는 속에서 당국의 의도를 넘어서 사태가 전개
될 위험성은 종래에 없이 높아지고 있다고 보는 것이 자연스럽다.

「축제가 없는 나라」의 민중은

중국에 관해서 일본인이 거의 모르는 한 가지 중요한 사실을 지적
해 두겠다. 이것은 필자도 후지쯔 종연 경제연구소의 가릉柯隆·주임
연구원에게 듣고는 놀란 사실이다. 필자뿐만 아니라, 일본인은 이것
을 들으면 누구라도 놀란다. 그러나 중국의 문제를 생각할 때 매우
중요한 포인트이다.

중국에는 「축제」가 없다는 것이다. 2004년 말인데, 내가 사회를
보고 있던 라디오 프로에서 남경 출신의 가릉 씨가 다음과 같은 매
우 흥미로운 이야기를 해 주었다.

「중국에는 일본 각지에서 열리는 그런 축제가 없다. 예전의 중국
에는 축제가 있었다. 민중은 거기에서 에너지를 발산했다. 불만의
배출구였던 것이다. 지금 일본의 축제에도 그런 의미가 있다.

그런데 지금의 중국에는 축제가 없다. 공산당혁명이 일어났을 때
신정부가 축제를 금지한 것이다. 민중의 열의가 발휘되는 축제가 공
산당은 무서웠기 때문이다. 그 대신 공산주의·모택동사상을 배우는

학습회를 행하였다. 그러나 이것으로는 민중의 스트레스가 쌓일 뿐이다. 때로는 민중 폭동이 일어나고, 축구장에서 소동을 일으켜 보고 싶어지는 것도 이해할 수 있다」

이에 대해서는 중국을 여행이나 출장으로 방문하는 보통의 일본인은 모른다. 중국에서 자라 일본에 와서 그리고 일본에서 생활한 사람밖에 모르는 중요한 중국과 일본의 차이이다. 가릉 씨는 바로 그런 사람이었다. 가릉 씨도 그리고 필자도, 이것은 현재 중국에서 일어나고 있는 일련의 사건을 이해하는 데에 매우 중요한 포인트라고 생각한다.

「축제는 종종 민중에게 즐거움을 줌과 동시에 민중의 불만을 발산시키는 데 쓰였다」라는 것은 제법 역사를 조사한 적이 있는 지방역사가인 나의 아버지도 종종 말해왔다. 그 축제는 지금도 일본 각지에 있어, 그중에는 상당히 난폭한, 남자나 사회에 대한 스트레스를 발산시키는 그런 것이 있다. 사망자도 종종 나오는 스와諏訪의 「온바시라 축제御柱祭」 기시와다岸和田의 「단지리 축제だんじり祭」 등이 대표적이다. 지역사 전문가였던 아버지는 「스와에는 민중폭동의 기록이 없다」「이것은 (전국에서도) 매우 드물다」라고 말했다. 이것은 「스와에는 매우 격렬한 축제가 있었기 때문이다」라고도 생각된다. 그런 큰 축제는 일본 국내에 많이 있어 뉴스에 종종 등장한다.

「축제」는 또한 「하레」(하레기(나들이옷)의 어원이라고 함. 보통 때와 다른 일을 하는 것)와 「케」(일상생활)라는 구별에서 생각하면 명백하게 「하레」이다. 그곳은 종종 격식도 없이 자유롭고, 사회적 지위의 차이도 없이 기분을 내며 즐기고, 그리고 한 해의 마무리를 해간다.

축제를 고조시키는 것은 창의이다. 그것은 상상력·창조력의 원천도 된다. 이것이야 말로 「일본력」의 원천은 아닐까.

일본에서는 확실히 축제가 한 해 또는 계절의 어떤 매듭으로 되고 있다. 그것은 사회의 안정에 있어서 지극히 중요하다. 더욱 중요한 것은 일본에서는 축제가 증가하고 있다는 것이다. 도시 등에서는 필자의 생활권만 보아도, 예를 들면 동경의 고엔지 아와오도리高円寺 阿波踊り, 아사가야의 칠석제阿佐ヶ谷 七夕祭り 등, **「가리모노(빌려온 것) 축제」**가 증가하고 있다. 이런 축제가 일본이라는 나라를 지극히 다양화하고 있다고 할 수 있다.

중국에 축제가 없다고 하는 것은 매우 의외이지만 사실이다. 가릉 씨는 중국 출신이기 때문에 일본과의 차이를 확신할 수 있는 것일 것이다. 「춘절은 중국의 축제이다」라는 사람도 있다. 하지만 춘절은 일본에서 말하자면 설날이다. 설날은 일본에서는 축제가 아니다. 일본 축제의 다양성과 빈도는 세계에서도 예가 없는 것이다. 이것도 「일본력」의 배경에 있는 「멋」을 자극하는 요인이 된다.

중국에 2004년에만 3번 갔던 나도 분명 「중국의 축제」에 대해서는 들어본 적이 없다. 리오의 카니발, 아일랜드의 성패트릭 페스티벌(St. Patrick's Festival) 등, 일본에 있어도 세계 각지의 축제는 보도된다. 그러나 「중국의 축제」는 들은 적이 없다.

축제가 없는 나라는 쓸쓸하고, 하물며 일본처럼 직장에서 일하고 난 후 동료와 술을 마시러 간다고 하는 풍습이 없는 중국에서는 민중, 특히 8억 명은 있을 농민의 생활은 일관되게 「케」의 연속과 같은 것이다. 그러면 울적한 마음이 쌓이는 것도 과연 이해가 된다.

물론 그것만이 반일 데모, 나아가 반일 데모 소요로 발전하는 원인이라고 말하는 것은 아니다. 큰 사건이나 그 발전에는 복잡한 요인이 얽혀 있다. 그러나 영상을 보는 한, 웃음이 있는 데모가 서서히 끓어올라 험악한 파괴 행위로까지 발전하는 전개를 보고 있으면 「축제」조차도 허용되지 않는 중국 사회의 답답함이 「반일」이라는 이유를 발견하면서 축구장이나 여러 도시의 노상에서 폭발하고 있다는 인상이 든다. 축제는, 말하자면 「관리된 소요」이다. 사람들은 거기에서 평소의 「케」의 생활을 잊고 「하레」의 수일간을 보내며 그것을 즐긴다. 1년간의 일정이 빼곡하게 결정되어 있는 것이 축제이다. 사람들은 거기에서 울분을 풀려고 날마다 일하고, 「하레」의 날을 즐긴다. 그렇게 하면 다음 날부터의 「케」가 또 신선해진다.

중국의 요인에 매우 가까운 사람은 2005년 봄에 세차게 분 반일 데모와 소동에 관해서 「잘되었다. 그것으로 한풀이가 된 자들도 많을 것이다」라고 말했다고 한다. 이 인물은 「잘되었다, 잘되었다」라며 순수하게 기뻐했던 것 같다. 이런 발언이 반일 데모 배후설로 연결되는 것이지만, 필자는 중국의 반일 데모에도 확실히 「관리된 소요」의 측면은 있었고, 일본의 축제와 동일한 요소를 갖고 있었다고 생각한다. 그렇기 때문에 이 인물은 「잘되었다」라고 쾌재를 부른 것이다.

중국의 「관리된 소요」가 일본의 축제와 다른 것은 시기도 대상도 정해져 있지 않다는 것이다. 그것을 정하는 것은 공산당이다. 베오그라드의 중국대사관이 미국으로부터 오폭당하면 그 화살은 미국으로 향한다. 중국과 소련의 대립이 심했던 때에는 그것이 소련에게로 종종 향했다. 베트남으로 향했던 적도 있다. 이번의 반일 데모·소요에는 그러한 요소가 있었다. 그러나 그것이 마지막까지 관리되고 있었는지 어떤지는 의문이다.

2005년 봄의 일련의 반일 데모나 소요는 일본의 안보리 진출이나 역사교과서 문제 등 정치를 기점으로 하고 있다고 한다. 그것은 그럴 것이다. 그러나 데모가 확대되고 그것이 소요로까지 발전한 배경에는 「중국에는 축제가 없다」라는, 일본인이 모르는 요인이 영향을 주고 있을 것으로 생각한다.

일본인을 존경하는 중국인

어쨌든 「안보리 상임이사국」 문제든 「역사문제」든 「영토문제」든 구분한다면 정치 문제이다. 그런데 그것이 간단히 「일본 제품 배척」이라고 하는 경제문제로 이어진다. 그것은 왜일까. 필자는 이 문제에는 일본인이 상상하는 이상으로 거대한 중국에서의 일본이나 일본 기업의 존재가 있다고 생각한다. 덧붙여 취직난, 도시에 있어서의 이주노동자 문제, 거기에 빈부 격차 확대 등이 복잡하게 서로 얽혀 있다고 생각된다.

우선 한 가지 큰 문제로서 「중국에 있어서의 일본의 존재감 증대」를 들고자 한다. 이것은 중국의 거리를 걸으면 바로 알 수 있는데, 「일본」을 느끼게 하는 것이 도처에 있다. 그것은 한국에서도 마찬가지이다. 일본 기업의 선전, 일본 레스토랑의 진출, 거기에 번화가를 누비는 일본인.

일본인은 버블이 붕괴한 후, 세계에 있어서의 일본의 지위가 「Japan As No.1」의 시대보다 극단적으로 떨어졌다고 느끼고 있지만, 나의 인상으로는 중국에서는 반대로 일본의 존재감이 커지고 있는 듯하다. 자신이 살고 있는 나라나 거리에 지나치게 외국인이 들어올 때, 무슨 일이 일어날까. 그것은 전후의 세계 역사를 보면 명백하다. 대부분의 경우는 배척운동이 일어났다. 일본은 전후만으로도 인도네시아 등 몇몇 나라에서 그것을 경험했다. 무역마찰이 심했던 때는 미국에서도 「Buy American」이라는 형태로 일본 제품의 배척운동이 일어났다.

필자 자신이 중국 도시의 가두에 서면 「이렇게 일본이 진출해 있어도 괜찮을까」하고 종종 생각한다. 상해는 말할 것도 없고, 성도, 북경, 중경, 심양, 그리고 대련에서도 그렇다. 「이 정도로 눈에 띄지 않아도 좋을 텐데」라고도 생각한다. 간판뿐만 아니라, 북경의 관청가 근처에는 일본의 편의점이 들어와 있고, 일본 슈퍼마켓의 진출도 활발하다.

그것이 나쁘다고 말하는 것은 아니다. 그러나 조금 걱정이, 예를 들면 동경의 다메이케溜池부터 롯폰기六本木로 빠지는 길가의 삼성의 커다란 간판을 보면, 일본인인 필자는 「삼성도 여기까지 온 것인가」라는 기분과 함께 그것과는 다른 어떤 복잡한 심경이 든다. 하물며 중국의 여러 도시에는 일본을 느끼게 하는 것이 여기까지인가 할 정도로 많다.

일본과 중국 사이의 무역관계에도 큰 변화가 보인다. 일본에서 「중국 위협론」이 한창이었던 수년 전은, 일본의 대중국무역은 일본측의 적자였다. 그러나 최근 그 사정은 크게 변화하고 있다. 중국의 경우는 본토와의 거래와 홍콩 경유 거래의 양쪽이 있는데, 2004년의 경우, 일본은 여전히 중국 본토(일본의 수출이 7조 9963억 엔, 수입이 10조 1970억 엔으로)에 대해서는 적자이다. 그러나 그 수출의 상당 부분이 본토로 향한다고 보이는 홍콩과의 무역(수출 3조 8315억 엔, 수입 1757억 엔)을 감안하면 일본 측이 상당한 흑자이다. 홍콩으로 향하는 수출의 어느 정도가 본토를 향한 것인지는 알 수 없지만, 2004년의 경우, 일본은 대중국무역에서 100억 달러에 가까운 흑자를 냈다고 추측된다.

이것은 중국으로부터의 수입이 급증하고 「중국은 일본에 디플레이션을 수출하고 있다」라고 중국 위협론이 세차게 불던 수년 전과는 완전히 정반대의 상황이다.

겸해서 한국도 보면, 외무성 북동아시아와의 통계에 따르면 한국은 2004년에 세계 각국과의 무역에서 294억 달러의 흑자를 냈다. 그러나 일본과의 무역에서는 실제로 244억 달러의 적자를 냈다. 세계에서 벌고 일본에 쏟아 붓는다고 하는 형국이다. 이 대일 적자는 2003년의 190억 달러에서 큰 폭으로 증가하고 있다. 한국의 대일무역 적자가 200억 달러를 돌파한 것은 처음이라고 한다. 힘찬 삼성이나 현대자동차의 활약, 거기에 한류스타의 큰 인기가 보도되고 있지만, 한국은 일본과의 무역에서는 적자를 늘리고 있다. 그 양만큼 일본의 한국 내에서의 존재감은 높아지고 있다는 것이 된다.

이런 현상이나 통계를 보면, 중국에서도 한국에서도 일본과의 정치를 문제 삼으면서 구체적 행동이 되면 재빠르게 「일본 제품 배척」이라는 요구 형태를 취하는 것도 알 것 같은 느낌이 든다. 또한 중국에서의 일본 제품 불매 운동의 배경에는 중국 자본의 슈퍼마켓이나 일본 기업이 들어와 있지 않은 업계 단체 등이 있다고 한다. 그 자체는 「애국」이라는 이름을 빌린 비열한 행위이지만, 사람들의 마음에 호소하는 것이 있는 것은 확실하다. 운동의 배경에는 여러 요인들이 있는 것이지만, 정치 문제가 쉽게 일본 제품 배척으로 이어질 여지는 원래 충분했다.

이것은 나의 실제 체험에 입각한 인상인데, 중국의 소비자는 대체로 일본 제품을 대단히 높게 평가하고 있고, 이러한 일본 제품은 넓은 제품 분야에서「갖고 싶은 물건 리스트」의 상위를 차지한다. 특히 화장품이나 가전제품에서의 일본 제품에 대한 평가는 대단히 높다. 북경에서 필자의 통역을 해 준 사람은「중국인은 모두 일본 제품을 갖고 싶어 한다. 디자인도 좋고 품질도 좋다. 그러나 너무 비싸서 살 수 없다」고 말했다. 데모대가「일본 제품 불매」를 외친다고 하는 것은, 실제로는 중국 국민 생활 속에 어쩔 수 없는 형태로 일본 제품이 생활에 들어와 있고, 또는 들어오려고 하고 있다는 증거이다. 실제로 일본 제품 배척을 외치는 데모대 참가자의 가슴에는 일본제 디지털 카메라가 걸려 있다고 하는 모순. 그들의 집에 가면 반드시 일본 제품이 있음에 틀림없다. 이런 예도 실제 일본의 텔레비전에 소개되었다. 일본차를 부수는 미국 노동자의 집에는 일본제 텔레비전이 있었다고 하는, 예전의 광경을 생각나게 하는 그런 장면이다.

중국 사람들에게 있는 것은「일본이나 일본 제품에 대한 애정과 증오」가 공존하는 상반된 감정(ambivalent)일 것이다. 중국에 가면 일본인은 모두「중국 사람은 일본인을 존경하는 마음을 갖고 있다」라고 한다. 그것은 중국인이 한국 사람들에게는 결코 갖지 않는 것이라고 한다. 나는 그것이 중국에 사는 일본인의 착각이라고 생각하지 않는다. 자국보다도 재빠르게 근대화한 역사를 가진 일본, 러시아와의 전쟁에서 이긴 일본, 그리고 정면으로 맞서 미국과 유럽을

적으로 돌려 전쟁을 한 일본, 그리고 중국의 일부를 점령한 일조차 있는 일본. 「일본력」에는 중국인조차도 경의를 표하고 있다.

그러나 한편으로 중국 사람들은, 그리고 그 중에서도 자의식의 확립기에 있는 젊은이들은, 예전에 자국을 유린하고 현재에도 주변에 중국에서는 만들 수 없는 훌륭한 제품을 보내오며, 그리고 풍요로운 생활수준을 쌓아올린 일본에 대해서 어떤 류의 적개심은 가지고 있음에 틀림없다. 데모를 하는 사람들 중에서도 그것은 틀림없이 있다.

일본인이 생각하는 이상으로, 중국의 지식인들에게는 넘기 어려운 존재로서 일본이 비춰지고 있음에 틀림없다. 중국에서는 도저히 만들 수 없는 제품을 가져오고, 자신의 친척도 일본의 기업에서 일하며 급여를 받고 있다. 중국은 발전하고 있다고 해도 일인당 GDP로서는 3만 달러 전후에 달하고 있는 일본의 30분의 1 수준밖에 안 된다. 그 목표는 연 수입 3000달러의 「소강사회」이다. 그것이 달성되기 전에 빈부 격차가 뚜렷해졌기 때문에, 다음은 「화해사회」가 목표가 되고 있다. 중국 자신이 심하게 요동치고 있는 것이다.

성장률을 끌어올린 진정한 이유

격한 반일 데모는 먼저 학생을 중심으로 조직되고, 그것이 휴대전화 등으로 증폭되고 게다가 외지 노동자 등까지 가담했다. 이런 도식은 중국이 안고 있는 심각한 내부모순을 반영하고 있다.

중국의 학생이 안고 있는 고민의 하나는 좋은 대학을 나와도 좀처럼 취직할 곳이 없다고 하는 점이다. 예전의 졸업생의 취직할 곳으로서 유망했던 국영기업에서는 격심한 정리해고가 진행 중이다. 애당초 국내 기업에서의 취직자리는 이전만큼 많지 않게 되었다. 중국은 2005년에 들어서, 정부목표 연간 성장률을 종래의 7%에서 8%로 끌어올렸다. 어째서 끌어올렸는가 하면 「7%의 성장으로는 신규 노동시장 참가자의 취직을 전혀 다 흡수할 수 없기 때문이다」라고 한다.

그러면 8% 경제 성장으로 노동시장 참가자의 흡수는 가능한가. 사실은 굉장히 어렵다고 하는 것이 일반적인 견해이다. 예를 들면 2005년 봄에 발표된 2004년 중국의 성장률은 9.4%라고 하는 높은 수치가 되었다. 그것은 좋은 일이지만, 문제는 7%라고 하는 당초의 성장목표를 2.4%나 웃도는 성장을 달성해도 신규 졸업생의 상당부분에게 일자리를 주지 못했다고 하는 것이다. 중국의 신규 졸업생 취업률은 60%에 머문다는 설도 있다. 일본에서는 노동생산성 향상이 바람직한 일이다. 그러나 인구가 많은 중국에서는 생산성이 올라가면 노동자가 남아 버린다는 모순이 발생한다.

9.4%의 성장에서도 고용을 다 흡수하지 못하기 때문에 목표를 올린 정도로는 중국의 노동문제의 심각함이 변하지 않는다. 중국의 학생, 특히 지방 출신 학생은 친척이나 이웃으로부터 학자금을 빌려 도시에 와 있는 케이스가 많다. 취직할 수 없다는 것은 그들에게 있어서 「빚을 갚을 수 있는가 없는가」의 사활문제인 것이다. 중국 학생들이 놓인 상황은 상당히 비참하고, 자살자가 많다는 것도 수긍할 수 있다.

심각한 현 상황을 중국의 학생도 잘 알고 있다. 해외 기업이 진출해 와 새로운 일자리가 되고 있지만, 처음부터 대우가 좋은 외국 기업에 들어갈 수 있는 것은 극히 일부이다. 그렇지만 「당분간은 아르바이트로」라는 일본 학생과 같은 생활은 중국에서는 어렵다. 그런 만큼 학생의 사회에 대한 심한 불만은 쌓여있는 것이다. 어느 시대든 그 사회의 모순을 가장 민감하게 감지하는 것은 학생이다.

학생이 모이기 시작하여 행진하는 가운데, 그 데모 행진에 반드시 가담하는 것은 도시에서 학대받고 있는 외지 노동자이다. 중국 여러 도시의 반일 데모에서 일본계 기업에 대해 파괴 행위를 하여 경찰에 구속된 사람들 중에는 학생, 나아가 농민이 있다. 도시에 있는 농민이란 돈 벌러 나온 노동자이고, 그것은 일본에서도 보도되고 있다.

그러나 일본에서 「이주노동자」라고 하면 겨울 동안에만 일한다는 인상이 강하지만, 중국의 경우에는 훨씬 기간이 길다. 그리고 많은 경우 그대로 도시에서 생활을 한다. 정확한 인원수는 확실하지 않지만 2억 명을 넘는다고도 한다. 누구도 정확한 수는 모른다. 앞서 기술했듯이 도시에 사는 외지인 노동자는, 비록 거기에서 결혼해 아기가 생겨도 그 아이를 도회지의 초등학교에 넣을 수 없다. 「호적」 문제가 있기 때문으로, 이것은 중국에 있어서의 「신분제도」라고도 할 수 있는 것이다. 실제로 그 신분으로 분류된 사람으로서는 「같은 중국인인데」라며 크게 분노를 느낄 것이다. 아이를 도시의 초등학교로 보낼 수 없는 외지 노동자들은 아이를 할머니가 있는 시골에 보낸다. 이래서는 마치 이산가족과 같다.

그리고 그들이 사는 중국의 도회지에서는 한편으로 눈부신 번영이 있다. 구미의 부티크가 늘어서 있고, 고가의 레스토랑도 사람으로 가득하다. 그런 부가 생겨나고 있다. 잇달아 백화점이 만들어지고 소비를 부추긴다. 그러나 그 번영에 혜택을 받는 것은 아직 아주

소수의 사람뿐이다.

굉장한 격차가 생겼기 때문에 2005년 중화인민공화국 전국인민대표대회는 목표를 「화해사회」로 두었다. 앞서 기술한대로, 「화해」는 「온화하게 조화를 이루는 것, 서로 다정하게 지내는 것, 조화되는 것」이다. 그러한 사회를 지향한다는 것은 화해 있는 사회는 실제로는 존재하지 않고, 사회의 분열이 심각해지고 있다는 것이다.

그런 가운데 안성맞춤인 타깃으로, 전쟁에서의 행위를 비난 받고 있는 일본이 있다. 그리고 자신들이 결코 쫓아 갈 수 없는 제품을 만들고, 입고 있는 것 하나를 보아도 자신들과 다른 레벨의 풍요로움을 자랑하는 일본인이 있다. 내가 만약 중국인이라면 일본인에 대해 존경하는 마음도 느끼겠지만, 한편으로는 매우 비위에 거슬리는 인종으로 비춰질 것임에 틀림없다.

한일 간의 의식 차

일본은 한국과의 사이에서도 2005년 봄에 긴장관계에 빠졌다. 직접적 원인은, 시마네 현 의회가 2월 22일을 「다케시마의 날」로 한다는 조례를 시행한 것이다. 한국의 경우는 중국과 달리 민중뿐만 아니라 노무현 대통령 자신이 반일운동에 관계되어, 국내 정권의 기반을 강화하기 위해 일본을 타깃으로 했다. 이 결과, 한때는 탄핵 재판으로 대통령 자리에서 쫓겨날 뻔한 노무현의 지지율은 크게 상승했다. 한국에서는 매스컴도 이 문제를 크게 다루었다.

한국은 중국보다도 훨씬 경제적으로는 발전한 나라이다. 국민 1인당 GDP는 2004년에는 1만 2천 달러 가까이 달했다고 생각된다.

아직 일본의 반 이하이지만 그래도 국민의 해외여행은 지극히 활발하여, 일본에 오는 한국 사람들의 수는 많다. 중국에서 해외에 나가는 사람이 국민의 일부인 것에 비해 한국은 열린 나라로서 존재하고 있다. 「지금의 경기 상황은 아직 견고하다고는 말할 수 없는 상태」(한국은행총재)이고 제4장에서 거론한 것처럼 한국 경제는 굉장히 왜곡된 형태를 하고 있지만, 한편으론 삼성이나 현대자동차의 이름이 국제적으로 널리 알려져 있는 것은 확실하다.

이 두 기업은 세계에서 활약하고는 있지만 일본에서는 그다지 평가가 높지 않다. 특히 현대자동차는 미국에서는 매우 높은 평가를 받고 있고 셰어도 신장되고 있지만 일본 시장 진출의 실마리는 좀처럼 찾지 못하고 있다. 관리보수체제의 미흡한 정비 문제도 있지만 일본인은 공업 제품에서는 아직 한국 제품을 사려고 하지 않는다.

그 결과는 이미 지적한 것처럼, 한일무역에 있어서의 과대한 일본 쪽의 흑자이다. 한국은 2004년에 세계 각국과의 무역에서 294억 달러의 흑자를 냈다. 그러나 일본과의 무역에서는 실로 244억 달러의 적자를 내고 있는 것은 앞에서 기술한 바와 같다. 한국은 세계에서 벌어들여 일본에 쏟아 붓는다고 하는 형국이다. 이 대일 적자는 2003년의 190억 달러에서 대폭으로 증가하고 있다. 한국의 대일무역 적자가 200억 달러를 돌파한 것은 처음이라고 한다.

2005년 봄의 한일관계 악화 속에서, 한국의 지식인 몇 명인가가 일본의 신문에 글을 보낸 것을 읽었는데, 그들이 한결같이 지적한 것은 「피해자의 아픔을 알아주었으면 한다」라고 하는 것이었다.

이 점에서 한국과 중국의 민중의 마음은 일치한다. 이번에 한국에서 시작된 「반일」 움직임이 중국에까지 퍼진 것에 대해서는 한국

에서 독도 문제나 교과서 문제로 반일 움직임이 나온 것을 중국 공
산당이 적극적으로 국내에 전해, 그 결과 「반일 움직임」이 전파되었
다고 하는 사정도 있다. 그런 면에서 중국과 한국은 공감할 소지가
있다. 비슷한 역사를 갖는 북한이 침묵하고 있는 것은 민중에게 그
런 움직임을 허락하면 쉽게 체제 타도로 전환될 위험성이 높다고 하
는 이유가 있기 때문일 것이다.

독도 문제에서의 한국의 분노는 그 문제의 존재조차 그다지 알고
있지 않던 일본인에게 있어서 의외성이 있는 것이다. 북방 영토 문
제는 교과서에도 실려 있지만, 독도 문제는 바로 최근까지 일본에서
는 그다지 논의조차 되지 않았다. 그러나 한국에서 독도는 전후 거
의 일관되게 교과서를 통해 국민에게 「한국의 영토」로서 교육되어
온 것이라고 한다. 여기에서도 한일 양국의 의식 차가 선명하다. 그
러나 「미래지향」이라고 말하면서, 국내 정치 기반이 위태로워지자
돌변하여 국민에게 인기가 있는 「대일강경책」으로 전환한 노무현
대통령의 자세에는 문제가 있다고 필자는 생각한다.

한국 매스컴의 정론

일본의 이웃나라이고 앞으로도 동북아시아의 안정, 일본의 안정
을 위해서는 우호적인 관계가 바람직한 중국과 한국 사이에서, 2005
년 봄과 같은 반일운동이 격렬해지는 사태가 된 것에 대해서 어떻게
생각하면 좋은 것일까.

필자는 이번 일련의 사건에 관해서는 중국 정부, 한국 정부가 취
한 자세에 부적절한 판단이나 행동이 매우 많았다고 생각한다. 두

나라의 정부 모두 국민 사이에 뿌리 깊게 있는 일본에 대한 적의를 국내 정치에 이용한 면이 있다. 그 책임은 중대하다고 생각한다. 중국 정부는 일본에 대해 「일본의 재외공관이나 일본 기업의 보호에 최선을 다하겠다」라고 약속하면서, 실제로는 배치되어 있던 경찰들은 폭도화 된 데모대의 투석 등의 파괴 행위를 거의 저지하려고 하지 않았다.

그뿐 아니라 데모대의 해산에 경찰 차량을 제공하는 등, 관제데모라는 인상조차 남겼다. 대학을 나와도 취직하지 못하는 학생이나 앞으로의 생활에 아무런 보장도 없는 외지 노동자의 불만 발산에 반일 데모가 도움이 된다고 생각했다면 용서할 수 없는 행위인데, 그런 의도는 실제로 중국의 공산당이나 정부 측에 있었던 것 같다.

한편, 한국 노무현 대통령의 강한 대일자세에는 외교를 담당하는 한국 외교통상부의 간부조차 놀랄 만한 내용이 들어 있었다고 한다. 스스로 「미래지향으로」라고 말하면서 갑자기 독도 문제로 태도를 바꾸어 한일 우정의 해에 대일자세를 180도 전환시킨 대통령의 외교 자세는, 정권의 불안정함을 보완하려고 한 것으로밖에 비춰지지 않는다.

소동을 일으키고 있는 중국이나 한국의 학생이나 민중도, 이만큼 시간이 흘러도 일본에 경제적 주도권을 빼앗기고 있는 것에 대한 초조함을 터뜨리고 있는 것뿐이라면 일본을 따라잡기 위해서는 오히려 역효과가 된다는 것을 깨달아야 할 것이다. 실제로 한국에서 반일 데모가 가장 활발했을 때조차도 「변하지 않는 반일을 떠드는 것으로 한국이 얻을 수 있는 것은 아무것도 없다. 학생은 더욱더 공부를 해야 한다」라는 의견이 한국의 매스컴에 굉장히 많이 실렸다. 그런 분노의 발산을 위해 역사 문제나 일본의 유엔 상임이사국 진출 문제를 이용해서는 안 된다.

그러나 한편으로 일본도 할 수 있는 일이 있다. 중국이나 한국에서의 민중(의 일부)의 분노에 대해서 일본의 감각은 「무슨 이유로 소란을 피우고 있는 것일까」라는 정도로, 그 배경을 이해하려고 하는 것처럼은 생각되지 않는다. 한편으로, 일본에서도 국수주의적인 분위기가 고조되고 있다. 일본은 러시아와도 영토 문제를 안고 있다. 그 뿐 아니라 가장 관계가 양호하다고 하는 미국과도 쇠고기 수입 문제로 삐걱거리기 시작했다. 경제가 국제화되는 가운데, 각국에서 국수주의적인 감정이 강해지고 있다. 서로 이해가 없는 채로 사태가 발전하면 최악의 사태를 맞이하게 된다. 세계 경제의 성장이 큰 장애에 부딪힐 가능성조차 있는 것이다.

이번 일련의 「반일」 소동으로 알게 된 것은 중국도 한국도 「역사 카드」를 지금부터라도 들고 나올 것이라는 것이다. 그것은 많은 경우, 그들에게 필요하게 되었을 때이다. 일본의 과오가 추궁 받는 경우가 많지만, 같은 경우라도 「역사 카드가 유효」하다고 생각하지 않으면 사용해오지 않는다. 노무현 정권은 역대 한국 정권과는 다른 것 같이 보이지만, 국내 정치 기반이 약화되는 가운데에서는 결국 같은 길을 걸어 왔다. 중국, 한국의 역사 카드의 자의적 행사에 관해서, 일본은 항상 준비해 두지 않으면 안 된다.

한국과 중국의 연구를 구미 수준으로 행해야 하는 이유

원래 국가간의 관계는 언제나 요동친다. 하물며 어느 정도 힘이 있는 나라끼리의, 게다가 거리적으로 가까운 나라끼리의 관계는 어렵다. 문제가 있는 것이 당연하고, 중요한 것은 해결 방법을 갖고 있는지 어떤지이다. 늘 관계는 좋아야 한다고 생각하는 것도 또한 잘못이다. 이웃과의 사이라고 하는 것은 언제나 어려운 것이다.

그 점에서 강조해 두고 싶은 것으로 일본인은, 얼굴이 닮았다던가 피부색이 같다던가 같은 한자문화권이라고 해서, 중국이나 한반도 사람들을 쉽게 이해할 수 있을 거라고,「우리들과 같을 것이다」라고 생각한다. 그러나 이것은 큰 착각이다. 예를 들어 사상자가 많이 난 사고에 대한 반응을 보자. 중국이나 한국의 피해자 가족은 온몸으로 한탄하며 슬퍼한다. 타인의 눈을 거리끼지 않는 모습으로, 그것을 이렇게까지 라고 할 정도로 표현한다. 그에 비해 일본에서는 이러한 경우에도 그다지 흐트러지지 않는다. 슬픔은 깊지만, 그것을 애써 억누른다. JR서일본철도 후쿠치야마선의 사고와, 한국 대구에서의 지하철 화재를 비교해보면 선명하다.

이것은 일례에 지나지 않는다. 중국에서 자라 일본에서 일을 하고 있는 가룽, 후지쯔 종연경제연구소주임연구원은 「중국과 일본의 국민성은 전혀 다르다. 너무 달라서 무서울 정도다」라고 종종 지적한다. 그는 「나리타에 내리면 언제나 이 나라는 왜 이렇게 안전하고 안심되는 걸까. 중국에서는 언제나 주위를 신경쓴다」라고 말하고, 더욱이 「중국은 말하자면 동물이 방목되어 있어 멍하니 있으면 잡아먹히고 마는 사회, 즉 아프리카의 사파리파크이지만, 일본은 각 동물이 안전을 보장받고 있는 사회, 이른바 동물원이다」라고 표현했다.

물론 같은 인간이기 때문에 닮은 점은 있다. 그러나 정치의 성립

과정에서 보아, 중국에서는 정부보다도 공산당 쪽이 훨씬 상위에 있다. 종종 정부는 집행 기관에 지나지 않는다. 이것은 일본인이 바로 잊어버리는 점이다. 마찬가지로 한반도 사람들도 일본인과는 크게 다른 성격을 갖고 있다.

다르다면 그것을 연구, 분석하고 그것을 기초로 하여 그들 나라와 어떤 관계를 맺어야 할지 전략을 세울 필요가 있다. 일본인은 유럽, 미국인을 「자신들과는 다른 인간」이라고 본다. 그 때문에 미국, 유럽, 러시아 등에 대한 연구는 열심이고, 상당히 불충분하긴 하지만 관계 방법은 전략적 사고를 하고 있다. 그러나 아시아 각국에 대해서 일본은 분석적, 연구적이 되지 못하고 「머지않아 이해해 주겠지」라는 정도의 어중간한 자세를 취하고 있다.

경제적으로 중국이나 한반도와의 관계는, 일본에 있어서 더욱더 중요해질 것이다. 이미 일본에 있어서의 최대 무역 상대국은 중국이 되었다. 잘 보면, 일본의 기업 내 거래가 중일 간이나 제3국 간의 국제무역의 형태를 취하고 있는 케이스도 많지만, 일본 기업은 중국에 다수 진출하고 있으며 자본도 투자하고 있다. 중국이나 한국은 일본과는 국민성이나 사고방식이 전혀 다른 나라이기 때문에 그 차이를 연구, 분석하고 전략적으로 대처해야 한다.

「일본력」을 무기로

일본인이나 일본 기업이 인식하지 않으면 안 되는 것은 「일본력」에 의해 「세계에 있어서의 일본의 존재감은 높아지고 있다」라고 하는 점이다. 아마 일본인은 최근까지 세계에서 가장 디플레이션에 고민하는 나라에 살고 있다고 생각할 것이다. 1980년대에 있어서의 세계의 우등생에서 1990년대에 크게 그 지위를 떨어뜨린 일본이라는 나라를 「존재감이 높아지고 있다」 등으로는 생각하지 않았다.

그러나 제1장에서도 언급했듯이, 예를 들면 토요타가 가까운 미래 GM를 제치고 세계 최대의 자동차 메이커가 되는 것 하나를 봐도, 세계 경제에 있어서의 일본의 존재감은 높아지고 있다. GM은 경영 면에서도 신통하지 않을 뿐 아니라, 금융 면에서도 압박을 당하고 있다. 스탠다드&푸어스사(미국의 가장 큰 신용등급 평가 회사의 하나)는, 포드와 함께 GM의 장기사채의 등급을 정크채(투자 부적격 사채)로 했다. 미국의 자동차 산업은 토요타 등 일본 기업에 무너지게 될 것 같다. 스스로의 노력 부족이 원인이지만, 한편으로는 일본 강점의 증거, 「일본력」의 증명이기도 하다.

필자는 본서에서 반복하여 「세계에 있어서의 일본 존재감이 높아지고 있다」라고 강조해 왔다. 일본인이 비관론에 사로잡혀 있는 사이에 정세는 크게 움직이고 있던 것이다. 그런데 일본인은 자국에 대해서 매스컴이 떠들어대는 비관론을 신봉하고, 거기에서 나오려고 하지 않는다. 이것은 위험한 일이다. 왜냐하면 자국의 위치를 정확히 파악할 수 없는 것이라면 전략의 입안이 되지 않고, 그것을 억지로 하더라도 적중하지 못할 것이 되어버리기 때문이다. 절대로 그렇게 되어서는 안 된다.

「어느 나라의 제품 불매」 운동은 과거의 예를 보면, 그 영향은 단기간이다. 무역마찰이 한창이던 무렵의 미국에서도 반복하여 일본 제품의 불매 운동이 일어났다. 자동차가 그 중심이었지만 그런 운동은 오래 지속되지 않았다. 왜냐하면 앞에 기술한 대로, 환경자동차를 자국 기업이 만들 수 없기 때문이다. 그리고 역시 가격 대비 최고의 상품을 추구하는 세계 소비자들의 마음은 다르지 않은 것이다. 중국, 한국에서의 불매 운동 같은 것은 걱정할 필요가 없다. 입으로는 불매를 외쳐도, 소비자는 그 정도로 애국적이지 않다. 좋은 물건은 좋다, 라고 생각해서 구매 행동을 하는 것이다. 소비자는 자기 돈에 손해나게는 하지 않는다. 「불매 운동」이 일어났다고 하는 것은, 그만큼 그 나라의 제품을 사고 있다고 하는 것이다. 중일 관계든 한일 관계든, 「문제가 있는 것이 당연」하다고 단정 짓는 것에서부터 출발해야 한다. 그렇다면, 일시적으로 문제를 진정시키기 위해 임시 변통적인 발언을 해서는 안 된다. 후에 문제를 복잡하게만 만들게 되기 때문이다.

일본이 중국이나 한국과의 사이에서 안고 있는 문제에 관해서, 상대는 쉽게 그 태도를 바꿀 수 없을 것이다. 「첨각열도나 독도의 귀속 문제」, 게다가 「중일 경계선의 천연가스 자원」에 대해서도 그렇다. 필자는 영토문제에 관해서는 제3자 기관, 예를 들면 국제사법재판소 등의 판결을 받아들이는 것이 좋다고 생각하지만, 현재 상황에서는 그러한 움직임도 보이지 않는다. 「시간을 두고 해결합시다」 정도의 자세가 좋을지도 모른다.

중요한 것은 무언가 문제가 일어나면 타협이 가능한지 어떤지 확실히 논의하고 대화하는 것이라고 생각한다. 지금 일본의 「잠시 조용히 하고 있으면 진정된다」라는 자세는 서로의 감정만 쌓일 뿐으로, 아무런 문제 해결로도 이어지지 않는다.

그를 위해서는 일본의 여러 가지 루트를 통해서 자국의 주장을 세계에 알릴 필요가 있다. 침묵하고 있으면 이해해 줄 것이다, 라는 것은 잘못됐다. 특히 중국과 한국을 상대로 하는 때에는 그러하다. 「일본력」을 무기로 해서 더욱 더 일본 모델의 평화, 이념, 그리고 행복을 알려 나가야 한다.

제6장

신격화된 인도의 실상

세계 최대의 민주주의 국가

중국, 한국을 보았는데, 중국 다음가는 인구(10억 명 이상)를 거느린 중국과 같이 BRICs(브라질, 러시아, 인도, 중국)라 불리는 거대 신흥국 그룹의 일원으로 차후의 큰 성장이 기대되는 인도는 어떤가.

일본에서 인도 이야기를 하면, 대부분의 사람이 「먼 나라」「좀처럼 갈수 없는 나라」라는 인상을 가지는 듯하다. 내게 있어서도 인도는 그런 나라였다. 그러나 쭉 가고 싶다고 생각했었다. 일본이나 다른 선진국과는 문화 체계가 다르다는 점에서 흥미를 가질 수 있었고, 인구의 크기, 나아가서는 성장을 상정해도 경제적으로 「중국 다음은 인도가 발전한다」라는 예감이 들었기 때문이다.

그것이 실현된 것이 2004년 설날로부터 1주일간. 연말연시는 라디오나 TV의 정규 방송도 쉬는 일이 많아 비교적 먼 나라에도 갈 수 있기 때문에, 중국에 육박하는 경제 성장을 달성하는 인도의 현재 상황, 안고 있는 문제점, 성장 잠재력, 투자의 기회를 실제로 내 눈으로 보고 왔다.

인도는 일본에서는 꽤 먼 나라이고 그다지 친밀감 없는 나라여서, 기본 정보를 살펴보기로 하자. 외무성의 홈페이지에 기재되어 있는 정보에 의하면, 면적은 약 329만 평방킬로(인도 측 자료 : 파키스탄, 중국과의 계쟁(係爭)지를 포함)로, 약 38만 평방킬로인 일본의 8.7배, 중국의 960평방킬로의 약 3분의 1이다. 국토가 중국의 3분의 1인데, 13억 명 대 10억 명으로 그다지 인구의 차이는 크지 않다. 게다가 인구의 증가율로 봐서, 가까운 장래에 인도가 세계에서 제일 인구가 많은 나라가 될 가능성이 높다고 여겨지고 있다. 이것은 인도의 인구 밀도가 높다는 것으로, 실제로 인도에 도착해 바로 느낀 것은 사람들이 많다는 것이었다. 인도의 인구 증가율은 1990년부터 2000년까지 평균해서 1.95%에 달한다.

수도는 내가 처음으로 인도에 발을 내딛었던 뉴델리(New Delhi)로 인종은 인도 아리아계, 드라비다계, 몽고로이드계 등이다. 공용어는 힌디어로, 따로 헌법으로 공인되어 있는 주의 언어가 17개나 있다. 그러나 실제로는 영국의 통치를 오래 받았기 때문에 많은 인도 국민이 영어를 할 수 있다. 나는 외국어는 영어밖에 할 수 없어서 인도에선 영어를 사용했다.

인종이 복잡한 데다가 종교도 복잡해서, 힌두교도가 인구의 82.7%, 이슬람교도가 11.2%, 크리스트교도가 2.6%, 시크교도가 1.9%, 불교도가 0.7%, 자이나교도가 0.5% 등이다.

이렇게 보면, 인도에는 이슬람교도는 소수파처럼 보인다. 그러나 전 인구 10억 명의 11%가 조금 강하기 때문에 인도에는 1억 천만 명의 이슬람교도가 거주하고 있는 것이 된다. 「이슬람교를 국교로 하지 않는 나라 중에서는 가장 많이 이슬람교도를 거느리고 있는 나라」(필자의 인도 친구)라는 것이다. 이 1억 명을 넘는 이슬람교도의 존재가 인도의 사회·정치 정세를 복잡하게 하고 있다.

현재의 수상인 만모한·싱 수상은, 머리에 터번을 두르고 있는 것으로도 알 수 있듯이 시크교도이다. 즉, 인구의 2%에도 미치지 않는 종파에 속하는 인간이 그 국가의 톱이 된 것이다. 이것은 인도의 특성을 단적으로 보여주고 있다. 실로 복잡하고 동시에 다양성이 풍부한 나라이지만 민주주의가 기능하고 있다는 커다란 증거가 여기에 있다. 인도인은 곧잘 「인도는 세계 최대의 민주주의 국가」라고 자랑하는데, 뒤에 기술할 2004년 선거에서의 역전과 신정권의 수립 과정에서 그것은 멋지게 입증되었다.

다만, 인도는 가난하다. 국민 1인당 GDP가 500달러에도 미치지 못하고, 중국의 반 밖에 안 되는 것을 나타내는 통계가 있다. 실제로 가보면, 밑바닥에 있는 사람들의 가난함에는 필설로 다하기 어려운 것이 있다. 이에 관해서는 후에 언급하겠다.

선거 결과에 나타난 「빈자의 반란」

자, 그 「역전」에 대한 이야기이다. 필자가 인도에 갔던 2004년 연초의 시점에는 종파적 다수파인 힌두교도의 아탈·비하리·바지파이가 수상이었다. 성장률이 높아지고, 세계적인 주목도 상승하는 등

경제도 순조로웠다. 이렇게 인도의 지위도 오르고 있는 가운데, 봄에 총선거를 앞두고 「바지파이의 낙승」으로 국내에서도 해외에서도 여겨지고 있던 시기였다. 2004년 신년을 축하하는 인도의 신문에는 다음과 같은 정부 발표의 문장이 게재되었다. 요약하면 다음과 같은데, 요컨대 굉장히 위세가 좋았다.

길거리 가무단원들과

「가깝게는 1991년에 외화위기를 경험한 인도지만, 과거에 있어서의 그저 인구가 세계 제2위인 나라라는 것만이 주목 받는 비참한 (timid라는 단어가 사용 되었다) 존재에서 1000억 달러라는 세계 제4위의 외화 준비를 갖는 나라, 세계 경제를 구동하는 나라(driver)가 되었다. 인도는 지금 찬란하게 빛나고 있다. 이 빛남을 2004년으로 이어나가 한층 더 강해져 더욱 빛나도록 하자」

그 시점에서 수개월 후로 총선거를 앞두고 있는 바지파이가 이끄는 인도 인민당(BJP)의 선전 내용은 강력한 것이었으나, 그래도 외화 준비가 1000억 달러를 넘은(내 기억으로는 그 시점에서 일본이 6500억 달러, 중국은 4000억 달러, 3위는 독일의 3500억 달러) 것에 대한 기쁨은 잘 전달하고 있었고, 인도인들의 고양된 기분도 잘 알 수 있었다. 실제로 인도 신문을 읽어보면 「feel so good」 또는 「feel nice」라는 단어가 많았다. 그래서 바지파이는 여유롭게 총선거에 돌입했고, 국내외의 사정에 정통한 이들은 틀림없이 「바지파이의 재선」을 예상했었다.

그러나 2004년 5월에 행해진 인도 총선거에서는 최종적으로 바지파이가 패배, 야당인 이탈리아 출생의 소냐·간디가 이끄는 좌파계 국민회의파를 중심으로 하는 통일진보연맹이 승리했다. 이에 전 세계 매스컴이 놀라 그를 보도했다. 「어째서」라고 누구나가 생각했다. 무슨 일이 일어난 것일까?

거기에 있었던 것은 「빈자의 반란」이었다. 인도는 「통계」로는 말할 수 없는 나라이다. 바지파이가 선거를 맞이할 때의 경제 성장률, 즉 2003년의 7~9월은, 4반기 기준으로 과거 5년 중 최고였다. 농업이 호조이고, 나아가 말할 것도 없이 인도가 자랑하는 컴퓨터·소프트웨어 등의 서비스 부문의 신장도 눈부셨다.

그리고 2004년의 경제 성장률의 가속도 예측되고 있었다. 「바지파이의 경제 정책은 성공했다」라는 것이 인도 국내의 견해이기도 했다. 2003년 1년간에 인도의 주식 시장은 SENSEX라는 지수로 보아도 72.9%나 상승했다. 이것은 아시아에서는 타이(116.6%)에 이은 대폭적인 것이었다. 일본의 24.4%의 약 3배나 인도의 주가는 상승했던 것이다.

이 인도의 고성장은 소련을 본받은 80년대까지의 사회주의적·통제경제적인 경제 운영을 바꾼 결과이다. 바지파이 수상이 개혁노선을 가속시켜 시장 경제 원리를 도입시켰기 때문에 성장은 속도를 더했다. 그 결과로서의 순조로운 경제 실적을 보면, 아무도 바지파이가 총선거에서 패배하리라고는 생각도 하지 못했던 것이다.

인도와 중국의 가장 다른 점은, 인도는 일정 연령에 달하면 누구나 선거권을 가지고 실제 선거로 정치가가 정해진다는 점이다. 이것을 가리켜 인도인들은 「인도는 세계 최대의 민주주의 국가다」라고 하는 것이다. 중국인민이 선거로 정치에 대한 발언권을 가질 수 없는 것과는 대조적이다. 그리고 실제로 민주주의 국가다운 일이 벌어졌다.

인도에서는 2004년 선거부터 글자를 못 써도 투표할 수 있는 시스템의 도입이 진행되었다. 일설에 의하면, 인도에서는 전 인구의 35%가 글자를 읽지 못한다고 한다. 지금까지 이런 사람들은 선거에 실질적으로 참가할 수 없었다. 그러나 2004년 선거부터 그들도 자신들의 생각을 투표로 표현할 수 있게 되었던 것이다.

그리고 실제로 3억 명이라고도 하는 인도의 가난한 사람들은 그 성장의 분배가 적다고 느낀 것일 것이다. 바지파이의 성장노선에 「노」를 들이댄 것이다. 실제로 가 보고 알 수 있었다. 하루하루의 생활을 도로청소 등으로 보내는 많은 가난한 사람들은 「발흥하는 인도」라 불리어도 그 혜택을 받고 있는 것이 아니다. 여전히 도로 근처의 초라한 집에서 계속 살고 있는 것이다.

통계에서 아무리 「인도 경제의 성장」이 입증되어도 그 혜택을 받을 수 없다면, 선거에서 지지를 해 줄 수는 없다. 2004년 인도에 있어서의 하원의원 선거에 대한 예상외의 결과는 「빈자의 반란」이었다고 할 수 있다.

인도의 폭

인도는 인구통계를 보아도 그렇지만, 실제로 가보면 정말로 사람이 많음에 놀란다. 일본도 인구밀도가 높지만, 인상으로 보아서는 그에 비할 바가 아니다. 필자가 나리타를 출발한 것은 2004년 1월 1

일로, 직행 편으로 뉴델리에 도착한 것은 현지 시간으로 밤 9시 전. 시차는 3시간 반. 싱가포르보다 조금 멀다는 감각이다.

　마중 나와 준 시크교도의 인도인 라빈델 씨는 강한 인도 억양이 있는 영어로 「인도는 위험하다. 사람이 많다. 호텔 근처라도 밤에는 나돌아 다니지 말라」라며 경고의 말을 했다. 확실히 길에는 본 적도 없을 정도로 많은 사람들이 서 있다. 검은빛의 늠름하고, 눈이 이상할 만큼 빛나며, 그러나 무언가 탐내는 인상의 초라한 모양새의 사람이 많다. 차를 발견하면 눈물을 흘리는 신문팔이 소녀가 접근해온다. 어째서 눈물을 흘리고 있는지 알 수 없다. 공항 안은 그 정도는 아니었지만 일단 밖으로 나가면 엄청난 수의 사람들이 넘쳐흐르고 있었다. 사람, 사람, 사람의 홍수다.

　인도에서는 무엇을 마실 수 있고 무엇을 먹을 수 있는 것일까. 「내게 맡기면, 인도의 겉과 속을 다 안내할 수 있다」라며 라빈델 씨는 세일즈에 여념이 없다. 도착한 때부터 호텔까지의 안내는 동경에서 구했다. 그는 그날만 하는 일인데 「내일도 나를 고용해라」라고 말하고 있는 것이다. 머리에 터번을 두르고 있는 시크교도이지만, 그 터번 안의 머리카락 길이는 7미터에 달한다고 일러 주었다. 욕실에서 어떻게 씻는 것일까.

　호텔에 도착해 인터넷 접속을 확립하려고 프론트에 부탁하니 기술자라는 직함의 사람만 따로따로 다섯 명이나 왔다. 전원 콘센트의 사이즈를 맞추러 온 사람. 노트북, 컴퓨터를 체크하기 위해 온 사람. 처음에 전화선을 가지고 온 사람. 그리고 다음으로 무선LAN을 설치하러 온 사람. ―전부 따로따로인 것이다. 그때마다 팁을 건네면 생긋 웃으며 간다. 인도는 사람의 양과 밀도가 높은 나라인 것이다.

인도에 가서 처음 떠오른 단어는 「혼돈(카오스)」이었다. 엄청나기만 한 빈곤을 볼 수 있는 한편으로 대도시에는 수는 적지만 고급 백화점도 출현해 있었다. 그 백화점을 보면, 인도에서도 일부 층에 부가 쌓이기 시작한 것을 실감한다. 대중소비사회의 수준에는 도달하지 않았지만 소비사회가 탄생하는 싹이 자람을 알 수 있

현대적인 인도 백화점에서

다. 그 고급백화점에서는 선진국의 백화점과 완전히 같은, 엄마와 딸이 카트를 밀면서 쇼핑을 하는 모습을 볼 수 있었다. 또한 교외에 가면 여러 채에 이르는 고급 주택가, 고급 맨션 군의 출현도 알 수 있다.

인도에서는 줄곧 후지야마대학에 유학 경험이 있는 제베크·인디아(XEBECINDIA)사의 자야얀타·찻타르지 씨와 그 부인인 일본인 다나베·구미 씨가 대동해주었는데, 구미 씨는 함께 간 백화점에서 「엘리베이터가 진귀해서 엘리베이터에 타기 위해 시골에서 뉴델리로 올라오는 사람도 있습니다」라고 말했다. 수도인 뉴델리는 이런 상황이다. 풍족한 생활을 당연시해 거기에 익숙한 사람과, 엘리베이터도 진귀해하는 사람의 존재. 그것이 인도의 폭, 말하자면 「혼돈」이다.

인도는 근대화를 급피치로 진행하고 있다. 아구라부터 쟈이플로는 차로 이동했는데, 양호하다고는 할 수 없는 간선도로 옆에서 많은 사람들이 괭이를 들고 뭔가의 부설공사를 하고 있었다. 처음에는

무엇을 하고 있는 것인지 몰랐는데, 물어보니 광케이블의 부설이라는 것이었다. 「공사를 하고 있는 사람들은 자신들이 무엇을 묻고 있는지 모르겠죠」라며, 찻타르지 씨가 차 밖을 보면서 불쑥 말했다. 도로공사에 땀을 흘리는 야윈 체구의 가난한 노동자와 광섬유라는 최첨단 통신 툴은 근사한 대조가 되어 나의 뇌리에 남았다. 지금까지도 선명하게 되살아나는 인도에서의 한 장면이다.

인도 잠재력의 비밀

현 인도 약진의 기원을 찾는다. 그것은 1991년의 경제 자유화노선에서 시작되어 98년의 아탈·비하리·바지파이 정권의 성립으로 가속되었다. 그 이전은 소련을 본받은 사회주의적인 정책을 받아들인 혼합경제체제를 기본으로 하고 있었다. 그리고 중공업을 중시해 수입 대체 공업화정책을 추진했으나 경제는 정체되고 세계 경제에 그 존재감을 드러낼 만한 일도 없었다. 인구가 많다는 것으로부터 「비동맹의 기수」로서 국제무대에서 독특하고 동시에 특별한 위치를 차지했을 뿐이었다.

90년대 초의 외화위기를 계기로 한 자유화노선에서는 산업 라이센스 규제 완화, 외화 적극 활용, 무역제도의 개선 등이 중심이 되어 성장률은 높아졌다. 인도가 경제면에서 국제무대에 뛰어나온 것은 이 무렵이다. 90년대 중반에는 3년 연속으로 성장률이 7%를 웃돈 적도 있다.

98년에 성립한 바지파이 정권은 90년대 초부터의 자유화노선을 가속시켰다. 국영기업을 민영화하고 경직된 노동법규의 개정을 실시하고 전력요금의 재검토 등, 계속적으로 성장가속을 위한 정책을 내놓았다. 미국 기업이 인도에 계산센터나 콜센터를 잇달아 설립한 것이 이 시기이다. 인도인은 2자리수의 곱셈 암기가 가능하다고 한다. 시험해 본 적은 없지만, 많은 사람들로부터 그렇다고 들었다. 전원이 가능한지 어떤지는 알 수 없지만 일본인의 구구법만 해도 계산능력의 향상에 도움이 되고 있으니, 하물며 2자리 수의 곱셈 암산은 도움이 될 것임에 틀림없다.

즉, 인도인은 계산에 강하다. 이것은 프로그래밍이나 소프트웨어의 핸들링에 유리하다. 또한 어느 정도나 현대 인도인의 수학 능력과 관계가 있을지는 모르겠지만, 오래 전으로 거슬러 올라가 보면 제로를 발명한 것도 인도인이다.

덧붙여 인도인은 영어를 모국어의 하나로서 다룰 수 있다. 오랫동안 영국의 식민지였던 덕이다. 그래서 영어권 기업은 거기에 소프트개발센터 등을 만들 가치가 있는 것이다. 비 영어국, 예를 들면 일본 등에서는 영어가 가능하다는 것은 특수능력이 되지만, 인도에서는 대부분의 사람이 영어를 이해한다. 그만큼 영어를 할 수 있는 노동자를 고용하는 비용이 싸고, 앵글로색슨계 기업에 있어서는, 또 영어를 일상사용언어로 하고 있는 많은 국제기관, 국제기업에 있어서는 의사소통이 용이하다는 것이다.

그 결과, 소프트웨어의 처리능력이 우수한 인도의 기술자를 노리고 구미계의 기업이 대규모로 기술과 자본을 가지고 진출하는 상황이 발생했다. 이렇게 해서 인도의 경제 발전은 90년대부터 2000년대 초에 걸쳐 가속해 온 것이다.

능력이 같고 임금이 싸면 미국의 기업 등은 가차 없이 오프쇼어

(offshoring·해외 아웃소싱)화를 행한다. 그 결과, 소프트웨어 관련의 일이 인도로 흘러가 미국의 소프트에어 기술자가 대량으로 정리해고 당하기도, 임금 인하에 직면하기도 했을 정도이다. 어쨌든 인도의 노동 임금은 소프트웨어에 종사하는 사람이어도 굉장히 낮다.

인도는 근대화로의 착수가 중국보다도 훨씬 늦었지만, 그 성장 페이스는 빠르고 잠재력은 굉장히 높다. 은혜를 받지 못한 사람들에 대한 배려를 늘리고는 있었지만, 바지파이 정권을 넘겨받은 2004년의 총선거 결과로써 성립한 국민회의파의 만모한·싱 정권도, 인도경제의 개방, 성장가속 노선을 기본적으로는 계승하고 있다.

계급추진형의 성장

인도의 성장에는 한 가지 큰 특징이 있다. 그것은 중국의 성장 원동력이 연안 지방이나 도시 중심의 「area-driven」(지역추진형)이라고 하면, 인도의 그것은 「class-driven」(계급추진형)이라고 하는 것이다. 인도에서는 높은 교육을 아이들에게 제공할 수 있는 상위계급이 성장의 핵심을 형성해 「인도의 기적」을 실현했다.

이 계급의 아이들이 IT산업에서 그 재능을 발휘해, 빨려들듯이 해외의 자본이 모여든다. 그 결과, 주가의 상승 등의 부를 국내에 낳아, 그 부가 다시 부를 낳는다고 하는 「부의 재생산」의 순환이 시작되었다. 부는 소비를 늘리고 경제를 활발하게 만들었다. 그래서 필자는 단어는 나쁠지 모르겠지만, 인도의 성장은 「class-driven」(계급추진형)이라 생각하는 것이다.

중국에는 내륙부의 농촌지대나 도시로의 이주 노동자 등, 현재의 고도성장에 함께하지 못하는 사람들이 있다. 그러나 인도에서 성장에 함께하지 못하는 사람들이란 「스스로 교육을 받지 못하고 아이들에게 교육을 제공하지 못하는 사람들」을 가리킨다고 할 수 있다.

2001년의 국세조사에 의하면, 인도의 식자율은 65.4%라고 하는 낮은 비로, 80%대의 중국을 크게 밑돈다. 글자를 읽을 수 없는 사람들이 부를 손에 넣기는 어렵다. 예외도 없지는 않겠지만 지금처럼 고도정보사회에서는 한층 더 그렇다. IT 세계에 식자는 불가결한 조건이기 때문이다. 중국에서 부와 빈곤의 격차를 결정하는 것은 「도시인가 농촌인가」 즉, 「지역」이지만, 인도에서는 「계급」이 크다. 후에 다루겠지만, 여기에 인도가 안고 있는 근본적인 근심거리가 존재해, 「일본력」 같은 힘을 창조할 수 없는 원인이 있다.

국내의 빈곤 문제가 해소되지 않으면 인도의 성장은 이윽고 정체 상태에 빠질 것이다. 많은 전문가도 지적하고 있다. 그러나 필자는 그것은 훨씬 후의 이야기라고 생각한다. 인구로 13억 명의 중국 다음가는 10억 명을 거느리고 있는 대국 인도는, 바지파이 정권의 발족으로부터 겨우 4년 만에 빛을 발하기 시작했다. 이 사실로부터 눈을 돌리면, 인도의 진실은 보이지 않을 것이다. 많은 뿌리 깊은 문제를 안은 채로 있는 인도이지만 당장은 눈부시기만 한 광채를 한층 더 늘리려 하고 있다.

중국과 비교했을 때의 우위성이란

인도 경제의 호조를 바탕으로 뭄바이(이전의 봄베이)에 있는 인도의 대표적 주식 시장은 2003년부터 유입된 외자로 상승기조가 되어,

2004년에는 일시 반락했지만 2005년에 걸쳐서는 다시 상승으로 바뀌었다. 2004년 연초에, 6000포인트 전후였던 인도의 대표적 주가지수인 SENSEX는 한때 크게 하락했으나, 그 후는 회복되어 2005년 초에는 6400포인트 전후가 되었다.

이런 속에서 지금 세계적으로 주목을 받고 있는 것이 인도 주식에 대한 투자이다. 일본은 2004년 중반까지 인도주에 대한 투자를 할 루트가 없었다. 이것은 2004년도 초에 방문해 인도의 가능성을 믿어 이 나라에 대한 투자에 전향적이 된 필자로서는 굉장히 유감이었다. 솔직히 말하면, 「일본의 증권업계는 뒤떨어져 있다」라고 실감했기 때문에 그런 취지를 여기저기에 글로 써왔다. 일본 이외의 나라에서는 인도에 대한 투자에 대해 이미 수많은 루트가 열려 있었기 때문이다.

일본에서 인도주 투자가 본격적으로 가능하게 된 것은 겨우 2004년도 후반에 들어서부터이다. 필자는 일본인이 자산을 다양화하는 과정에서 중국주에 더해 인도주에 대한 투자도 굉장히 매력이 있는 것이 아닌가 하고 생각한다.

우선, 인도 경제는 일본에 비해 굉장히 낮은 레벨에서 시작, 돌진하려고 하고 있다. 90년대부터 고도성장을 시작했다고 해도, 국민 1인당 GDP가 일본의 70분의 1보다 낮은 500달러 전후다. 즉, 성장 여지가 크다. 주가도 일본에 비교하면 저수준에서 시작되고 있다.

다음으로 성장의 눈은 확실하다. IT라는 굉장히 명확하고 핵심이 되는 산업을 가지고 있어, 인도로는 온 세계로부터 자본과 기술이 들어오고 있다. 중국에 비해 제조업 국가라고 하는 인상은 없지만, 역으로 지금의 고도정보사회에 잘만 들어맞으면 성장력은 크다고 생각된다. 뭄바이에서는 거대한 빌딩 군의 건설 현장을 보았는데, 경관은 가까운 미래, 상해에 가까운 것이 될 것이다. 이것은 중국에도 말할 수 있지만, 인도에서도 총인구의 10%가 풍요로운 생활을 시작한 것만으로도 일본의 인구에 가까운 풍요로운 소비자가 생기는 것이다. 이 규모는 매력적이다.

다음으로 정치적으로 안심감을 가질 수 있다. 무엇보다도 중국에서는 아직 시도되지 않은 민주주의가 다민족, 다종교 속에서 이미 깊이 뿌리내리고 있어, 정권의 교체도 매우 순조롭게 이루어지고 있다. 반복하지만 인도인은 종종 자신들의 나라를 「세계 최대 민주주의 국가」라 말한다. 그리고 사실 그렇다. 민주주의 국가의 맹주를 자임하는 미국의 인구는 3억 명 전후, 인도의 10억 명에는 크게 미치지 못한다.

덧붙여 국내 시장의 한층 더 큰 신장이 예상되고 있는 점도 들 수 있다. 중국이 엄격한 일인자녀정책을 취하고 있는 것은 알려져 있다. 그 때문에 서부의 산간부에서는 호적이 없는 아이도 많다고들 한다. 실제로 어느 정도 효과를 발휘하고 있는지는 불분명하지만, 어쨌든 중국에서의 인구는 한계에 이르렀다고 보인다. 그에 대해 인도에서는 힌두교도가 출산제한에 소극적인 가운데, 앞으로도 인구의 증가가 예상되고 있어 그에 따라 경제 규모의 확대가 기대된다. 가까운 미래에 인도가 인구에 있어서도 중국을 앞지르는 일이 예상된다. 인도의 국내 시장은 아직 더 확대될 것이라는 것이다.

더욱이 인도에는, IT도 그렇지만 그 이외의 분야에서도 우수한 「두뇌」가 있다. 찻타르지 씨에 의하면, 인도 IT 기술자의 대부분은 IIT라고 하는 전국에 6개 정도 있는 공과대학 출신자인데, 이들 공과

대학은 세계적으로 보아도 매우 수준이 높은 대학이라고 한다. IIT
의 풀네임은 Indian Institute of Technology로, 인도 국내에서 우수
한 학생을 모으고 있다고 한다. 학생의 출신 계급으로서는 주로 카
스트 4계급의 위부터 3번째까지(바라문, 크샤트리아, 바이샤)로, 그들
은 세계에 통용되는 일을 할 수 있다고 한다. 그러고 보니 일본의 IT
업계에도 많은 수의 인도인 기술자들이 일하고 있다.

인도가 우수한 것은 IT뿐만이 아니다. 의료 등의 분야에서도 매우
우수한 대학이 많고 그 점에서도 세계적으로 주목받고 있다. 케네디
정권 하에서 인도 대사를 역임한 하버드 대학의 케네스·갈브레이스
명예교수는, 「중국과 비교한 인도의 우위성은 우수한 대학과 그곳
을 졸업하는 학생이다」라고 하며, 국내 인구에 점하는 대학 졸업자
의 비율이 중국보다도 인도 쪽이 높다는 점을 지적했다.

여전히 남은 신분제도

인도는 재미있는 나라이고, 앞으로 당분간은 크게 발전할 것이다.
그러나 일본과 같은 고도산업국가가 될 수 있을지 어떨지는 큰 의문
이다. 하물며 「인도력」과 같은 종합된 힘을 발휘할 수 있는 날이 올
지 어떨지도 미지수이다.

그것은 이 나라가 안고 있는 문제가 여전히 굉장히 크기 때문이
다. 무엇보다도 인도가 안고 있는 최대의 문제는, 국내에 뿌리 깊게
만연한 빈곤과 그것과 표리일체의 관계에 있는 많은 국민에 대한 교
육의 결여이다.

뉴델리에서 본 합승버스 뒤의 선전에, 일본인인 나에게는 굉장히

신기한 것을 발견했다. 거기에는 「아이를 학교에 보내자」라고 쓰여 있었다. 그 선전 간판 하나를 보아도, 「아이를 학교에 보낸다. 그것도 전원」이라고 하는 것이 인도에 있어서의 커다란 과제임을 알 수 있다. 인도에서 글자를 읽을 수 없는 사람 수는 3억 명이라고도 4억 명이라고도 추정되고 있다. 학교에 갈 수 없는 사람이 많기 때문에 당연한 일이다. 글자도 식별할 수 없는 사람들을 경제 발전의 소용돌이 속에 연결시키는 것은 쉬운 일이 아니다. 일본의 제조업이 잘 돌아가고 있는 기초에는 역시 공통의 지식 기반이 있다. 정보나 규칙을 공유할 수 있다는 것일 것이다. 그것은 취학률이 거의 100%에 가깝고, 식자율도 또한 100%에 거의 가깝기 때문에 가능하다. 인도에는 그러한 조건이 결여되어 있는 것이다.

인도 사람들은 「교육」이 이 나라에 있어서의 가장 큰 문제임을 인정하고 있다. 그것이 세계적으로 통용되는 대학의 존재와 상반되어 있는 것이, 자못 인도다운 점이다.

갈브레이스가 말한 것처럼 이 나라에는 「어마어마한 잠재 성장력」이 있지만, 한편으로 글자도 읽을 수 없는 가난한 사람들을 어떻게 성장의 과정 속에 넣어 갈 것인가 라고 하는 아주 중요한 과제도 있고, 거기에는 10년, 20년이라는 긴 과정이 필요할 것이다.

인도에서는 가난한 사람들을 찾는 데에 고생할 필요가 없다. 주요 도로 교차로에서 차가 서면 때로는 10살이 될까 말까 하는, 정말 몇 년이나 목욕한 적도 없을, 그러나 눈은 굉장히 맑은 아이들이 다가와서 차의 창문을 두드리며 「뭔가 달라」고 말한다. 도로에서 차가 멈추고, 시선이 마주치면 분명히 그들은 다가온다. 무심코 창문을 열어 두거나 하면, 여성의 경우는 귀걸이를 잡아 뜯기는 일도 있는 듯하다.

광장한 빈곤의 중심이 되는 것은 여전히 남은 인도의 계급제도이다. 필자가 이 장에서 인도의 성장을 「class-driven」(계급추진형)이라고 표현한 것은, 바라문을 정점으로 하는 상위 계급이 교육을 받아 해외에 가서 취직하거나 인도에 진출해오는 외국 기업에게서 소득을 얻어, 그것이 소비에 돌아와 경제의 성장을 선도하고 있기 때문이다. 그러나 한편으로, 바지파이가 총선거에서 예상외의 패배를 당한 것처럼 이 성장의 분배를 받을 수 없는 사람들이 많은 것도 사실이다. 그것이 사회의 불만으로써 가라앉아 있다.

도적이 출몰하는 나라

도대체 「카스트 제도」라고 불리는 인도의 신분제도란 무엇인가. 「카스트」란 말 자체는 인도의 신분이나 계급을 나누는 방법에 포르투갈인이 놀라, 「카스타(포르투갈어로 가문, 혈통의 의미)」라고 말한 것이 그 유래라고 한다. 무수한 구분법이 있다고 하는데, 개략적으로 나누면 인도의 사람들은 4개의 계급으로 나뉜다. 위에부터 「바라문(성직자)」「크샤트리아(왕, 제후, 군인)」「바이샤(농민, 수공업자, 상인)」「슈드라(피정복민, 노예)」이다.

이 4개의 구분법을 4종류의 성(바르나)이라고 말한다. 최근에는 상당히 바뀌었다고 하는데, 기본적으로는 다른 계급 사람과 식사를 하는 것은 좋지 않고 결혼 따윈 당치도 않다. 인도의 레스토랑에 가면 요리사는 대개 바라문(최고위 계급)인 듯하다. 직업 구분에서 보면 모순된 듯하지만, 인도인은 만약 자신보다 낮은 계급의 사람이 요리를 만들었다면 그것을 먹은 사람은 더럽혀진다 생각한다.

　더욱이 카스트제도에는 「신분 외의 신분」이라고 하는 것이 존재한다. 「신분 외의 신분」이란 「바리잔」 또는 「아튜드」 즉 불가촉천민이다. 그들은 다른 계급 사람의 시야에 들어오는 것조차 금지되어 있다고 한다. 잔인한 이야기이다. 시야에 들어오면 본 사람의 영혼이 더러워져 버린다는 것이 이유이다. 카스트제도는 인도의 근대화를 더디게 한다 하여 헌법에 의해 금지되었다. 그러나 현실에는 엄연히 남아 있는 것이다.

　인도의 카스트제도는 대단히 뿌리가 깊다. 계급의식이 강하기 때문에 일본 같이 마을 단위의 커뮤니티는 그다지 기능하지 않다. 「지역」의식은 없고, 계급의식밖에 없기 때문이다. 예를 들면 「파테르」라고 하는 비즈니스맨이 많은 계급의 사람은 같은 「파테르」밖에 지원하지 않고, 다른 계급의 사람에게 물자를 나누어 주거나 하지 않는다고 한다. 허리케인이나 해일에 즈음하여 이루어지는 비상용식량 배포도 상위계급 쪽이 많은 부분을 요구하거나, 같은 카스트에밖에 배포하지 않거나 하는 듯하다.

　여행자가 이런 엄격한 카스트제도를 한눈에 분별하는 것은 어렵다. 그러나 너무나 큰 빈부 격차에 경악하여 인도 사람에게 「이런 제도를 남겨 두면 인도에 있어서 안 좋은 것이 아닌가」라는 의문을 표시하면, 언제나 의아한 얼굴을 한다. 「어쩔 도리가 없는 일을 굳이 물어보지 말라」라는 모습이다. 확실히 어떤 나라 특유의 제도에 타국 사람이 이렇다 저렇다 말하는 것은 적합하지 않을지도 모른다. 그러나 언젠가 그 계급제도 때문에 큰 혼란에 휩싸일 듯한 예감이 든다.

2004년 총선거에 있어서의 바지파이의 예상외의 패배는 그 전조로도 받아들여진다. 어쨌든 인도는 복잡한 국가다. 종교의 복잡함, 민족의 복잡함에 대해서는 처음에 지적하였다. 그것들이 혼연일체가 되어 기묘한 균형 하에서 민주주의 국가를 형성하고 있다. 그러나 국내에는 치안이 불안정한 장소가 아주 많다. 나의 인도 취재를 함께해준 찻타르지 씨도「인도는 도적이 출몰한다」라고 말했다. 밤에 차를 달리고 있으면 무장한 도둑이 나와 차를 세우고 강도질을 하는 일도 있다고 하는 것이다. 그 때문에 우리들은 거의 낮에 행동했다. 일본도 치안이 나빠지고는 있지만, 인도에 비할 바는 아니다. 사람들의 자유로운 발상력이 만들어 낸「일본력」에는 밤거리를 안심하고 배회할 수 있는 치안의 안전도 중요한 역할을 다해왔다는 것도 여기에서 지적해두고 싶다.

인도의 매력은「혼돈」

인도에 있어서 계급과 빈곤, 거기에 교육 보급의 뒤처짐이 국내의 문제라고 하면, 대외적인 문제는 이웃 나라 파키스탄과의 관계가 복잡하다는 것이다. 애당초 인도와 파키스탄은 영국의 같은「인도식민지」였다. 그러나 1947년, 이슬람교를 국가의 가르침으로 하는 파키스탄과 힌두교도가 주류를 이루는 인도가 분리 독립했다. 그 후 이슬람과 힌두에 의한 상호이해 운동을 시작한 간디는, 같은 힌두교도의 극우청년에 의해 암살되었다.「간디는 이슬람교도의 편을 드는 반역자」라는 것이 암살의 이유였다.

특히 카시미르 지방에서는 이슬람교도와 힌두교도가 영국의 식민지시대부터 「테러를 주고받아」 왔다고 한다. 영국이 인도식민지에 손을 뗀 것도 이런 테러의 전국토로의 확대가 원인이라고 한다. 카시밀이 왜 분쟁지가 된 것일까. 배경에는 그 땅을 다스리던 마하라자(영주)가 힌두교도였기 때문에 인도에 합병되었지만 백성들의 대부분은 이슬람 교도였다고 하는 사정이 있다. 즉 처음부터 꼬여 있었던

만모한 싱

것이다. 카시미르는 현재도 여전히 인도가 대부분을 지배하고 있지만 이 지배에 대한 주민의 반발은 강하다.

인도와 파키스탄은 독립 이래 50년 사이에 3번에 걸쳐 전면전쟁을 행했다. 그 중 2번은 카시미르 영유 문제가 원인이었다. 전쟁은 하나같이 인구에서 약 10배(파키스탄 인구는 약 1억 5천만 명)인 인도의 승리. 그래서 파키스탄의 지지를 받고 있다고 하는 카시밀의 이슬람 과격파는 인도에 대해 테러공격을 반복해 왔다. 2001년에는 인도의 수도 뉴델리의 인도국회가 이슬람 과격파에 의해 공격당했다. 바지파이는 격노해, 파키스탄의 무샤라프 대통령에게 「이슬람 과격파 놈들을 단속해라. 못하면 전면전쟁이다!」라고 협박을 가했다.

인도, 파키스탄의 관계는 한때보다는 개선의 조짐을 보이고 있다. 그러나 이 두 나라의 대립감정은 뿌리가 깊다. 어떤 인도인의 입에서는 「인도 아이들이 일제히 소변을 본다면 파키스탄은 홍수가 난다」라는 말을 들었다. 반 농담이지만, 인도 사람들이 파키스탄을 이웃의 작은 나라로 생각한다는 것을 잘 알 수 있는 말이다. 또 「핵전

쟁이 되어도 인도는 파키스탄의 10배의 인구가 있기 때문에 살아남는다」라는 발언을 들었다.

인도는 대미, 대 중국 등에서는 관계개선을 꾀하고, 이것이 경제발전 가속에 도움이 되고 있다. 그러나 중요한 대 파키스탄 관계는 언제 악화되어도 이상하지 않은 상황으로, 신정권의 최대의 일은 국내 경제 대책과 동시에 파키스탄과의 관계개선이다.

인도는 분명히 성장에서 점프스타트를 끊었다. 우수한 두뇌와, 영어권이라고 하는 커다란 장점도 가지고 있다. 인도의 경제 성장은 계속될 것이며, 때문에 인도에 여러 형태로 투자하는 것도 흥미로울지 모른다. 일본 기업이나 일본의 투자가에 있어서 무한히 매력 있는 나라인 것이다.

그러나 어디까지나 인도의 매력은 「혼돈」 속에서 나라로서의 형태를 만들려 하고 있는 에너지이다. 경제면에서도 앞으로 성장한다고 하는 점이 매력으로, 선진국의 생활수준과 교육 수준을 유지하고 거기에 산업 전반에 강점을 보이는 일본과는 다른 점을 강조해 두고자 한다.

너무 신격화된 인도

이 장의 끝부분인 「인도와 중국」을 논하기에 앞서, 실제로 인도에 가서 갖게 된 인상을 써두고자 한다. 그것은, 인도가 일본인에게 있어서 「너무 신격화되어 있다」라고 하는 것이다. 향후 반드시 친한 관계가 될 인도와, 방어적 자세를 취하지 않고 관계해 가기 위해 꼭 지적해 두고 싶다.

인도는 분명히 일본으로부터 멀다. 중국이나 한국과는 비교도 되지 않을 정도로 멀다. 또한 중국이나 한국 같이 생생하게, 서로 대결한 그런 역사적 사실을 되풀이해온 일도 없다. 방문한 일본인도 아직 그 수가 적다. 일본인에 있어서 「먼 나라」였다.

그러나 일본에는 옛날부터 인도의 정보가 들어오고 있었다. 일본인이 접한 인도 정보는 간접적인, 전해들은 정보가 많았다. 말하자면 일본인에 있어서 인도는, 멀리서 신기루 속을 보고 있는 듯한 나라였다고 말할 수 있다. 또 인도에서는 수많은 종교가 생겨나, 깨우침을 들은 사람들의 이야기가 전해져 오고 있었다. 일본과는 스테이지가 다른 나라라고 하는 의식도 그 때문에 강하다.

시이나 마코토의 『인도에서 나도 생각했다』(집영사문고)라고 하는 책의 제목에 나타나 있듯이, 「인도에서 생각하면 다른 아이디어, 인생관이 생겨난다」라고 하는 일종의 「신화」가 일본에는 있었던 것처럼 생각되며, 지금도 있는 것처럼 생각된다. 그러나 「정말로 그럴까」라고 하는 것이 인도를 걸으며 생각한 것이다.

인도는 일본인에 있어서 분명히 이질적인 나라이다. 다양한 민족, 다양한 언어, 그리고 다양한 습관. 쫓아도 쫓아도 다가오는 물건팔이. 덧붙여 간디가 「신의 아들」이라고 부른, 일본인이 말하기를 꺼리는 최하층 사람들의 존재. 그리고 나라 전체를 뒤덮는, 눈을 가리고 싶어지는 그런 가난함. 그에 대치하는 것처럼 존재하는 풍요로움과 경제의 활력. 비근한 예로 말하면 「인도에 가면 반드시 배탈이 난다」라고 하는 「신화」도 있다.

이 나라에는 사람들이 종교적으로 되지 않을 수 없는 그런 상황이 분명히 존재한다. 그러나 아라비아 반도 등 사막에 둘러싸인 환경 속에서 살고 있는 다른 세계의 주민들, 예를 들면 아랍이나 유태의 사람들에게도 그러한 엄격함은 있다고 생각한다. 그것은 특별히 인도에게만 국한되지 않는다. 매우 힘든 환경에 산 사람들은 종교를 탄생시켰다. 세계 공통의 일이다.

「가면 배탈이 난다」라고 하는 것도 인도만이 아니다. 멕시코도 그렇고 그 밖의 도상국에 가면, 약한 일본인은 대부분 컨디션이 무너진다. 그것은 일본이라고 하는 나라가 급류로 흘러 내려가는 깨끗한 하천을 많이 갖고 있는, 세계에서도 드문 나라이기 때문이다.

급속히 도로건설이 진행되는 델리의 거리, 고층빌딩 군이 만들어지고 있는 뭄바이의 거리—만드는 법은 틀리지만, 세계 어디에서도 볼 수 있는 광경이다. 2004년 인도 방문에서 갠지스 강의 목욕을 볼 시간적 여유가 없었던 것은 유감이지만, 그 정도로 신비로운 것일까, 하는 의문이 나에게는 있다. 중국의 사원에서도 열심히 기도를 드리는 민중의 모습을 볼 수 있고, 아사쿠사의 관음보살에게도 마찬가지로 열심인 신자가 몰려든다. 나가노의 아라이 약사도 그런 의미에서는 신자가 많다. 가난한 사람들의 무리도 중국의 농촌, 브라질의 슬럼 등, 온 세계에서 발견할 수 있다.

그 나라 이외의 사람들에 있어서 어떤 나라는 두 개 정도의 상징적인 것으로밖에 기억할 수 없는 것은 아닐까. 일본이라면 「후지산」「게이샤」이다. 그리고 일본인에게 있어서 인도는 「타지마할」「갠지스 목욕」이다. 그런 대표적인 사실은 종종 실태 이상으로 과장된다.

그러나 사람들의 생활은 그것만으로 완성되는 것이 아니다. 일본인이 「후지산과 게이샤」라고 불리면 불쾌한 것처럼, 인도 사람들에게 있어서도 「타지마할과 갠지스의 목욕」이라고 불리는 것은 불쾌한 것이 아닐까.

나는 옛 인도가 아닌, 새로운 인도를 보러 갔다. 안내해준 다나베 구미 씨가 「새로운 인도를 보고 싶다고 말한 것은 이토 씨가 처음이에요」라고 말했는데, 대부분의 일본인은 자신의 기존관념에 들어맞는 인도를 확인하기 위해 오는 것일 것이다. 때문에 인도는 일본과는 특별히 다르게 보인다. 그러나 일본과 마찬가지로 인도는 새로운 얼굴과 옛 얼굴을 아울러 가지고 있다.

인도를 신기루의 나라, 신비로운 나라라고만 생각하는 것은 완전한 잘못이라고 생각한다. 거기에는 참으로 생생하고 다양하며, 각양각색의 사람들이 있다. 인도인 자신이 「인도인은 영악하다」라고 말한다. 그런 면도 분명 있지만, 「영악함」은 반대로 말하면 장사를 잘하는 것에 연결된다. 그것이 인도를 발전시킨다고 한다면, 갠지스 강에서의 목욕은 인도의 아주 작은 일부라고 하는 것이 된다.

접근하는 인도와 중국

마지막에 제2장, 제3장, 제5장에서 다룬 중국과 이 장에서 다룬 인도의 거대 양국의 관계를 어떻게 생각할까에 대해, 참고가 될 에피소드를 기록해 두고자 한다.

2003년 말의 일이다. 통역을 하고 있는 친구로부터 「인도의 지위가 높은 사람이 롯폰기힐즈를 보고 싶어 하는데, 나는 모르고…」라고 도움을 청하는 전화가 걸려 왔다. 롯폰기힐즈는 다소 알고 있어서, 그 지위 높은 사람의 안내를 함께 했다.

당연히 명함을 교환했는데 이름은 신 씨라고 했다. 명함에는 「NK.

SINGHMEMBER, PLANNING COMMISSION GOVRN OF INDIA」라
고 쓰여 있었다. 친구의 설명에 따르면 인도 계획위원회위원·전 수
상 경제 고문이라고 했다. 이전에 일본에 산 적도 있는 부부로, 「일
본의 새로운 명소를 보고 싶다」라는 것이었다. 일본에는 외무성의
초청으로 세미나 출석을 위해 부인과 함께 왔다고 했다.

그 당시의 일본인의 관심은, 거리의 문제도 있고, 아시아에서는
중국으로 향하는 경향이 있었다. 나도 그랬지만, 그 2주일 정도 전에
「파이낸셜·타임즈」지에서 「INDIA: ON THE EDGE OF EXPLO-
SIVE GROWTH」(인도, 폭발적 성장의 스타트대에 서다)라고 하는 기사
를 보고 나서 인도에 대한 관심이 높아가고 있었다. 롯폰기힐즈 클럽
에서의 신 씨와 나의 이야기는, 「내년 인도의 성장률은 7% 플러스」
라고 하는 곳에서부터 시작되었다.

미국 기업 등은 제조업 분야뿐만이 아니라 소프트웨어 사업 분야
에서도 인도에 급속히 사업을 옮기고 있다고 한다. 그 때문에 서비
스 부문의 성장이 10%를 넘었다고 한다. 우연히 그날 아침의 「월·
스트리트·저널」지에는 「IBM To Export Highly Paid Jobs To
India, China」라고 하는 기사가 있었다. 이에 따르면 동 회사는 매니
저 클래스에 대해, 「4730명 분의 높은 급여의 소프트웨어 직을 인
도, 중국에게 이관한다」고 통지한 모양이다. 이런 움직임은 빙산의
일각일 것이다.

그에 따르면 중인中印 분쟁의 인상으로부터 양국이 견원지간에 있
다고 생각하기 쉬운 일본인에게는 의외의 사실이지만, 지금은 인도
의 기업이 중국에, 중국의 기업이 인도에 왕성히 진출하고 있다고
한다. 한쪽은 13억, 또 다른 한쪽은 10억의 인구를 자랑한다. 합쳐서

세계 인구의 삼분의 일 이상이다……

다음 에피소드는 술자리에서의 일이었으니 이해해주길 바란다. 신 씨는 내 쪽을 향해 작은 목소리로 이렇게 말했다.

「아시지 않습니까! 큰 코끼리끼리 짝짓기를 하면 주변은 지진이 난 듯 흔들린다는 걸……」

인도도 중국도 GDP는 2조 달러 이하. 즉 일본의 반도 되지 않는다. 그러나 두 나라 모두 큰 가능성을 간직하고 있는 것은 분명하다.

세계 거대국가 사이인 인도와 중국은 어떤 의미에서는 보완적이다. 중국은 제조업의 나라이고, 인도는 소프트웨어의 나라. 단순화는 위험하지만, 이 보완 관계는 일본과 인도 사이에서도 말할 수 있다. 그러나 인도와 중국은 지금 매우 가까운 관계가 되어 가고 있다. 뉴델리 공항에서도 「최근에 빈번히 오게 된 것은 중국인이다. 일본인은 별로 오지 않는다」라고 들었다.

중국과 인도라고 하면, 1959년 9월부터 62년 11월까지의 삼 년 사이에 단속적으로 전쟁을 행한 관계이다. 티베트를 둘러싼 문제나 국경 분쟁이 원인이었다. 관계계선이 진전된 것은, 1989년 12월에 라디부 간디 수상이 중국을 방문한 후의 일이다. 외교, 군사 전문가에 의한 합동 작업부회를 설치하여 실무 레벨의 교섭이 시작되었다. 1996년에는 당시의 장쩌민 주석이 인도를 방문해, 이때에는 국경 지대에서의 병력 삭감으로 합의를 했다.

중인 관계를 크게 전진시킨 것은 인도 경제개혁의 추진자이기도 한 아탈·비하

아탈·비하리·바지파이

리·바지파이 전 수상이다. 2003년 6월에 중국을 방문, 원자바오溫家
宝 수상과 「전면협력선언」에 조인했다. 현안인 중인 국경 획정문제
에서는 해결을 위해 노력하기로 합의하여, 그 결과 양국관계는 수복
을 향해 크게 전진했다.

선진국 입성에 다가가는 인도와 중국

인도는 2005년 2월 런던에 있어서의 G7(선진 7개국 재무상, 중앙은
행 총재회의)에 처음으로 초대되었다. 이는 세계에 있어서의 인도 경
제 비중의 중대를 단적으로 말해준다. 중국은 2004년부터 선진국의
정상회담이나 G7에 빈번히 초대되게 되었다. 인도와 중국이 모두
함께 국제 경제의 공식 무대에 나왔다는 인상이 강하다.

그렇지만 격렬한 싸움은 계속되고 있는 것 같다. G7 회의에 출석
한 중국과 인도의 금융당국 수뇌는, 함께 2월 초에 런던에서 경제계
나 투자가를 향해 강연을 하고, 경쟁하듯이 자국의 우위성을 강조하
였다.

인도의 치담바람 재무상은 「투자처로서 가장 필요한 요소는 투명
성. 결국, 투명성을 담보할 수 있는 것은 민주주의밖에 없다」라고
역설하고, 「세계 최대의 인구를 안고 있는 민주주의 국가」의 입장을
강조했다. 일당지배로 인치주의라고도 불리는 중국을 빗댄 발언이
다. 중국으로서는 「민주주의 나라는 아니다」라고 지적된 것은 아플
것이다. 미국의 중국에 대한 우려도 여기에 있다.

이에 대해 중국의 주소천 중국 인민은행 총재는 「인도에 비해 공
항, 철도, 항만 등의 사회 자본 정비가 선행되어 있다」라고 응수하였

다. 치담바람 재무상은 또 「인도의 금융기관은 건전하여 불량 채권 비율은 3%대」라며, 거액의 불량 채권을 안고 있는 중국 금융 시스템의 취약성을 찔렀지만, 이에 대해 중국의 주 총재는 「중국 정부는 불량 채권 문제의 해결에 진지하게 대응하고 있다」라고 응답했다고 한다.

양쪽 모두 선진국의 투자가 필요하기 때문에 벌이는 대접전이다. 뭐 그것은 여흥 정도일 것이다. 인구에서 2대 대국이 전쟁을 하는 것보다, 투자를 상대로 하여 자신들 나라의 특징을 강조해 주는 편이 좋다. 이 중인 양국과 선진국과의 관계뿐만 아니라, 이 두 인구 거대국 사이의 관계도 극히 중요하다. 아시아의 선진국인 일본으로서도 더욱 관심을 쏟아야 한다.

2005년 연초에 인도와 중국의 접근을 입증하는 듯한 숫자가 발표되었다. 2004년의 중국과 인도 두 나라 사이의 무역 총액이 사상 최고인 136억 달러에 달했다고 하는 것이다. 인도의 통신사인 프레스·트러스트·오브·인디아(PTI)가 전한 것으로, 수지는 인도의 17억 5천만 달러의 흑자였다.

인도와 중국의 무역은 경제교류의 긴밀화에 동반되어 큰 폭으로 증가하고 있다. 2000년은 30억 달러, 2002년은 50억 달러, 2003년은 76억 달러였기 때문에, 2004년은 일거에 배로 증가한 것이 된다. 2004년 인도의 대중수입액은 59억 3천만 달러(전년 대비 77.2% 증가), 대중 수출액은 76억 8천만 달러(전년대비 80.5% 증가), 주된 수출 제품은 철광석이었다.

중인 무역은 트렌드로서도 가속되고 있다. 2004년의 경우, 12월의 무역액이 14억 4천만 달러로, 월액으로서는 최고기록이 되었다.

2005년 4월에는 중국의 원자바오 수상이 인도를 공식 방문하여 신 수상과 회담, 「국경 분쟁의 해결 노력」「번영을 향한 협조」의 기본방침을 합의했다. 원자바오 수상은 「양국의 관계가 개선되면 양국 간의 무역은 극적으로 증가할 것이다」라고 말했다. 중국은 나아가 인도의 유엔안보리 상임이사국 진출을 지지했다.

세계 경제의 거대한 코끼리 두 마리는 발 빠르게 접근하고 있다. 일본을 위협하는 존재가 될 것인가. 다음 장에서는 이 두 나라에는 없는, 압도적으로 강한 일본의 문화 발신력에 대해 논하고자 한다.

세계를 석권하는 문화와 경제

구미에 대해서는 「일본의 승리」가 명백

　제2장~제6장에 걸쳐 중국과 한국 그리고 인도를 다루었는데 그에는 이유가 있다. 그것은 이런 나라를 돌면 돌수록 일본이라는 나라의 저력, 통합력, 그리고 문화 발신력 즉, 「일본력」의 강점이 보이게 되기 때문이다. 각각의 장에서, 지금 대두되고 있는 국가의 여러 가지 측면을 다루었다. 일본이 안고 있는 문제와 어느 쪽이 큰가에 대해서는 논쟁이 있을 것이다.

　그러나 필자는 항상 생각한다. 해외에 가면 갈수록 일본인의 특징이라고도 할 수 있는 자국, 더 나아가서는 자국 경제의 앞날에 대한 비관론은 정당화될 수 없는 것이 많다고. 일본인은 머릿속에서 이상의 나라를 만들어 내고, 그 이상에 비하면 일본은 뒤떨어진다는 심리에 빠지기 쉽다. 그런 이유에서의 「비관론」이다. 그러나 이 세계에 이상의 나라 같은 것은 없다. 특히 1억 명 이상의 인구를 가지면, 반드시 무언가의 문제가 있다.

해외 각국이 안고 있는 문제를 알 때마다 일본이라는 나라가 가진 저력에는 새삼 감탄하지만, 그렇다면 일본 경제의 「힘」의 원천은 어디에 있는 것인가. 뉴욕 주재 4년간을 포함해서 사회인이 된 이후 30년 이상, 일본과 해외에서의 일본 경제를 보고 필자는 다음과 같이 생각한다.

1. 안고 있는 산업의 폭이 넓고, 깊이가 깊다. 그것은 다양한 산업군을 거느린다는 것으로, 게다가 그 군 안에는 반드시 세계적 기업이 들어있다. 반대로 말하면, 일본에서 잃어버린 산업은 적다. 엔고로 타격을 입어도, 어떠한 형태로든 살아남아서 재생의 노력을 한다.
2. 가지고 있는 기술이 뛰어나고, 폭도 넓다. 소재에서 바이오, 나노테크놀로지까지 일본은 최고선진국·기업과 상호 차이를 논하지만, 비교 상대국은 그 산업 분야에서는 강해도 그 밖의 분야의 산업을 갖지 않는 경우가 많다. 이만큼 폭넓은 기술, 산업을 갖고 있는 나라는 적다. 그렇다고 하면, 개개의 분야에서 최강·최첨단 국가·기업과 비교해 다소 뒤떨어져 있어도, 종합한 힘에서는 일본이 위가 된다. 일본의 산업 기반은 IMD의 조사에서도 항상 톱3에 드는 일본의 기술력에 있다.
3. 게다가 그 기술을 사용해 최종 제품을 소비자의 엄격한 눈으로 평가받아 합격할 수 있는 수준에까지 끌어올려 완성할 수 있다. 일본 제품이 갖는 「마지막 마무리」의 뛰어남은, 아직도 세계에 추종할 나라가 없다. 눈이 높은 까다로운 국내 소비자에게 길들여졌다고 말해도 좋다.
4. 산업 기반을 지지해준 하나의 요소는, 높은 교육 수준이다. 특히, 기초교육의 높은 수준이 국민의 지적 수준을 끌어올리는 데 공헌했다. 섬나라로,

해외에 대한 지적 호기심이 강했던 것도 한몫했다.
5. 「종교의 속박」이 적고, 다양화를 좋은 것이라는 가치관과 문화를 육성하
   였고, 「관」을 중요시하면서도 그것을 언제나 감시할 여유가 있어서, 에도
   시대부터 깊이 있는 민간 경제를 갖고 있었다. 그 안에서 기술에서 제품,
   판매 방법에 이르기까지 국내에서 경쟁해 왔다.

필자는 본서에서, 스스로 오랜 기간 보아온 미국이나 유럽은 그다지 언급하지 않았다. 그것은 특히 산업면에서, 구미에 대해서는 많은 분야에서 「일본의 승리」가 명확하기 때문에 새삼 언급할 것까지도 없고, 그보다도 어디까지 발전할 것인가 흥미가 깊은 아시아 각국, 특히 중국, 한국, 인도로 눈을 돌리고 싶었기 때문이다.

왜 미국이나 유럽에 대해, 많은 분야에서 「일본의 승리」를 확신하고 있는 것인가. 그것은 이만큼 엔고 현상이 되어도 대 미국·대 유럽에서 내고 있는 큰 무역흑자에 의해, 어느 정도 설명할 수 있다. 전 세계의 소비자가 원하는 것은 좋은 제품, 자신들의 미의식에 맞는 제품으로, 일본의 많은 제품은 그것을 충족하고 있다. 겉치레 말이 아니라, 최근 알게 된 중국인은 모두 「일본 제품이 최고」「하지만 비싸다」라고 한다. 그만큼 일본 제품의 평가가 세계적으로 높아지고 있는 것이다.

경제학에서는 「인간은 합리적인 존재」를 전제로 하고 있다. 그러나 나는 이 사고방식에 상당히 큰 의문을 갖는다. 왜냐하면, 종종 인간은 구매 행위 등에서 지극히 비합리적인 결단을 내리는 동물이기 때문이다. 이렇게 말하는 필자 자신도 그렇고, 왜 어떤 상품을 산 것일까, 제대로 설명할 수 없는 일이 많다. 많은 사람은 그런 것이 아

닐까.

구체적으로 말하면, 마지막 마무리가 다른 제품에 비해 그저 조금 좋을 뿐이어도 소비자는 그 때문에 거액의 돈을 지불하는 것이다. 다른 구매자와의 차이에 신경을 써, 또한「보다 좋은 제품을 가지고 싶다」라고 생각하기 때문이다. 브랜드란 그런 것이다. 다소의 결함 제품에서도 기능을 다하면 좋다고 생각할 수 있는 것도 있지만, 대부분의 것에 사람들은 많은 구애를 받는다.

지금 일본의 제품은, 그런 의미에서의「프리미엄이 붙은 제품」이 많다. 환경 보호차에도, 디지털 카메라에도, 그런 종류의 제품이 많다. 이것은 앞에서도 언급한 일본 제품의「컨셉의 뛰어남」「마무리의 뛰어남」에 대한 반영이기도 하다.「다소 마무리가 떨어져도 싸면 좋다」라는 구매 행동도 소비자 가운데에는 보이지만, 그런 제품은 바로 가격 경쟁에 휘말린다. 그렇지 않고「반드시 이 제품」이라는 우수한 제품을 만들 수 있으면「승리」로, 일본에는 그런 제품이 많다.

유럽에도, 예를 들면「벤츠」같은 고급 제품이 있고, 이는 일본에서도 인기가 있다. 그러나 자동차의 프로에게 물으면 물을수록, 토요타의 고급차가 성능, 마무리에서 우수하다는 소리가 높다. 필자도 여러 종류의 차를 타지만, 벤츠보다 토요타 쪽이 훨씬 승차감이 좋다.

잃어버린 산업이 적은 일본

구미와 일본의 산업을 비교해 알 수 있는 것은 미국, 유럽에서는 잃어버린 산업이 많은데 일본에서는 잃어버린 산업이 적다는 것이다. 하드웨어로서의 컴퓨터는 유럽에서는 대규모로는 만들어지고 있지 않다. 유럽 메이커 제품의 컴퓨터를 우리는 본 적도 없다. 미국에서는 TV수상기를 만들고 있는 회사가 실질적으로는 없다. TV 발상지인데, 현 상황은 그렇게 되어 있다. 이렇게 보면, 일본에 없는 것은 항공기 산업 정도이다(하긴 보잉기체의 내용물은 일본제 부품으로 채워져 있지만). 나머지는 전부 갖추고 있다. 게다가 일본의 농업은 상해에서 고급 야채를 대대적으로 파는 데에까지 이르렀다.

잃어버린 산업이 적다는 것은 「일본에서는 선택과 집중이 잘 되고 있지 않다」고 하는 것의 반증인 것일까. 그런 면도 있을 것이다. 그러나 한편으로 기업이라는 것을 어떤 환경 하에서도 존속시키려고 일본인이 고군분투해 온 결과라고도 할 수 있다. 가격 경쟁에 내몰리면 품질로 갈 수밖에 없다. 그와 같은 극복 방법을 취하면서 산업의 존속을 꾀해왔던 면이 일본 경제 강점의 비결이 되고 있다고 생각한다.

지금도 미국 경제는 세계에서 가장 크지만(GDP는 11조 달러. 일본은 5조 달러), 이 나라의 경제, 기업 사회의 가장 큰 약점은 조금만 잘 되지 않으면 그 산업 전체를 버리고 마는 것이라고 생각한다. 예를 들면, 장난감은 지금 미국에서 거의 만들고 있지 않다. 만들고 있지 않기 때문에 중국에서 대량으로 수입하여, 그 결과 미국의 무역 적자는 부풀고 있다. 중국이 대미 수출을 급증시키고 있는 상당 분야에서, 처음부터 미국에는 산업이 존재하지 않는 것이 많다. 아마 위안화에 손을 대어도 미국의 수입 초과 상태는 큰 변화를 보이지 않을 것이다. 그렇다면, 위안화를 절상해도 미국 국내 판매 가격이 오를 뿐이다. 이 부분에 대해서는, FRB의 그린스펀 의장도 인플레이션이 일어날 위험성을 지적하고 있다.

그렇다고 해서, 유럽이나 미국의 경제에 매력이 없다고 말하는 것은 아니다. 경제에는 하드웨어도 있으며 소프트웨어도 있다. 유럽에는 우리도 항상 동경하는 독특한 미의식이 있고, 그것이 만들어내는 수많은 브랜드 제품이 있다. 그것이 또한 유럽의 강점이기도 하다. 미국에는 세계에서 견줄 자가 없는 강한 농업과 바이오가 있고, 그리고 할리우드가 있으며, 군사 기술도 자랑거리이다. 그러나 필자는 쭉 구미의 경제를 보면서, 「민생품의 제조업 분야에서는 일본이 명백히 우위를 확립했다」고 생각한다.

아시아 여러 나라들에 없는 「산업의 폭과 깊이」

그런 의미에서 최근 몇 년, 내 눈은 아시아로 향해 있었다. 오로지 아시아를 중심으로 움직여 온 것이다. 2004년, 런던에는 한 번 갔을 뿐이지만 아시아에는 다섯 번이나 갔다.

그래서 본서에서는 중국, 한국, 인도를 다룬 것이지만, 오해하지 않았으면 하는 것은 이 3개국의 경제적 대두는 계속되고, 그것은 바람직한 것이라고 필자는 생각하고 있다는 것이다. 중국이나 한국이 발전해서 소득 수준이 올라가면 불법 이민 문제는 해소되고, 일본에서의 중국인에 의한 범죄 건수도 감소할지 모른다. 실제로 이들 나라에는 강력한 산업도 성장하고 있다.

그러나 그렇다고 해서, 그것으로 일본인이 일본의 앞날에 비관적이 될 필요는 없다. 필자가 보는 한, 이들 3개국과 일본의 경제적, 종합적인 실력 차는 지극히 크다. 한국의 삼성은 역시 파워풀하다. LG 전자도 그에 이어, 슬림형 패널에서는 일본을 위협하는 지위에까지 올랐다. 현대자동차는 세계에서의 생산대수 베이스에서 혼다를 앞 질렀다. 그러나 제4장에서도 본 바와 같이 한국 경제는 전체를 보면 신음하고, 고전하고 있다. 실업률도 높고, 한국은행은 금리 인하를 계속하고 있다. 「산업의 폭과 깊이」는, 역시 일본 쪽에 승산이 있다.

한국에는 재벌계를 제외하면 큰 기업, 국제적으로 활약하고 있는 기업은 적지만, 일본에는 비재벌계로도 상당히 다양한 기업이 있어 서, 그것이 일본 경제의 골격을 지탱하고 있다. 전후의 일본을 보아 도 토요타, 소니, 캐논 등 세계적으로 통용되는 기업이 다수 나오고 있다. 그런 의미에서 일본은 민간 기업이 번창하는 나라이다. 한국 이 1997년의 재벌해체에도 불구하고 지금도 재벌 기업 중심의 경제 인 것과는 크게 다르다. 덧붙여, 일본에는 세계에 자랑할 만한 우량 중소기업도 많다.

미국에서의 특허 취득 건수 등을 비교해 보아도 혁신성 등에서는 일본의 기업 쪽이 훨씬 우수하다. 문제점은 경영 판단 속도가 늦다 는 것뿐이다.

또한 앞에서 기술한 대로, 한국에는 「북한」을 어떻게 할까라는 큰 문제가 있다. 또 서비스 산업이 강력한 성장을 보이기 전에 전 노 동자에 점하는 제조업 노동자의 비율이 일본보다도 급격히 감소하 기 시작한 것은 한국에 있어서 우려할 만한 일일 것이다.

그러면 중국은 어떤가. 상해 등 대도시의 큰 발전에 시선을 빼앗겨 버리지만, 실은 중국이 여전히 안고 있는 최대의 문제는 농촌 문제이다. 중국 자신이 그렇게 말하고 있다.

중국 공산당 기관지인 인민일보는 2005년 1월 말에, 그 해의 가장 중요한 정책 과제를 제시하는 「중앙1호 문건」으로서, 「농촌 생산력의 향상과 농민 조세 부담의 경감」 등을 내걸었다. 도시와 농촌의 빈부격차에 의한 사회불안을 막기 위하여, 1호 문건은 2년 연속으로 농촌 문제의 해결을 거론하였다. 일본에서는 그다지 보도되지 않은 농촌 문제야말로 중국에 있어서 가장 중요한 문제인 것이다.

그렇다면 중국이 이런 농촌 문제를 극복하여 일본이나 미국, 그리고 유럽 등과 동일한 「선진국」 대열에 들어가는 것은 언제가 되는 것인가. 중국 각 언론지는 2005년 2월 19일 「중국의 경제 발전단계는 미국보다 약 100년 뒤쳐져 있고, 중국이 선진국에 진입하는 것은 2080년이 된다」라고 하는 중국 과학원의 중국현대화연구센터가 정리한 리포트를 게재했다. 이 리포트의 제목은 「중국현대화보고 2005」이다.

그것은 각국과의 발전단계를 비교하는 주요한 기준을 1인당 국내총생산(GDP), 농업 노동력이 전 인구에 점하는 비율, 농업이 만들어내는 부가가치가 GDP에 점하는 비율의 세 지표에 두고, 주로 「노동 생산성이 얼마만큼 높아지고 있는가」를 축으로 비교해 놓았다.

그 결과는 2001년 중국 일인당 GDP는 미국이나 영국의 19세기말 수준이고, 농업 노동력이 전 인구에 점하는 비율은 영국의 200년 이상 전 수준에 해당한다고 하며, 결론으로서 중국의 경제 발전단계를 「미국으로부터는 100년, 독일에는 80년, 일본에는 50년 뒤쳐져 있다」라고 산출했다. 그것을 바탕으로, 「중국이 선진국 대열에 들어가는 것은 2080년이다」라고 하고 있는 것이다. 중국 과학원의 리포트이기 때문에, 중국 자신이 그렇게 생각하고 있다고 하는 것이다.

필자는 중국의 성장이 가속되고 있는 사실을 생각하면, 중국의 「선진국 진입」은 다소 앞당겨지리라 생각한다. 그러나 중국 자신이 앞으로도 60~70년이라는 단위로 스스로를 비선진국, 개발도상국이라고 계속 생각할 것이라고 하는 점은 중요하다. 중국은 2004년부터 정상회담에도, G7에도 초대받는 나라가 되었다. 너무나도 거대한 나라이고, 자원의 사용도, GDP의 움직임도, 또는 위안화의 수준도 세계 경제에 주는 영향이 크기 때문이다.

그러나 주요 선진국 정상회담이라고 번역되는 서밋(Summit), 선진 7개국 재무장관·중앙은행총재회의라고 번역되는 G7의 정식 멤버가 되는 것은 반세기 이상이나 후의 일이라는 것이다. 그것만으로 이 나라가 놓인 특수한 입장을 알 수 있음과 동시에, 중국을 큰 국제회의에 초대하지 않을 수 없는 선진국이 향후 직면할 여러 가지 문제도 쉽게 상상할 수 있다. 정상회담이나 G7에 초대되어도 중국은 선진국이 아닌 것이다.

중국 문제를 생각할 때에 매우 중요한 또 하나의 관점은, 중국이 매우 가난한 수준에서 빠르게 뻗어 올라가려 하는 나라라는 것이다. 일본에서는 중국의 성장률이 9%를 넘었다고 하면, 바로 「과도한 성장」이라고 생각한다. 「중국 경제는 연착륙하는 편이 좋다」라고 말하는 것이다. 그러나 중국인은 가난한 채로 연착륙하고 싶다고는 생각하지 않는다. 여기가 포인트이다.

상해에 가서 그 눈부신 발전, 도시 경관의 큰 변화를 보면 일본인은 「이렇게 급속히 옛것을 파괴해도 괜찮은 것일까」라고 생각한다. 그리고 갖고 있는 마음 그대로를 일본의 텔레비전이나 라디오에서 말하는 유명인도 있다. 그러나 상해에 실제로 가서 상해의 시민과 이야기하면, 어느 누구도 「옛 상해를 남겼으면 한다」라고는 말하지 않는다. 나는 실제로 인터뷰를 하고 「실로 정확히 의견이 일치하고 있다」라고 생각했다.

그것은 국가에서 그렇게 말하라고 하기 때문이 아니다. 어쨌든 과거가 가난했던 것이다. 중국인은 누구도 그 과거를 뒤돌아보고 싶어 하지 않는다. 하물며 전전의 상해 등은 식민지였다. 중국인의 그 누가 과거의 상해를 그리워한다고 할 것일까. 「지금이 좋다」라고 상해 사람들은 입을 모은다. 아마 중국 전토에서 그렇게 대답할 것이다. 그리고 발전에 뒤쳐질 것 같은 농촌은 중국에 있어서 가장 큰 문제이다. 그 가장 중요한 점을 잊으면 중국에 관한 논의는 옆길로 새고 만다.

중국의 국민 1인당 GDP는 일본의 3만 달러 이상에 대해 1090달러(일본 외무성의 2003년 통계)이다. 30분의 1이다. 2004년까지의 중국의 목표는 국민 전체가 「소강생활」을 보낼 수 있게 되는 일이다. 다시 한 번 기술하지만, 이 소강생활이라는 것은 「국민 전체가 한숨 돌린다」라는 의미로, 수치적으로는 1인당 GDP 3000달러를 가리킨다고 중국 당국자로부터 들었다. 일본과 중국은 그 정도로 경제력에 차이가 있는 것이다.

중국 정부는 2005년에 들어 매우 흥미로운 정의를 발표했다. 「중국에 있어서의 중산층계급」의 정의이다. 국가통계국의 발표에서, 정의는 중국 도시부의 중산층계급에 관한 것, 그 가운데에서 「3인 가족의 경우 6만~50만 위안(약 75만~620만 엔)의 연 수입」이라고 규정했다.

최저가 75만 엔이라는 낮은 수치에 놀라지만, 더 놀라운 것은 「현재 이 기준을 충족한 도시 주민은 약 5%」라는 국가통계국의 견해이다. 상해 등 중국의 도시는 현저히 발전하고 있는 것처럼 보여도 연 수입이 75만 엔에 달하지 않는 가족이 90% 이상을 점한다는 것이다. 중국이 국민 개개인의 수준에서 풍요로워지기 위해서는 오랜 시간이 걸린다는 것은 명확하다. 국가통계국은 「2020년에는 중산층계급을 도시 주민의 45%로 한다」고 하고 있지만, 그래도 3인 가족으로 75만 엔은 힘들 것이다.

차이나 · 크로스(China Cross)를 두려워하지 마라.

하지만 지금부터는, 일본인에게 있어서 놀라운 일이 연속해서 일어난다. 중국이 수치상에서는 일본을 여러 분야에서 앞질러 가는 것이다. 석유 수입량, 자동차 생산대수, 그리고 GDP도. 그러나 여기에서 중요한 것은 인구가 13배나 되는 중국이 국가 레벨의 통계에서 일본을 앞질러 가는 것은 자연스럽다는 것이다.

인구가 일본의 13배나 되는 중국이 국가 레벨의 통계, 예를 들면 석유 소비량이나 휴대전화 보급 대수에서 밑돌았던 쪽이 오히려 의아한 것이다. 중국이 국가 레벨의 통계에서 일본을 추월하는 현상을 「차이나 · 크로스」라고 한다. 이미 일본은 석유 소비량에서 중국에게 추월당했고, 곧 있어 석유 수입량에서도 뒤떨어질 것이다. 몇몇 가전제품의 생산에서도 뒤쳐지고 있다. 「차이나·크로스」는 여기저기에서 일어나고 있고 앞으로도 일어날 것이다.

아마 일본이 가장 충격을 받는 것은 GDP에서 중국이 일본을 앞지르는 날일지도 모른다. 현재의 연율 9%의 성장이 계속되면, 중국의 GDP는 10년이 되기 전에 2배가 된다. 지금 중국의 GDP는 일본의 거의 3분의 1이기 때문에 일본이 그다지 성장을 하지 않는다고 가정하면, 15년이 지나지 않는 시점에서 중국의 GDP는 일본의 그것을 따라잡는다. 그것은 지금부터 각오할 필요가 있다. 많은 국제기관도 같은 예상을 하고 있다.

하지만 일본의 GDP와 중국의 GDP가 크로스 한 그 시점에서 중국 국민 1인당 GDP는 겨우 일본의 13분의 1이 된다는 것이다. 「아직 차이가 있으니 안심하라」라고 말하는 것은 아니다. 그 시점에서도 일본이 활력 있는 경제, 국민 개개인이 활기찬 생활을 보내고 있는지 어떤지가 포인트인 것이다. 세계에는 작은 나라라도 다른 나라 사람들에게 매력적으로 보이는 나라가 얼마든지 있다. 이미 인구가 1억 명을 넘은 일본은 작은 나라가 아니지만, 중요한 것은 수치로 본 국력이 아니라 국민 개개인의 생활 레벨과 행복도이다.

중국이 향후 성장의 벽에 부딪힐 가능성이 있는 문제에 대해서는 제2장과 제3장에서 다루었다. 일본이 직면하고 있는 재정 적자 문제나 저출산 고령화 문제는 확실히 심각하다. 하지만 시장 경제를 위한 법제도까지 지금부터 갖추어 가지 않으면 안 될 중국쪽이 전도다난하다. 그리고 마지막으로는 사회주의 독재정권을 상부 구조로 받아들이고 있다는 모순, 그리고 성장 과정에서 중국이 직면하게 될 경제 격차 문제, 도시와 농촌 문제, 게다가 에너지·환경문제, 물 문제 등은 극복해야만 할 아주 큰 어려운 문제일 것이다.

인도는 우수한 두뇌를 자랑하는 잠재력이 있는 나라이다. 그러나 문자를 읽을 수 없는, 학교에도 갈 수 없었던 사람이 3억 명이나 있고, 엄연히 카스트 제도가 남아있다. 국가가 짊어지고 있는 부담은, 99%의 식자율을 자랑하여 누구나가 문자를 읽을 수 있고 정보를 공유할 수 있는 환경의 일본인으로서는 상상도 할 수 없을 것이다. 인도 국민 1인당 GDP는 지극히 낮다.

외국인 투자가가 일본 주식에 공세적인 이유

문제에 직면하여, 그에 대한 해결에 신음하고 있는 것은 일본뿐만이 아니다. 그렇기 때문에 문제에 직면해 있는 것만으로 일본에 일부러 비관적이 되었다고 하면 판단 미스이고, 지금 이 나라에서 살아가려고 하는 어린이들에 대한 교육으로서 공정하지 않다.

영어라는 국제어를 나라 전체가 잘 못하고 있는 나라가, 그런데도 제조업의 세계에 흔들리지 않는 지위를 쌓고, 그리고 유지하며, 많은 산업에서 지금도 세계의 톱에 있는 것 자체가 일본이라는 나라가 가진 힘을 명확히 나타내고 있다. 정말로 이 책의 요지인 「일본력」을 어린이들에게 가슴을 펴고 자랑할 수 있는 것은 아닐까.

게다가 중요한 것은, 많은 제품 분야에서 서로 경쟁하는 다양한 기업군을 일본이 가지고 있다는 것이다. 지금 이미 자동차는 모국인 미국의 손을 벗어나, 일본에서 새로운 시대의 막을 올리려 하고 있다. 환경 보호차의 일본에서의 전개는 세계를 리드하고 있다. 품질에서도 일본차의 지위는 높다.

IT를 가전제품에 가장 잘 활용하여 새로운 가능성을 찾고 있는 것도 일본이다. 디지털 제품에서는 기술 혁신의 파도 속에 있어 굉장한 코스트다운 경쟁이 전개되고 있고, 기대된 만큼 업계에 번영을 가져다주고 있지는 않다. 나쁘게 말하면 「바쁘기만 하고 돈은 못 버는 형국」이라고 말할 수 있을지도 모른다. 하지만 계속해서 새로운 제품을 고안하여 그것을 만들어내는 일본 전자업계의 힘은 여전히 강하다. 그 외에 삼성 정도 수준의 「스피드 경영」이 가능하다면, 일본 가전 메이커에도 더욱 바람직한 전개가 펼쳐질 것이다.

일본 메이커가 압도적 지위를 점한 분야에서 일부 미국 메이커에 리더의 지위를 빼앗기는 케이스도 있다. 예를 들면 휴대음악 시장이다. 소형 음악 재생 기계의 시장에서 압도적 지위를 점한 소니 등 일본 세력은, 현 HDD형 애플사 제품 「iPod」에 완전히 그 지위를 빼앗겼다.

소니는 동시에 컨텐츠 기업이어서, 곡의 사용법을 제한해야 한다는 사정도 있을 것이다. 그러나 이 정도까지 애플에게 우위를 점령당한 것에는 방심이 있었다고밖에 말할 수 없다. 하지만 「네트워크 워크맨」 등으로 반격은 시작되었고, 디지털카메라, 비디오카메라 등 많은 제품 분야에서 톱을 계속 달리고 있는 것은 일본이다. 애플의 성공은 미국 기업으로서는 실로 오랜만의 일이다. 잘 생각해 보면, 미국의 생활용품 가전시장에서는 예외적인 성공 사례이다.

확실히 삼성은 강하다. 그리고 아직 더 힘을 발휘할 것 같다. 하지만 산업 전체를 보면 종합된 힘은 일본 쪽이 훨씬 위라고 생각할 수 있고, 무엇보다도 일본 산업계 쪽이 훨씬 균형이 잡혀 있다. 중국 경제는 아직 「학습 프로세스」에서 벗어나 있지 않고, 「명품」을 만들어 내는 것은 이제부터이다. 인도는 여전히 유망하지만, 커다란 혼돈 속에 있다.

외국인 투자가가 2003년경부터 일관되게 일본에 공세적으로, 일본 기업의 주식 매입을 늘리고 있는 것에는 충분한 이유가 있다. 그런 의미에서, 일본의 기관 투자가의 일본주에 대한 비관론에는 어이가 없어진다.

미국을 대신하는 팝 컬처의 발신지

일본에는 새로운 힘의 대두가 보인다. 그것은 일본의 대중문화이다. 일본인이 일본에 근거도 없이 비관적이 되어 있는 사이에, 세계는 일본 문화를 「멋지다」라고 간주하기 시작했다. 사용되는 영어는 「쿨(cool)」이다.

쿨이란 우리들이 학교에서 배웠던 「차갑다」「침착하다」라는 의미가 아니라 「He is cool」에서 사용될 때와 같이 「멋지다」라는 의미이다.

일본의 무엇이 멋있는 것인가. 그것은 애니메이션, 캐릭터, 아시아에서는 J-pop으로 대표되는 음악 등, 대중문화를 말한다. 그것은 통상 어른의 평가 밖에 있으며 발신원은 젊은이들이 주도한다. 때문에 어른 사회에서는 종종 정당한 평가를 얻지 못한 채로 간과되기 쉽다. 그러나 일본의 어른에게는 묘하게 보이는 젊은이 문화가 세계에 유포되어 그것을 알게 된 사람들로부터 「새로운 가치의 창조」로서 일본이 평가받고 있다.

「팝(pop)」이란 「통속적인, 대중용의」라고 번역되는 영단어에서 온 것으로, 말하자면 「대중문화」 「민중문화」이다. 구체적으로는 시부야 거리를 걸으면 눈에 띄는 여러 가지 간판 등의 표현에서부터, 네온의 모양, 여자 아이들의 패션, 귀에 들려오는 음악, 거리나 역의 매점에서 커다란 공간을 차지하고 있는 만화 등을 가리킨다. 또한 텔레비전을 켜면 등장하는 애니메이션이나 그 캐릭터, 그리고 휴대전화 문화 등등 모든 현상도 같은 것이다. 그 일본의 대중문화가 지금, 세계적인 인기를 모으고 있는 것이다.

세계의 대중문화의 발신지라고 하면, 전후에는 일관되게 미국이었다. 제2차 세계대전의 꿈의 전승국인 미국은 전화에 휘말리지 않았고, 세계 최대의 경제 대국이며 지금도 많은 이민을 불러들인다. 문화 융합 지점으로서의 미국에는 세계의 대중문화를 이끄는 힘이 있었다. 자랑거리는 「형식에 구애받지 않는 친근감」이었다.

그것은 전후를 산 사람에게는 기억으로서 선명함에 틀림없다. 「언덕 위의 구름」으로서의 미국의 가정드라마를 많은 일본인이 본 기억이 있다. 세계적으로도 그랬다. 풍족한 생활, 넘치는 물건, 손에 넣고 싶어도 넣을 수 없던 가전제품, 그리고 세계를 제패한 영어 노래. 유럽이, 굳이 말하자면 귀족문화, 귀족적임으로 어딘가 배타적인 문화를 가지고 그것을 자랑거리로 내세웠던 것과 대조를 이루고 있었다.

하지만 대중문화의 발신지로서의 미국은 뚜렷하게 그 지위가 떨어지고 있다. 2004년 대통령선거에서도 미국이, 일본인이 보아 다소 불필요하게 「종교 색이 있는 나라」라는 것이 선명해졌다. 지금의 미국으로부터 연상되는 것은, 무리를 하더라도 자신의 의향을 세계에 밀어붙이는 정치 국가의 모습, 그것을 담보하는, 그리고 종종 세계를 두렵게 만드는 군사력, 그리고 그 정치(구체적으로는 부시의 정치)의 중심축이 되고 있는 종교적 색채이다.

이것은 대중문화의 중심축으로는 적합하지 않다. 전후 미국의 힘은 세계를 해방하는 방향으로 향해져 있었기 때문에 전 세계 사람들로부터 모르는 사이에 환영을 받았다. 그런데 미국의 대중문화의 특색인 「친근함」은 이제 잃어버리게 된 것이다.

지금의 미국의 힘은 세계인을 위협하고 의심을 사게 하고 있다. 문화의 발신지로는 전혀 어울리지 않는다.

cawaii 이유

대두한 것은 「귀여움」을 자랑거리로 하는 일본의 대중문화이다. 구체적인 예를 하나 들겠다.

2004년 말, 런던에 수일간 체재했을 때, 런던에 사는 친구들로부터 들은 「런던에서도 요즘은 키티가 인기」라는 말에 상당히 흥미를 가졌다. 런던이라는 장소는 매우 성인을 연상시키는 거리이다. 앵글로 색슨이라는 인종이 갖는 이미지가, 굳이 말하자면 대중으로부터 먼 곳에 있는데, 런던이라는 거리도 특히 겨울은 춥고 어둡다. 하지만 그 런던에서 일본의 산리오가 1974년에 사내 디자이너의 손으로 탄생 시킨 「헬로 키티」가 인기라고 하니 일본 대중문화의 기세를 느끼게 한다. 영국 잡지 「더·타임즈」도 키티를 「게이샤나 벚꽃과 같이 일본의 상징」이라고 극구 칭찬했다.

실은 세계를 리드했던 대중문화의 모국인 미국에서도, 이미 「헬로 키티」가 대인기이다. 분홍색의 퀼팅 소재로 키티 마크가 붙은 지갑이나 휴대전화 케이스를 몸에 지닌 키티를 좋아하는 여자아이들을 「키티라」라고 부르는데, 미국에서 유명한 것으로 카메론 디아즈나 머라이어 캐리, 또 브리트니 스피어스와 같은 스타가 키티 상품을 몸에 지녀 매스컴을 떠들썩하게 한 일이 있었다.

소니(SONY)가 일본의 회사인 것을 모르는 미국인이 많은 것처럼, 키티를 일본 캐릭터라고 알지 못하는 미국인도 많다. 키티는 아이들의 문구에서부터 스타의 의상에까지, 이미 미국에서는 여기저기에서 사용되고 있는 캐릭터이다. 캐릭터로서 「귀엽고, 강압적이지 않다」라고 하는 것이 사랑 받는 이유라고도 하며, 키티의 인기는 유럽에서도, 프랑스를 비롯하여 앞서 말한 영국 등에 퍼져 있다.

키티 인기의 세계적인 고조 속에서, 세계에 있어서의 산리오의 매출량은 매년 증가 중이다. 2002년도에는 138억 엔에 달하여, 그 중 절반을 아기 고양이인 「헬로 키티」가 벌어낸다. 그야말로 세계적인 상품이 되고 있는 것이다. 키티의 인기가 세계적인 증거로서는 동경 타마 시에 산리오가 만든 테마파크, 「산리오 퓨로랜드」의 연간 입장자 150만 명의 실로 10%가 주로 아시아로부터의 관광객인 것으로 나타난다. 대만에서는 「헬로 키티」의 탄생 30주년을 기념한 우표 시트가 전국 우체국에서 발매되었던 일도 있을 정도이다.

키티보다 뛰어난, 세계적 인기를 얻고 있는 일본 캐릭터로는 포켓몬스터를 들 수 있다. 닌텐도의 휴대 게임기 대응 소프트로서 1996년 2월에 탄생한 포켓몬스터는 영화, TV 애니메이션, 이벤트 상품, 전자게임, 그리고 카드게임의 다섯 가지 형태로 즐길 수 있고 그 중에서도 포켓몬 카드게임은 미국을 비롯하여 유럽, 오스트레일리아, 아시아 각국 등 세계 40개국 이상의 나라에서 판매되고 있으며 그 판매총수는 130억 장이라고 한다. 지구상의 인구 63억 명이 1인당 두 장씩은 가지고 있다는 계산이 된다.

또한 포켓몬의 TV 애니메이션은 25개 국어로 번역되어, 세계 68 개국에서 방영되고 있다고 한다. 약 400종류가 되는 포켓몬스터 캐릭터 중에서도 가장 유명한 것은 「전기」를 이미지로 한 피카츄일 것이다. 애니메이션을 본 어린이가 기절하는 등의 문제도 있었지만; 틀림없이 세계를 석권한 애니메이션 프로그램으로, 지금까지도 많은 나라에서 방영되고 있다.

이런 일본 태생 캐릭터의 세계제패에 주목한 것이 2004년 7월 26 일호의 「비지니스 위크」지이다. 타이틀은 「Is Japanese Style Taking Over the World?」(일본 스타일이 세계를 제패하고 있는 것인가)이다. 부제는 「From video games and cartoons to cell phones and cars, Japan's influence on pop culture and consumer trends runs deep」 (비디오게임, 만화에서부터 휴대전화, 게다가 자동차까지, 세계의 팝 컬처나 소비자의 기호에 대한 일본의 영향은 깊이 침투하고 있다)로 되어 있다.

일본 대중문화의 세계로의 신장은 일본 매스컴에서도 종종 다루어진다. 하지만 흥미로운 것은 「왜 그런 것인가」라는 분석이 거의 이루어진 적이 없다는 것이다. 부끄러운 것인지, 설마 일본이 세계에서 「쿨」이라고 평가받고 있는 것이 믿을 수 없는 것인지, 또는 일본을 뒤덮는 비관론에서 보면 잘 맞지 않는 뉴스인 것인지, 정면으로 취급을 해주지 않는다. 이 부분의 뉴스는 이따금 「아, 그렇구나」라는 수준에서 끝나버린다.

솔직히 말하면, 잘 설명할 수 없는 면도 있다. 하지만 「왜」는 언젠가 생각하지 않으면 안 될 문제이고, 그것이 갖는 의미는 중요하다. 왜냐하면 모르는 사이에 널리 퍼진 일본의 대중문화는 GDP나 성장률이나 정치의 정체와는 전혀 다른 차원의 일본 국력의 한 형태이며, 일본 기업이나 개인이 직·간접적으로 은혜를 입는 일이 많기 때문이다.

북미에 영어판 만화잡지가 끊임없이 진출

그렇다면 도대체, 일본 소프트는 어느 정도의 매상이 있는 것인가.

애니메이션을 예로 들겠다. 한마디로 「애니메이션」이라고 해도 형태로서는 영화, TV, 비디오, 음악, 캐릭터 상품, 출판, 테마파크에서의 매출, 그리고 인터넷까지 실로 다양하다. 물건도 있으며 서비스도 있다. 따라서 시장 규모의 파악은 지극히 어렵다. 차를 몇 대 팔면 얼마라고 하는 세계가 아니다.

일본에서는 공인된 업계 단체로서 「일본동화협회」(AJA)가 2002년에 설립되었다. 현재 정회원 회사 29개사, 준회원 회사 9개사의 협회로 「일본의 애니메이션 제작 업계의 의사를 통합하고 관련된 여러 기업·단체와의 연계를 유지하며 애니메이션 산업 전체의 지속적인 발전을 지향한다」는 것을 목적으로 하고 있다. 그러나 이 단체도 HP에서 공표하고 있는 업계의 데이터는 없다. 따라서 유추의 범위를 벗어나지 못하지만, 그 매출 규모는 수조 엔에 달하고 있다고 생각된다.

우선 일본의 영화 흥행 수입은 해에 따라 변화가 있지만, 대체로 연간 2000억 엔이다. 애니메이션은 극장 상영, TV, 비디오, 거기에 렌털 비디오에서의 매출을 합하면, 해외 분을 포함하여 1500억 엔

규모라고 보인다. 영화보다 작은 시장이라는 것이 되지만, 애니메이션은 거기에서 멈추지 않는다. 등장인물을 인형 등의 형태로 판매하는 캐릭터 사업을 포함하면 시장 규모는 큰 폭으로 확대된다. 일설에 의하면 그 규모가 2조 엔에 달한다고도 한다.

일본의 소프트 수출 상품의 새로운 대열에는 순정만화도 합류하고 있다. 소학관小学館과 집영사集英社, 그리고 백천사白泉社는 북미에서의 시장 확대를 겨냥하여 「NANA」 등 일본에서 인기 있는 순정만화 여섯 작품을 모은 월간지 「SHOJO BEAT」를 2005년 6월에 창간시킨다고 발표했다. 그리고 집영사의 「NANA」(야자와 아이矢沢あい 작), 소학관의 「절대 그이」(와타세 유우渡瀬悠宇 작), 백천사의 「신의 아이」(유키 카오리由貴香織 작) 등, 순정만화 대기업 3사의 인기작을 갖추었다.

집영사와 소학관이 공동 출자한 비즈사는 이미 2002년부터 「주간 소년 점프」(집영사)의 영어판 월간지 「SHONEN JUMP」(30만 부)를 북미에서 발행했고, 이번에는 그것에 이어 독점, 북미 만화 독자는 지금까지 남자에 치우쳐 있었지만 1990년대부터 여자에게도 일본 만화가 침투하기 시작해, 「SHONEN JUMP」의 독자 중 여성이 30%나 달한다고 한다. 이런 상황으로부터 소녀 잡지 창간에 착수한 것이다.

세계에 지지받는 일본인의 미의식

어떤 나라의 대중문화가 세계에 파급해 가는 원인은 적어도 그 문화 안에 다른 나라 사람들을 끌어당기는 무언가가 포함되어 있거나 혹은 그 문화나 그것을 만들어내는 나라나 국민, 그 생활 방식에 매력이 있어 공감을 가질 수 있다는 것이다. 그것은 특별히 정교한 공업 제품이 아니어도, 우수한 스포츠 선수가 아니어도 일본이 자랑할 만한 것이다. 그리고 그것이 바로 「일본력」을 만들어 내는 가장 중요한 요소이다.

그렇다면 왜 일본의 대중문화는 세계로 퍼지기 시작한 것인가? 이하, 필자가 생각한 이유를 들어보고자 한다.

1. cawaii(kawaii)가 국제어에 가까워지고 있는 것으로도 알 수 있듯이, 일본인이 가진 조금 독특한 「귀여움」 중심의 미의식이 세계적인 지지를 받기 시작했다.
2. 세계 경제 중심이 구미에서 아시아로 이동하는 가운데, 아시아 중심국으로서의 일본 문화에 대한 관심이 높아졌다. 80년대에 보였던 것 같은 일본의 경제적 위협의 감소도 긍정적으로 작용했다.
3. 일본이 만들어 낸 제품에 담겨진 미의식(마무리의 훌륭함, 환경 보호 등의 사고방식 등)에 대한 지지가 널리 퍼지고 있다.
4. 종교적 속박이 없고 발상이 자유로우며, 무기질이면서 불쾌감이 없고, 누구라도 들어오기 쉽다.

미국의 평론가인 도날드 리치 씨는 일본이 수출하는 소프트 제품에 공통된 요소로써 「귀여움」 이외에, 「아이다움」 「천진난만함」 「신선함」이 있다고 지적했다. 또 도날드 리치 씨는 「일본의 대중문화가 세계로 확대되고 있는 이유의 하나는, 테러나 전쟁 등 많은 문제를 안고 있는 당사자인 세계가 문제의 심각함에서 도망치기 위하여 헬로 키티, 만화, 애니메이션 등을 찾고 있기 때문」이라고 요미우리신문과의 인터뷰(2005년 1월 3일)에서 말했다. 하나의 견해일 것이다.

주목을 받기 시작한 아시아에 있어서 가장 풍요로운 나라라고 하는 사실이 역시 일본 붐의 배경에는 있다고 생각한다. 그 나라의 물건이나 경제력에 대한 동경이 없으면 문화에 대한 동경도 갖지 못한다.

덧붙여 그것이 소프트웨어든 만화든, 그리고 제품에 담겨진 아이디어든, 역시 일본의 「장인정신」으로 대표되는 정교함, 정밀함, 마무리의 훌륭함이 세계의 젊은이를 붙잡고 있는 것이라고 생각한다.

인재로 말하면 철완 아톰을 만들어 낸 데즈카 오사무手塚治虫라는 만화가의 존재가 클지도 모른다. 이 만화는 「아스트로 보이」로 이름을 바꾸어 미국에서도 장기 히트의 애니메이션이 되었다. 데즈카라는 우수한 재능의 존재가 세계에 유례를 볼 수 없는 만화 문화의 꽃을 일본에 피워, 업계에 재능 있는 인간을 모아 「우주전함 야마토」「기동전사 건담」「아키라」 등을 만들어 냈다고 할 수 있다.

그 뒤에 계속되는 재능도 대단하다. 다카하타 이사오高畑勳나 미야자키 하야오宮崎駿 등의 재능이 넘치는 사람들이 일본의 애니메이션을 이끌고 있다. 우리들에게도 새로운 「반딧불의 묘」「이웃집 토토로」「센과 치히로의 행방불명」「마녀 배달부 키키」「천공의 성 라퓨타」 등의 명작이 만들어지고 그것이 세계에서 높은 평가를 얻었다.

일본에서는 애니메이션을 포함하여 대중문화 전반이 종교적 색채가 없고, 거기에 관련하여 문화가 「오락성」과 일체되어 있다는 것도 재미있다고 생각한다.

일본에서는 법률에 저촉되지 않는 것은 무엇이든 허락된다. 예를 들어 이슬람교를 생각하면, 계율이 엄격하여 좀처럼 자유로운 표현을 할 수 없는 것이 아니겠는가. 아이디어의 표현 그 자체가 자유스럽지 못하게 되어버릴지도 모른다. 그런 나라에서 전 세계를 이끌만한 만화나 애니메이션이 만들어진다는 것은 생각할 수 없다. 중국에는 물론 표현의 자유가 없다.

벽에 부딪힌 미국의 대중문화

미국은 자유의 나라다. 때문에 스스로의 힘으로 세계를 해방시킨 제2차 세계대전 후에는 세계의 대중문화를 선도했다. 지금도 미국은 강력한 자력을 가지고 있다. 그렇기 때문에 이민이 많고, 불법 이민도 끊이지 않는다. 지금도 꿈을 팔고 있는 나라이다.

그러나 미국은 한편으로 프랑스나 일본에서는 상상도 할 수 없는 「금주법」을 만든 적이 있다. 일면 상당히 성실한, 편집광적인 분위기를 가진 나라이기도 하고, 경우에 따라서는 세계의 여러 나라에 위압적으로 비쳐질 때도 있다. 최근의 이라크 문제를 둘러싼 부시 정권의 태도에는 이런 미국의 나쁜 일면이 보이고 말았다.

앞에서 언급한 대로, 지금의 미국은 문화에서 세계를 선도하고 있다기보다는 군사, 정치, 그리고 종교적 분위기가 선행하는 나라이다. 할리우드가 영화의 소재를 찾지 못해 리메이크를 반복하는 것에도 나타나는 것처럼, 미국의 대중문화는 분명 벽에 부딪혔다.

반대 측에서 말하면, 전 세계의 사람들이 미국 버전의 대중문화에 질리기 시작했다는 것으로 말할 수 있을지도 모른다. 어쨌든 전후 계속 세계를 지배해 온 것은 미국적 대중문화이다. 싫증이 나도 이상한 일이 아니며, 새로운 문화를 세계가 추구하여 그것이 일본의 대중문화라고 해도 자연스러울 것이다.

새 얼굴로서의 일본은 여러 가지 측면을 가지고 있다. 아시아적 요소, 모든 제품에 잠재하고 있는 오락성, 제품(하드, 소프트를 포함해)을 마지막까지 완성하는 장인 정신, 종종 기상천외한 일상도 허락해 버리는 사회의 높은 허용도, 미국에 지지 않는 국민의 풍요로운 생활, 이전처럼 위협적인 힘으로가 아니라 부드러운 형태로 세계적으로 활약하는 일본 기업―바로「일본력」이 여기에 있다. 키티나 포켓몬에 공통된 것은 무색인 종교성, 좋고 나쁨의 문제는 별도로 한 약한 주장, 그러면서도 무엇에라도 적용되는 유비쿼터스성이다. 즉, 혐오스럽지 않다는 것이다.

권위도 위압도 없고 남는 것은「귀여움」뿐이다.「kawaii」나「cawaii」를 인터넷에서 검색하면 관련 사이트의 수가 많음에 놀란다. 일본 대중문화의 수용성은 경이적이며, 그 대표적인 단어가「귀엽다」이다.

「터부」가 적은 일본의 강점

프랑스의 유력지「르몽드」의 필립 폰즈(Philippe Ponds) 기자는 2003년 말 장문의 기사에서「지금 일본은 두 가지의 속도를 가진 사회다」라고 했다. 그리고 신문의 경제면이나 정치면에 나타난 개혁의 지체나 정치의 정체, 거센 파도와 같이 밀려오는 대중문화의 탄생과 그것이 자잘한 일상제품에 응용되는 스피드의 신속함을 비교하고 있다. 폰즈 기자는「(일본은) 애니메이션 영화, 의상, 음악, 그래픽, 디자인 등이 계속적으로 생겨나고 새로운 라이프스타일, 행동양식이 사회에서 서로 융합하여 열광하는 그런 사회가 되고 있다」
라고 지적한다.

　실제로 좋고 싫음의 문제는 있지만, 시부야 거리의 떠들썩함과 활력, 무엇이라고도 말할 수 없는 에너지에 대해서 일본인도 때로는 압도당할 듯한 박력을 느끼고, 그것이 거대한 대중문화의 요람의 장소가 되고 있다는 것은 명백할 것이다. 거기에서 발신된 문화는 굽 높은 구두(일본에서 유행한 걷기 힘들 정도로 바닥이 높은 신발)가 그랬던 것처럼 일본 전국에 전파되고, 그리고 세계로 파급된다. 필자는 굽 높은 구두가 일본에서 주류가 된 후에 세계 각지를 방문했을 때 그 문화의 잔재를 중국에서도 대만에서도 목격했고, 그것이 미국, 유럽, 나아가서는 남미에 이르기까지 세계 각지에 파급된 것이 보도되었다.

　그런 의미에서 일본 시부야의 대중문화 발신 능력은 일본에 머무르지 않고 세계에 도달하고 있는 것이다. 독일의 슈투트가르트 중심가의 가장 눈에 띄는 가게에는 루즈삭스(loose socks)를 신은 「세일러문」을 닮은 마네킹이 서 있다고 들었다. 즉 「여자 중고생 패션」 가게인 것이다.

　앞에서도 언급한 대로, 종교에 관한 구애가 없고 일본 사회에 「터부」가 적은 것은 문화의 융합이나 오락성과 제품의 조화가 상당히 도움이 되고 있다. 「터부가 없음」은 종종 자유로운 즐거움의 추구로 이어진다. 그렇기 때문에 전 세계에 널리 퍼진 가라오케 등을 만들어 낸 것일 것이다. 일본사회에는 속박이 적기 때문에 기업도 개인도 「귀여움」이나 「즐거움」, 거기에 「스릴」을 일관되게 추구하고, 그것을 소프트인 애니메이션이나 만화나 캐릭터에, 그리고 제품에 매치시킨다.

아마 이런 「소프트·파워」로서의 일본의 힘은 순수한 소프트 면에서도, 그리고 하드와 융합한 제품 면에서도 얼마동안 계속 존재할 것이다. 미야자키 하야오의 애니메이션 영화에 대한 세계의 평가 등은 일본의 소프트·파워가 당분간 건재할 것이라는 것을 예감하게 한다. 일본의 영화도 최근에는 곧잘 웃음을 자아낼 수 있도록 만들어 옛 영화를 되찾을 날도 멀지 않았다고 생각하게 한다. 기대가 된다.

품질이 좋은 것으로 정평 있는 일본의 하드, 소프트 제품에 오락성과 귀여움을 함께 갖는 이미지가 합처지면 세계에서 팔리는 일도 자연스러울 것이다.

포켓몬스터의 시장 규모는 3조 엔

전후의 일본에는 「미국」이 대량으로 TV에 진출해 왔다. 드라마에서는 「우리 엄마는 세계 제일」「선셋 77」「벤케이시」「도망자」「아내는 요술쟁이」「명견 래쉬」「라스베가스」 등등이 나왔다. 필자는 자주 「컴배트」를 보았다. 노래는 이것 또한 미국 가수의 총출연. 프레슬리로 시작하여 미국의 히트 차트가 또 빈번하게 TV, 라디오에서 다뤄졌다. 덧붙여 전승국인 영국도 같은 영어권으로, 세계적인 히트를 만들어 낸 그룹으로서는 비틀즈, 롤링 스톤즈가 있었다.

그러나 반복하지만, 문화의 발신지는 분명하게 다양화되고 있다. 지금 미국의 TV드라마를 일본의 TV에서는 거의 볼 수 없다. 특히 골든·타임에는 전무하다. 미국의 드라마보다도 빈번하게 일본 TV

에 등장하는 것은 한국의 드라마이다. NHK도 민영 방송도 경쟁하듯이 한국의 드라마를 내보내고, 와이드 쇼에는 한류스타의 방일 뉴스가 불가결한 메뉴가 되었다.

아시아에서는 일본의 인기도 높다. 유행의 발신지로서의 지위를 한국과 경쟁하고 있다.

중국에 갔을 때, 「한국의 TV 드라마 등이 진출하여 중국인도 상당히 영향을 받고 있다」라고 들었다. 일본의 한류 열풍의 굉장함도 한국 스타가 올 때마다 TV에서 본다. 그러나 그것이 산업적으로 보아 어느 정도 한국의 수출에 공헌할까라는 문제를 생각하면, 의외로 적다. 일본의 대중문화 쪽이 훨씬 일본 수출에 공헌하고 있다.

한국의 대한상공회의소는 2005년 초에 「한류 열풍의 실체와 기업의 전략적 활용 방안」이라는 보고서를 발표했다. 이 보고서는 한류 열풍이 널리 퍼진 나라(한류)와, 한류 열풍이 생기지 않은 나라(비한류)의 상위 8개의 교역국에 대한, 과거 4년 평균의 동일 나라의 소비재 수출 증가 경향을 분석하여 결과를 정리한 것이다.

그것에 따르면 독일(32.2%), 영국(26.7%), 이탈리아(26.7%), 미국(13.8%) 등 비한류 상대국 쪽이 중국(26.9%), 일본(−3.4%), 홍콩(15.7%), 대만(11.6%) 등 한류권 국가보다도 수출 증가율이 전반적으로 높다고 되어 있다.

즉, 일본이나 중화권이 한류 열풍이 되었다고 해서 그들 나라에 대한 한국의 수출이 신장한 것은 아니라는 것이다. 영화는 한국의 수출을 신장시키지 못했다는 것이다. 물론, 한국으로의 관광객 유입 효과는 컸지만, 소비재의 수출 증가로는 이어지고 있지 않다는 판단이다. 대한상공회의소는 「일본이 특정 문화상품에 대한 매니아적 소비성향이 강하고, 다른 나라의 문화를 흡수, 재생산하여 수요를 새롭게 만들어 내고 있는 반면, 중국을 포함한 동남아시아 지역의 한류는 특정 스타에 한정되었기 때문에 한류를 자국 문화로서 재생산하기보다는 단순한 소비에 그치고 있다」라고 분석했다. 대한상공회의소는 또한 「일본의 경우 문화 산업 시장의 규모가 2003년 기준으로 약 800억~900억 달러에 달하고 있고, 다른 나라의 문화를 자국 문화로서 재생산하는 능력이 우수하다」고 지적했다.

실제로 일본의 수출 캐릭터로써 대표적인 포켓몬스터만으로 세계 전체에서 3조 엔의 시장 규모가 있다고 보인다. 또, 미국으로의 일본제 애니메이션 수출액은 철강제품의 4배라고 한다. 일본의 소프트·파워의 수출이라고 하면 음식에서는 초밥이나 튀김 요리도 메뉴의 하나일 것이다. 덧붙여 아시아뿐만 아니라, 지금은 전 세계에 보급된 가라오케는 일본의 대표적인 놀이가 국제화된 것으로 일본적 대중문화의 일익을 담당하고 있다고 할 수 있다.

갑자기 시작된 한류 열풍과 비교해도, 여러 분야에서 성장해 온 일본의 대중문화 쪽이 자국 경제에 주는 임팩트가 크다는 것이다. 여기에도 「일본력」이 강력히 나타난다.

제8장

버려야 할 비관론

특파원이 가르치는 일본의 비정상

필자는 「일본인의 과도한 비관론」을 어떤 의미에서, 해외에서 온 취재진으로부터 알게 되었다. 90년대 후반의 일이다.

해외의 매스컴도 일본의 매스컴과 마찬가지로, 「거기는 지금 이렇게 되어 있는 것 같다」「그러니 취재하자」하며 계획하고, 방향을 잘 잡아 취재진을 내보낸다. 즉 처음부터 취재에는 편견이 쌓여 있는 것이다. 90년대 중반부터 후반에 걸친 해외 매스컴에 의한 일본 취재의 목표는, 「80년대에 번영이 극에 달해 넘버원이라고까지 불리던 일본이 90년대에는 불황의 늪에 있는 것 같다. 그것을 취재하여 영상, 기사로 만들면 보는 독자, 시청자의 관심을 끌 것임에 틀림없다」라는 것이었다.

자국(예를 들면 영국이나 스웨덴, 태국 등)의 시청자도 「어차피 일본 같은 나라가 그런 정도겠지」하며 쾌재를 부르고, 한편으로 애석해 하고, 때론 동정할 것이라고. 나한테도, 90년대 후반에는 해외에서 기자나 텔레비전·라디오 방송국 사람들이 자주 왔다.

그들은 시간의 대부분을 취재 방침대로, 우리들로부터 「일본의 불황 정도」를 알아내려고 했다. 80년대에 2%대였던 실업률이 4%, 5%로 올랐다는 말을 들으면, 그들은 「자신들의 취재 목표는 틀리지 않았다」라며 납득한다. GDP 신장률 역시 떨어졌다. 무엇보다도 그들에게는 생소하고 섬뜩한 「디플레이션」현상에 있어서 일본이 세계의 선두를 끊은 나라임은, 소비자 물가의 하락폭을 보면 알 수 있다. 그리고 그것은 세계에 널리 보도되었다.

하지만 그들에게는 전혀 납득할 수 없는 일이 있었다. 그것은 전혀 불황이라고는 생각되지 않는 거리의 모습, 사람들의 모습이었다. 그들이 일본에 와서, 내 사무실에 오기 전에 동경의 거리를 이동하면서 가장 느꼈던 것이었음에 틀림없다. 그래서 때때로, 그들은 인터뷰 시작이나 끝에 진지한 얼굴로 나에게 반드시 물었다.

「이 나라는 정말로 불황 맞습니까?」

취재 방침과는 달리 그들의 솔직한 인상은, 일본에 불황이 엄습하고 있다고는 전혀 생각할 수 없었던 것이었다.

「불황」「리세션」이라는 말이 갖는 그들의 인상이란 「황폐한 거리」「비어있는 빌딩의 급증」「실업률 10%대로의 상승」등 비참한 상황이다. 나도 불황 하에 있는 해외의 거리를 방문한 적이 여러 번 있는

데, 그것은 쉰 냄새가 감도는 거리 속에서 신변의 위험까지 느끼는 것이다. 그들도 「일본은 불황이니 취재하라」라는 말을 들었을 때에, 그와 같은 길거리를 상상하면서 나리타에 내려선 것이다.

하지만 그들이 동경에서 눈으로 본 것은, 어느 나라 수도의 여성들보다도 아름답고 때로는 명품을 몸에 지닌 여성들이고, 예외 없이 깨끗하게 닦인 자동차이며, 늘어서 있고 더욱이 계속 건설 중인 빌딩이고, 꽃 피는 대중문화였던 것이다. 「이 거리의 어디에서 불황이 보이는가」「이 거리의 어디에서 불황을 찾으면 되는 건가」하고 그들은 생각했음에 틀림없다. 그렇기 때문에 취재 대상인 필자에게 「이 나라는 정말로 불황 맞습니까?」 하고 몇 번이고 물었던 것이다. 해외의 매스컴, 비즈니스맨에게 똑같은 질문을 받은 사람들의 이야기는 수없이 많이 들었다.

하지만 그들은 본국의 프로듀서나 데스크로부터 「일본의 불황을 찾아 보고하라」는 지시가 있었기 때문에 그것을 찾았다. 처음에는 그것으로 그럭저럭 프로그램을 만들었다. 무엇보다도, 그리고 누구보다도 일본의 매스컴이 「불황이다」라고 떠들고 있었기 때문에 「그럴 것이다」라고 생각한 것이다.

찾으면 불황은 있기는 있었다. 동경에서도 홈리스는 안성맞춤의 대상이었고, 젊은이의 파트타이머도 취재 대상이 되었다. 동경을 벗어나면 취재 대상은 늘어났다. 주간에도 셔터가 내려져 있는 가게가 많은 지방 도시의 역 앞 상점가 등을 취재하면, 그것은 그것으로 스토리는 그릴 수 있었던 것이다.

하지만 그들도, 지방의 역전은 주차장 부족도 있어 쇠퇴했지만, 고속도로 인터체인지 주변 등에는 커다란 주차장을 완비한 쇼핑센터가 만들어지고, 그것이 그 거리의 새로운 번화가가 되어 있는 것을 알게 되었다. 인구 감소가 진행되어 쓸쓸해진 곳도 있었지만, 동경뿐만 아니라 지방 도시에서도 나고야나 후쿠오카 등 활기가 있는 지역이 있음을 알게 되었다. 「일본의 불황」을 취재하러 온 해외 미디어의 대부분은 90년대의 일본에서 불황을 찾는 데 고생하다 돌아갔다, 라고 하는 것이 실정이다.

「잃어버린 10년」에 새로 생긴 것

실은 「불황」이나 「리셋션」이 갖는 의미는 일본과 해외에서 꽤 다르다. 그에 관해서는 이미 설명했지만, 차이에 고민해야 했던 것은 해외에서 온 저널리스트들이다. 그들의 당혹해하는 모습을 보면서 필자의 마음에 교차한 것은, 「일본인은 처음부터 성장 페이스로부터 실업률 레벨, 거기에 소득 등, 여러 면에서 자신들의 기준선을 버블 때로 너무 올려 버린 것이 아닌가」 자신들이 「불황이라는 말을 너무 가지고 논 것이 아닌가」「스스로 너무 비관론에 사로잡혀 있는 것이 아닌가」하는 반성이었다.

해외에서 온 친구들은 90년대의 일본을 불황이라고는 생각하지 않았으니까, 이것은 흥미로운 현상이었다. 말에 대해 각각의 사람이 갖는 이미지, 디멘션(범위)은 다르다. 국가 단위에서도 듣는 사람이 받아들이는 말의 의미는 다르다. 따라서 말에 의지하지 않고, 좀 더 자기 나라의 현상이라고 하는 것을 객관적으로 상대적 관점 하에서 볼 필요가 있다고 생각한 것이다.

자신들이 정한 기준선에서 사물을 보는 것도 중요하다. 그러나 그것과는 별도로 국제적인 기준, 여러 외국과의 상대적인 위치 관계로부터도 자기 나라를 볼 필요가 있다. 이것이 없으면, 자국에 대한 견해가 외부 사람이 본 레벨과 크게 달라지고 만다. 하물며 일본의 매스컴은 모두 비관론을 좋아한다. 그것이 미래에 대한 추진축이 되는 동안은 의미도 있지만, 계속되는 절망이 인간의 면역력을 저하시키는 것과 마찬가지로, 국가에 대한 비관론의 지속이 국가의 힘까지 약화시킨다면 손해를 보는 것은 일본인 자신이다.

일본인의 비관론은 세계로부터 보면 지금 오히려 의아하게 받아들여지고 있는 것은 아닌가. 필자는 해외에 가면 갈수록 그렇게 생각한다. 그리고 일본인이 비관론을 말하는 사이에도 통화의 국제적 평가가 나타나는 외환 시장에서 엔이 기조적으로 강한 것을 보면 또한 일본의 대외수지가 흑자를 계속하고 있는 것을 보면, 일본의 비관론이 이상한 방향으로 향하고 있는 것은 일목요연하다.

「일본의 불황」을 취재하러 온 해외 취재진의 눈에 무엇보다도 선명하게 들어오게 된 것은, 문자 메일로 이상한 문자나 영상, 거기에 사진을 주고받는 고교생 등 젊은 사람들의 에너지, 거리에 넘쳐흐르는 애니메이션 캐릭터, 상대적으로 봐도 여전히 범죄의 우려가 적은 밤거리를 유유히 걷는 사람들이었음에 틀림없다.

나도 비즈니스맨으로서 또한 취재진의 일원으로서 이곳저곳을 이동하기 때문에 알지만, 「의도했던 현상」 이외에 취재 대상(국가나 기업)에 새로운 현상을 발견했을 때에는 그것을 다른 프로나 문장으로 완성하려고 한다. 왜냐하면 자신들을 파견해 준 프로를 위해서는 그 의도하는 방향성에 맞는 프로를 만들지 않으면 안 되지만, 마음에 남는 인상은 예상하지 못했던 새로운 현상이기 때문이다.

아마 해외의 취재진도 그랬을 것이다. 불황을 취재하러 왔으면서, 「뭐야 이 나라의 활력은……」 하고 생각하는 일본의 현상과 마주쳤다. 그런 친구들은 해외의 취재진 중에도 아주 많이 있었을 것으로, 그들은 「일본 불황론」을 떠나, 「활력 있는 일본」「대중문화가 꽃피는 일본」을 여러 가지의 형태로 보도했다. 때문에 이것도 역사의 패러독스이지만, 불황을 취재하러 온 친구들이 일본의 활력, 대중문화, 풍요로운 이미지, 비교적 안전한 거리의 모습을 해외에 전했다고도 말할 수 있는 것이다.

제1장에서 언급했지만, 일본에서는 「잃어버린 10년」이라고 곧잘 말들 한다. 잘 정의되어 있지 않은 말이다. 무엇을 잃어버린 것인가. 번영인가? 그러면 80년대 후반의 번영은 그렇게 훌륭한 것이었는가? 나는 그렇게 생각하지 않는다. 나는 당시의 일본 경제에 관해서 「압력솥 경제」라고 하는 말을 준비하여 졸저『스피드 경제』(일본 경제신문사) 속에서도 사용했다.

「압력솥 경제」란 이런 것이다. 무역은 흑자로 외화 준비는 쌓이는데 일본으로부터 돈은 나가지 않는다. 국내에서 남아나는 돈으로 땅이다, 주식이다 하며 사 모았다. 접대비는 무제한이고, 거기에 매달리듯이 사원이 골프다, 클럽활동(긴자나 신주쿠, 롯폰기의 클럽 다니기)이다 하며 돈을 썼다. 분명 일본 경제에는 활력이 넘쳐흐르고 있었지만, 그렇다고 해서 그것이 건전했던 것은 아니다. 베를린 장벽이 남아있고 디지털 기술이 보급되기 전인, 한 시대 전의 형태인 번영이었던 것이다. 그것이 지속되어도 일본이 좋아졌다고는 전혀 생각되지 않는다.

따라서 필자는 90년대의 10년은 「잃어버린」 것이 아니라, 역시 그

때까지의 기업 체질의 개혁, 낭비 제거, 효율성 추구, 변하는 세계에 대한 대응 등의 「조정에 필요했던」 기간이었다고 생각한다.

「잃어버린 10년」이라고 하면 그 사이에 아무것도 전향적인 것이 없었다고 생각되지만, 그렇지 않다. 80년대와는 다른 사회가 되었기 때문에 잃어버린 것도 있지만, 한편으로 생겨나온 것도 있고, 꽃피는 것도 있었다고 생각하는 것이 자연스럽다. 1억 2천만이나 되는 인간이 10년이나 살았는데 아무것도 생겨나지 않았다고 하는 것은 있을 수 없다.

경제의 조정 기간 중에 생겨나온 것의 하나는 일본의 대중문화라고 생각한다. 그것이 해외 친구들의 관심을 모았다고 하는 것이 진실일 것이다.

「잃어버렸다」라는 말 한마디로 사고가 정지되는 일은 이제 멈춰야 한다.

반전하는 일본의 경쟁력

변화 스피드가 가속하는 세계 경제에 대한 적응을 추진한 일본. 그 경제나 기업에 대한 평가는 재차 올라가기 시작하고 있다.

스위스 로잔느에 있는 국제경영개발연구소(IMD)는 세계 60개국의 경쟁력 랭킹을 발표하는 것으로 유명한 기관이다. 매년 5월경 그 해의 랭킹을 발표한다. 이 랭킹은 경제 실적(국내 경제, 무역, 국제투자, 고용, 물가), 정부의 효율성(공공 파이낸스, 재정정책, 정부조직의 틀, 상법 등), 비즈니스의 효율성(생산성, 노동시장, 금융, 경제 관행, 기업 자세와 가치), 인프라 구조(기본 인프라, 기술 인프라, 과학 인프라, 건강과

과학 인프라 환경, 교육)를 포함한 네 가지 분야에 걸쳐, 합계 323항목을 지수화하여 산출하고 있다.

실은 이 IMD 랭킹에서 일본은 1989년부터 93년까지 쭉 1위였다. 90년대 중반부터 1위의 단골손님인 미국을 누르고 연속 1위였던 것이다. 『제팬 이즈 넘버 원』이란 책이 팔리고 있었던 시기, 일본인의 자신도 넘쳐 있었던 시기였다고 할 수 있다.

일본의 랭킹이 떨어지기 시작한 것은 90년대 중반부터이다. 96년에는 4위, 98년에는 20위, 2000년은 24위, 2001년이 26위, 그리고 2002년이 30위. 이때는 타이완, 칠레 등의 나라에도 뒤졌다. 그때 1위는 미국, 2위는 핀란드, 3위는 룩셈부르크, 4위는 네덜란드, 5위는 싱가폴, 6위가 덴마크, 7위가 스위스 등으로 미국 이외에는 상위에 작은 나라들이 위치해 있음에 주목했으면 한다.

앞서 기술한 대로 이것은 최근 10년간의 일관된 경향이다. 베를린 장벽의 붕괴(89년 11월)로 상징되는 사회주의 체제의 붕괴와 그 체제에 속해 있던 나라들의 노동자의 시장경제 참여, 게다가 IT 기술의 보급이 가져온 비즈니스 환경의 가속적인 변화에, 작은 나라 쪽이 대응이 재빨랐기 때문이라고 생각된다. 큰 나라이지만 미국의 고용 시스템은 옛날부터 유연해서 이것이 미국의 순위를 항상 상위로 들어 올리고 있다.

일본이 90년대 초까지 차지했던 1위에서 떨어진 것은 정부의 효율성이나 금융에 대해 엄격한 판단이 내려졌기 때문이다. 90년대의 일본 금융 시스템이 흔들렸기 때문에 당연하다고 할 수 있을 것이다. 관공서의 행정 효율이 낮은 것도 우리 일본인이 인식하고 있는 점이다. 80년대에 그토록 주목받던 일본 경제 스타일도, 90년대 세계 경제의 빠른 변화에는 따라갈 수 없었기 때문에 순위가 내려가는 것은 납득이 간다. 핀란드, 노르웨이, 스웨덴 등 규모가 작은 나라는 기업도 나라도 세계의 변화에 따라가는 것에 익숙했기 때문에 스피드를 올리는 변화에 기민하게 대응해갔다. 그 결과가 IMD 경쟁력 랭킹에 있어서의 순위 상승이 되었다.

그러나 중요한 것은 일본의 순위는 최근 3년에 걸쳐 다시 상승을 시작하고 있다는 점이다. 90년대 초의 1위에서 보면 여전히 굴욕적인 수준이지만, 2002년의 30위에서 2003년에는 25위로 상승하고 2004년에는 23위가 되었다(37페이지 도표1 참조). 2005년에는 22위다. 중요한 것은 트렌드이다. 이와 더불어 90년대부터 2000년대 초에 걸쳐 잇단 일본 기업의 신용등급 평가 상향은 반전하여 2003년 이후는 은행도 포함하여 등급 상향이 계속되고 있다.

예를 들면 미국의 유력 신용평가 회사 무디스는 2004년 말, 「일본 기업의 신용력 개선이 가속되어 이후에도 등급평가의 개선 기조가 계속된다」라는 전망을 내놓았다.

비관론은 정당한가

일본인이 자신의 나라나 경제의 미래에 대해서 품는 비관론에는 그 나름의 배경이 있을 것이다.

그것은, 동양의 변방 소국에서 세계에 인식되는 지위에 올랐지만 순순히는 받아들이지 못하고 자기 스스로 믿을 수 없다고 생각했기 때문일지도 모르며, 제2차 세계대전에서 패한 역사에 대한 회한에 근거하는 것일지도 모른다.

일본 경제의 미래에 대한 불안감의 재료가 되는 것을 열거하면, 다음과 같은 것이 될 것이다.

1. 일본의 중앙·지방정부를 합친 700조 엔 이상에 달하는 거액의 정부 채무
2. 그것을 매년 부풀리는 각 연도 약 40조 엔에 달하는 재정 적자
3. 적자의 한 원인이기도 한 재정자금의 낭비나 여러 가지 개혁의 지연
4. 2007년부터 예상되는 총인구의 감소
5. 좀처럼 바뀌지 않는 디플레이션 환경과 낮은 경제 성장률
6. GDP 등으로 인구가 13배인 중국에 추월되어 간다고 하는 공포

그러나 이것은 정말로 지금의 일본인이 품고 있는 그런 미래에 대한 불안감을 정당화하는 것일까. 또한 그것은 세계 다른 나라들에 비해서 특별히 떨어지는 것일까.

일본의 국가와 지방정부의 부채가 많은 것은 틀림없는 사실이다. 700조 엔이라고 하면 일본 연간 GDP의 1.5배에 달한다. 세계 선진국에서 이만큼 정부가 거액의 부채를 지고 있는 나라는 없다. 지속 불가능한 것은 틀림없다. 매년 예산 총액 약 80조 엔의 절반 가까이를 매년 부채에 의존하여 국채를 계속 발행하는 나라가 건전할 리는 없으며, 지출 구조의 조속한 재검토는 당연히 필요하고, 경제 활동을 활성화함에 따라 세수를 끌어올리는 일은 매우 시급하다.

그것만을 보면 눈앞은 확실히 캄캄해진다. 그러나 간과되고 있는 중요한 점이 몇 가지 있다. 첫 번째로 「700조 엔의 채무」만이 강조되지만, 일본의 중앙 그리고 지방정부가 가지고 있는 것은 채무만이 아니다. 이 둘은 약 540조 엔의 금융자산(사회보장기금이나 외화 준비)

을 가지고 있으며, 그 중 230조 엔은 유동성이 높은 예금이나 증권이
다. 이들 금융자산을 공제하면 일본의 중앙정부, 지방정부가 안고
있는 순 채무는 대 GDP비로 70% 전후가 되어, 이 비율은 세계 다른
주요국에 비해 그렇게 높다고는 할 수 없다.

그 나라의 재정 건전도를 채무 총액으로 잴 것인지 그렇지 않으면
채무에서 자산을 뺀 순 채무로 볼 것인지, 어느 쪽이 국제적으로 일
반적인가 하면, 그것은 「순 채무」이다. 「700조 엔의 채무」가 지금
일본에서 강조되는 것은, 재정 문제가 심각해지고 있다는 현실을 드
러내기에는 재무성 등이 거론하기 쉬운 수치이기 때문이다.

실제로 일본의 재정은 중앙에서도 지방에서도 경직화된 지출 구
조에 대해 늘지 않는 세수, 지지부진한 지출 삭감 등 어찌할 방도가
없어 보인다. 그리고 실제로 심각한 현실이 있기 때문에 「700조 엔」
이라는 놀라운 수치를 보면서, 심각하고 진지하게 그것을 어찌할까
생각하는 것은 필요한 일이다.

그러나 「700조 엔의 채무」의 한편으로 일본의 중앙정부와 지방
정부가 430조 엔의 금융자산을 가지고 있어, 실상은 국제적으로 보
면 그다지 심한 상황이 아니라는 것은 기억해두어야 한다.

매월 40만 엔의 수입밖에 없는 가계가 80만 엔의 지출을 계속할
수 없는 것은 명백하며, 일본의 재정은 이대로 가면 파탄에 이른다.
그것은 사실이다. 그러나 그렇다고 해서, 일본의 재정이 지금 즉시
파탄 나는 것은 아니다. 시간적 여유는 아직 있다.

나아가 일본의 정부 채무에서 대단히 특징적인 것은, 정부가 부채
를 누구에 대해 행하고 있는 것인가 누구로부터 빌리고 있는 것인가
하는 것이다. 실은 거의 자국 국민에게 빌리고 있는 것이다. 이것은

국제적으로 보아도 대단히 특이한 현상이다.

전후 역사를 보아도 최근의 예를 보아도 경제적으로 파탄하는 나라란 대체로 해외로부터의 부채가 치명타가 되고 있다. 높은 금리의 국채를 발행하여 그것을 해외 투자가에게 판다. 처음에는 해외 투자가도 높은 금리에 현혹되어 산다. 그러나 그것이 누적되기 시작하면 해외 투자가는 채무국의 변재 능력에 불안해지기 때문에 좀 더 높은 금리를 요구한다.

그러나 높은 금리의 부채는 가계에서도 나라의 재정에서도 큰 압박 요인이 된다. 조금 더 빌리기 위해서는 조금 더 높은 금리가 요구된다. 그것이 점차 확대되면 언젠가는 국채 가격이 폭락하여 금리는 폭등하고, 변재 불능의 딱지가 붙어 IMF 관리 하에 들어간다고 하는 시나리오이다. 1990년대 러시아도 한국도 이런 프로세스로 파탄에 직면했다.

GDP의 1.5배인 「700조 엔」이라는 부채의 규모를 들으면 「일본도 그렇게 될지 모른다」고 생각하는 것은 자연스럽다. 그러나 일본 정부 채무의 특징은 부채의 95%가 일본 국민의 저축으로부터 빌린 것이며, 해외로부터 빌린 돈은 극히 적다고 하는 것이다. 즉, 일본이라는 나라는 국민이 저축한 돈을 빌려서 정부가 일을 하고 있다고 하는 구도로 되어 있다. 그 일이 효율적이고, 정말로 일본이라는 나라를 좋게 하기 위해서만 사용되고 있지 않은 것이 문제이지만, 어차피 일본의 경우 중앙정부와 지방정부의 부채는 그 대부분이 국민으로부터 빌린 것이다.

이것이 의미하는 바는, 대량의 국채를 해외 친구들이 갖고 있기 때문에 갑자기 팔아치우는 일이 없다고 하는 것이다. 일본 국민이

「뭐 우리가 정부에 빌려주고 있으니 괜찮아」라고 생각하는 한, 또한 국민의 재력이 지속되는 한, 국가는 부채를 계속 유지할 수 있다고 하는 것이다.

그렇다고 해서 부채를 계속 가지고 가는 일이 좋다고 하는 것은 아니다. 가계뿐 아니라, 나라도 건전 재정이 되는 것이 좋은 건 당연하다. 그러나 중요한 것은 같은 국가의 채무라도 파탄한 여러 외국 정부와 같이 해외에서 빌린 경우와 일본과 같이 국민에게 빌린 경우의 위험 발생 확률은 다르다고 하는 것이다. 이 점은 충분히 인식해야 한다.

인구 감소는 일본만의 문제인가

1.29라고 하는 지금의 출생률이 계속되면 금세기 말에는 4000만 명 정도로 인구가 감소할 위험성이 있다는 「일본의 인구 문제」는 확실히 장래가 두려운 일이다. 에도 시대의 일본의 인구가 그 후기에 있어서 3000만 명 대라고 일컬어지는데, 지금의 출생률이 계속되면 지금부터 100년 후의 일본의 인구는 에도 시대와 같은 정도가 되게 된다.

그러나 출생률이 내려가고 있는 일은 단지 일본만의 현상이 아니다. 이것은 2004년 연휴 때에 한국에 가서 듣고 놀란 것인데, 한국의 출생률은 일본보다 훨씬 낮은 1.17이었다. 어떤 인구 구성이 되어 있는가에 따라 타임래그가 있겠지만, 한국이 머지않아 일본 이상으로 격심한 인구 감소에 휩싸일 것은 분명하다.

왜 한국의 출생률은 그 정도로 내려간 것인가. 하나는 90년대 말부터 이어진 경제 위기로 부부 맞벌이가 늘고, 여성에게도 돈벌이를 해야 하는 사람으로서의 기대가 지워져 좀처럼 아이를 낳을 수 없다고 하는 현실, 나아가서는 일본보다도 교육열이 높은 한국에서는 아이 한 명 기르는 교육비를 무시할 수 없어 두 명은 도저히 무리라고 생각하는 부부가 많다는 등등의 이야기라 한다.

중국도 언젠가 심각한 인구 감소에 휩싸일 것이 분명하다. 중국은 정책으로서 출생률 1.00을 지향한다. 어쨌든 부부 한 쌍은 한 명밖에 아이를 낳지 못한다는 원칙으로 되어 있기 때문에 이것은 명확하다. 실제로는 소수 민족은 예외로 취급되기도 하고, 지방이나 농촌에 가면 호적이 없는 아이가 굉장히 많다고 한다. 옛날처럼 자신들의 노후를 돌봐줄 남자 아이가 태어날 때까지 아이를 갖는 데에 힘쓰기 때문이다. 그러나 모든 부부가 한 명의 아이를 가질 수 있는 것도 아니고, 그 중에는 신이 아이를 점재해 주지 않는 부부도 있을 것이다. 그렇다면 룰의 파괴가 있다고 하더라도 중국의 지금의 출생률은 실제로도 1.00 근처라고 생각된다.

때문에 저출산화라는 문제가 이 일본이 위치하는 아시아만을 보아도 이후 각국을 곤란하게 할 공통의 문제라는 것만은 명확하다. 일본은 고령화가 주변의 나라보다 빨리 찾아온다고 하는 것뿐이라는 이야기이다. 일본만이 곤란해 하고 있는 것은 아니다. 저출산화는 미국 이외의 선진국, 특히 유럽 상당수의 나라에서 심각화 되고 있는 문제이기도 하다.

출생률은 미국이 여전히 높고 프랑스에서도 상승하기 시작했다. 이런 예를 연구해서 여성이 출산하기 쉬운 취로 환경을 만들어, 남성의 육아 참여, 육아 경비 삭감, 교육비 공적 부담 증대 등, 여러 가지 시책을 내놓을 필요가 있을 것이다. 일본의 적정 인구라는 논쟁은 별도로 하고, 인구가 급감하는 것은 사회 구성의 격변으로 이어져 바람직한 것이 아니다. 다만 반복해서 말하지만, 인구 감소라는 문제는 일본 혼자만이 직면하고 있는 문제가 아니다.

인구 감소가 사회에 주는 영향에 관해서는 후술한다.

앞으로 취해야 할 정책이란

필요한 개혁도 산더미만큼 많다. 우정郵政, 도로공단, 사회보장제도나 연금의 개혁, 소비세와 지금의 일본이 큰 개혁을 필요로 하고 있음은 틀림없다. 전후 일본의 시스템은 거의 모두, 인구도 경제규모도 모조리 상승을 전제로 하고 있었기 때문에, 제도 설계를 바꿔야만 하는 것은 당연하다.

여기에서 가장 중요한 점은 모든 제도 설계를 「활력의 유지와 증대」의 방향으로 움직이게 하는 것이다.

인구가 증가하고 있는 때라면 내버려 두어도 나라에는 활력이 있다. 거리에는 아이가 넘쳐나고 인구 구성도 활기 넘치는 연령의 사람이 많고, 자연과 사회는 경쟁적이 되어 활력이 생긴다. 전후 일본이 그랬고, 지금도 이 상태에 있는 나라는 세계에 많다.

그러나 성숙한 중년 국가라고도 할 수 있는 일본은 규제를 완화하여 사람들이나 기업의 활동을 자유롭게 하고 법률에 위반되지 않는 한 창의적 연구를 발휘할 수 있는 환경을 정비하고 경제활동의 의욕, 창작활동의 의욕을 자극하지 않으면 안 된다. 그것을 정책의 핵심으로 해야만 할 것이다.

경제에 활력이 없어지면 세수가 줄기 때문에 적자는 늘어난다. 이런 상황에서 어쩔 수 없이 증세를 하게 되면, 또한 경제활동이 위축된다는 악순환이 생긴다. 그것을 피하기 위해서는 **경제활동이 사람들의 의욕이 나오는 방향으로 활성화, 활발화** 될 필요가 있는 것이다. 경제활동이 활발하면 거기에서 올라오는 세수는 늘어나기 때문에 연금제도에서 사회보장까지 설계는 상당히 쉬워진다. 따라서 앞으로 일본의 모든 경제 정책은 「활력지향형」「활력증진형」으로 해야 할 것이다.

반복하지만, 그것을 위해서는 규제 완화가 가장 중요하다. 규제 완화야말로, 경제활동을 활발하게 만든다. 휴대전화를 보아도 알 수 있지만 규제 완화가 새로운 시장을 낳고 산업을 낳아 거기에는 고용과 부가 생긴다. 고이즈미 정권이 행한 모든 정책 중에서 「규제 완화」가 서서히 전면에서 사라져가고 있는 것은 상당히 유감스럽다. 규제 완화 다음은 조직이나 자금, 특히 공적 자금의 낭비를 가능한 한 배제하는 것이다. 이 낭비의 배제만으로 일본의 재정은 극적으로 개선될 것이라 생각된다.

세제도 일본 경제의 활력을 어떻게 하면 유지할 수 있는가를 중심으로 생각하여 새로 만들어져야만 한다. 공평함도 중요하다. 그러나 국가 경제 어딘가에 강한 부문이 있어서 그 부문의 활력과 에너지, 창출하는 이익이나 고용으로 약한 부문을 일정 기간은 지탱하는 그런 시스템을 만들지 않으면 국가의 경제 전체는 돌아가지 않는다. 모든 산업을 똑같이 약하게 하면 그것은 국력의 막다름, 정체를 의미한다.

투자 자금이 윤택한 산업을 압박하거나 돈을 가진 사람에게 돈을 쓰기 어렵게 하는 경제란 반드시 활력을 잃는다. 인구 감소 하에서 경제가 활력을 잃으면 그 나라는 급속하게 궁핍해질 것이다. 일본은 그렇게 되어서는 안 된다. 그 안에 사는 국민의 한 사람으로서 활력 있는 경제와 사회를 바란다. 그를 위해서는 세제에서 규제 완화까지, 경제에 활력이 깃드는 정책이 중심이 되어야 한다고 생각한다.

일국에 있어서 부를 만들어 내고 고용을 창출하는 곳은 어디인가. 그것의 마지막은 민간 경제이다. 나라가 그 조직을 유지할 수 있는 것도 민간이 창출한 부가 있고, 민간이 세금을 납부하고 있기 때문이다. 반복하지만 공적 부문은 부를 창출하지 않는다. 고용은 창출할지도 모르지만, 공적 부문의 고용을 지탱하는 것은 세금이고, 그 세금은 개인과 기업이 지불한다.

지금 일본의 경제 운영에서 가장 문제인 것은 「부도 고용도 민간 경제가 창출한다」고 하는 기본적인 사실이 잊혀지고 있다는 점이다. 기업을 응석받이로 만들어도 좋다고 하는 것은 아니다. 지금 기업에 요구되는 것은 「기업의 사회적 책임」으로, 기업은 예전보다 한층 더 주주뿐 아니라 소비자에게도 감시받고 있다. 법률의 틀에서 관청에 감독을 받고 있거나, 법 집행자(경찰, 검찰)로부터 감시를 받고 있다. 그뿐 아니라, 나아가 「기업의 사회적 책임」도 부과되고 있다. 앞으로도 기업에 대한 여러 가지 각도에서의 감시는 계속될 것이다. 그것은 중요하며 필요하다.

그러나 어디까지나 알을 낳는 것은 민간이다. 민간 경제가 약해지면 경기는 악화되고 세수는 오르지 않으며 실업자가 넘쳐나, 국력은 떨어진다. 강한 섹터가 있기 때문에 약한 곳을 도울 여유도 생긴다. 이것은 틀림없는 점이다. 이것을 잊은 정책이나 세제 개정은 의

미가 없다.

어디까지나 향후 일본 경제의 정책 운영은 「활력 중시」로 가야만
한다.

인구 감소로 생겨난 특산품

다시 저출산 고령화 문제이다. 이 장에서 인구 감소는 일본만의
문제가 아니라 이 아시아에서도 한국, 중국이 직면하고 있는 문제라
고 기술했다.

여기에서는 다른 나라와의 비교가 아니라 일본 자신의 역사 속에
서 이 문제를 생각할 것이다. 도대체 일본의 인구는 어떻게 변화되
어 온 것일까? 관련하여 말하면 지금의 일본 인구는 총무성 통계국
의 계산으로 2005년 1월 1일 현재, 1억 2761만 명이다. 여기에 오기
까지 일본 인구는 어떻게 변화되어 온 것일까?

대략적인 인구 추이를 나타내면 다음과 같다.

에도 시대 초(1600년 무렵)	1260만 명
에도 시대 말부터 메이지 유신(1897년 무렵)	3500만 명
1920년대 초	5800만 명
1970년대 초	1억 명

즉 메이지 유신 무렵의 일본 인구는 4000만 명에 달하지 않았다
는 것을 알 수 있다. 그로부터 딱 100년, 일본의 인구는 약 3배로 늘
었다고 하는 것이다. 일본의 경이적이라고 일컬어지는 경제 발전의

한 요인은, 인구가 늘었다고 하는 것이다. 경제학적으로 말하면 어떤 나라의 잠재 성장력은 「노동 인구 증가+생산성 증가+투하자본」으로, 인구 증가가 굉장히 큰 요인이 되고 있다.

다만 이 수치에서는 보이지 않는 부분이 있다. 일본의 인구는 17세기 이래 일관되게 증가하고 있는 것 같지만, 실제로는 100년 이상에 걸친 정체기가 있었던 것이다. 교호享保의 기근(1700년대 중반) 무렵부터 덴포天保의 기근 후인 1850년 무렵까지이다. 에도 시대 중기에서 말기의 일이다. 에도 시대의 최초 100년 남짓에서 대폭으로 늘어나 3100만 명 전후에 달한 일본 인구는 그 후 약 130년간에 걸쳐 아주 조금 증가했을 것뿐이었다고 한다. 이 사이에 인구 감소의 기간(10~20년 간격으로)도 있었다.

에도 초기에서 1720년 무렵까지 해서 일본 인구가 단번에 늘어난 것에는 경지 면적의 증가 등이 있었고, 쌀을 중심으로 한 식량 증산이 가능하게 되었기 때문이라고 한다. 전국시대가 끝나고 물류가 활발해지고 인구도 증가해서 경제는 고도성장을 구가했다.

인구 증가는 어느 시대에서든 경제 성장의 최대 원동력이다. 소비자 세대도 늘어서 가만히 있어도 물건이 팔리고 그 팔리는 양도 증가한다. 전후 일본 경제의 고도성장 원동력도 두드러진 인구 증가에 한 요인이 있었지만 특히 메이지 유신 후 일본의 인구 증가는 경제 발전과 표리일체였다.

그 급증해온 일본 인구가 당면한 절정이 아무래도 현시점이라는 것 같다. 여러 가지 통계를 보면 2007년에 일본의 총 인구는 감소에 들어간다. 세대 수(지금은 4500만 정도)도 늘지 않게 된다.

그럼 인구 감소기, 또는 정체기라고 하는 것은 과거 일본에서 어떤 시대였을까? 인구가 정체했던 에도 후기의 약 130년간은 역시 저성장 경제가 되어 각 번藩의 재정은 현저하게 핍박했다고 한다. 경지 면적을 늘리지 못하게 되면 연공미年貢米도 늘지 않아서 상승할 것으로 설계되었던 그때까지의 번이나 막부幕府의 재정은 괴로워지게 된다. 지금의 일본과 같다. 거기에서 연공 징수를 강화하면 당연한 일이지만 소비 증가는 멈춘다.

하지만 실은 지금도 남아있는 일본 각지 특산품의 대부분은 이 인구 정체기에 생긴 것이라고 한다. 늘지 않게 된 경지 면적을 겨울 동안 유효하게 이용해서 쌀 이외의 산물, 각각의 토지에서 특징이 있는 생산품·특산품을 만들어서 수입을 늘리려고 했다. 재정이 핍박한 번의 일부도 이것을 장려했다. 손님을 부를 수 있는 축제를 열고 그때의 토산품을 만들고 온천을 개발하여 온천 치료 손님을 모으는 등, 각지에서는 지혜를 짜냈다. 이런 중에 일본 각지의 특산품이 생겼다고 하는 것이다.

즉 인구가 늘지 않는다고 하는 절대적인 위기를 에도 시대 사람들은 지혜를 짜내는 것으로 극복하려고 한 것이다. 그에 성공한 번의 재정은 개선되고 개혁을 행하지 않았던 번은 더욱더 궁핍화했다. 즉, 현재와 같다. 지혜를 내놓는 기업이나 지방이 살아남고 지혜가 있는 개인이 성공할 수 있다. 수요는 발생하는 것임과 동시에 창출하는 것이다. 에도 시대 사람들도 경지 면적이 늘지 않고 인구도 늘지 않는 세상에서 장기 말을 만들고 채소절임을 개발하고 찐빵도 만들고 축제를 고조시켜서 경제의 생활화에 노력한 것이다.

장사는 말하자면 한 사람 한 사람의 손님(소비자)을 소중히 하는 것이라고 생각된다. 어쨌든 인구는 늘지 않으니 손님을 확실하게 잡지 않으면 안 된다. 손님의 가족은 몇 명이고 언제쯤 무엇이 필요한가를 파악하여 그에 대응한다. 쌀가게도 된장가게도 자세한 고객 명부를 가지고 손님이 오는 것을 기다리는 것이 아니라, 매일 손님이 사용하는 것은 어느 정도의 속도로 줄어드는가를 계산한다.

거기에서 배달이라는 제도도 에도 시대에 발전한 것이라고 생각된다. 에도 시대 상인은 이처럼 장사하고 또한 상품의 품질을 높이는 경쟁을 행했음에 틀림없다. 인구 급증기란 저절로 비즈니스 모델이 달라지는 것이다. 고객 포착을 위해서 지금 사용할 수 있는 것이라면 IT(정보기술)일까? 그것이 지금의 일본 산업이나 장사 기법에 살아있다고 필자는 생각한다.

GDP의 새로운 관점

현재 경제에 대한 관점 중에는 인구 급증기의 발상이 짙게 남아있다. 그러나 인구가 늘고 있던 시기의 기준으로, 이미 시작되고 있는 인구의 정체·감소기를 판단하여 추측하는 것은 잘못이다. 경제 성장은 어려워지지만 성장하지 않아도 인구 감소 하에서는 국민 한 사람 한 사람의 부가 늘고 경쟁이 적은 풍족한 회사로 만드는 것도 가능하다. 일본은 가능한 한 빨리 모든 것에 있어서 「인구 감소 하의 경제」에 대응하여 전환해가지 않으면 안 된다.

새로운 척도가 필요한 것이다. 일본은 GDP와 같은 주요한 경제 통계 전반을 재점검할 시기에 와있다. 통계를 생활자 한 사람 한 사람에게 있어서의 시점에서 그 의미를 다시 명확하게 하고 경제 실정을 보다 잘 파악한 다음에 정책의 핵심을 짜내는 것이다. 그것은 또 일본이라고 하는 나라 전체의 분위기를 어둡게 하지 않게 하기 위한 방책이기도 하다.

전후 지금까지 일본의 경제 통계는 일관되게 전체를 문제로 하여 그것을 파악 대상으로 해왔다. 일본 전체의 생산이 늘었다 줄었다 하는 시점이다. 전후 줄곧 이 방식을 계속하여 60년대, 70년대의 고도 성장기는 인구 증가 속에서 거의 일관되게 높은 경제 성장률을 달성했다. 여기서는 GDP가 어느 정도 성장했는가가 중요했고 사실 GDP는 굉장한 기세로 성장했다.

90년대에 들어서 경제 성장이 저조해진 이래 현재에 이르러서도 일본은 전체 GDP를 중시하는 자세를 계속 유지했다. 그리고 국민 대부분에게 있어서 전후 고도성장(종종 3% 이상)이 「있어야 할 성장」으로서 잔상이 되었기 때문에, 일본의 90년대 이후는 「불만족한 성장 시대」가 되었다. 「잃어버린 10년」이라고 표현되기도 한다. 이 표현에 찬성할 수 없는 이유는 이미 기술했다.

하지만 필자는 21세기에 들어서 일본이 인구 감소의 입구에 선 상태에서, GDP 등의 통계 작성, 비교, 그리고 보도의 포인트를 두는 방법을 「국민 일인당」으로 바꿔야 한다고 생각한다.

그 이유는 다음과 같다.

1. 이대로 통계 발표 방식을 계속하면 인구 감소가 명확해진다. 예를 들면 10년 후 일본의 성장률은 플러스가 되는 일조차 드물어질 것이 예상되지만, 이것은 국민 생활의 레벨을 정확하게는 반영하지 않는다.
2. 왜냐하면 인구 감소 하에서는 나라 전체의 GDP가 내려가는 중에서도 국민 한 사람 한 사람의 생활 레벨을 충분히 상승시키는 일이 가능하며, 그

어떤 나라의 잠재 성장력이 「노동 인구 증가＋생산성 증가＋투하 자본」에 의해 결정된다고 하는 것은 이미 기술했다. 일할 수 있는 사람의 수만큼을 낳는, 인구의 증가 그 자체가 성장률을 밀어 올리는 요인이며 고도 성장기에는 이것이 기여했다. 하지만 이미 일본이 들어서 있는 노동 인구 감소기에는, 그 부분은 마이너스 성장 요인이다.

이대로 GDP 통계 발표 방식을 계속하면 매회 마이너스 성장 발표에 의해 나라의 활력이 꺾이게 될 것 같은 생각이 든다. 이것은 인구가 줄어도 일인당의 풍요로운 생활을 선택해야 하는 일본에 있어서 불행이다.

지금도 국민 일인당 GDP는 발표된다. 하지만 말미에 붙여지는 정도다. 이래서는 미흡하다. 게다가 매스컴의 보도 단계에서는 전체의 증감만이 크게 보도된다.

성장기 특유의 통계 작성·보도 자세는 완전히 바뀌어야 한다. 한 사람 한 사람의 일본인이 전면에 나와야 한다.

중국과의 새로운 교류 방법

앞으로의 일본이라는 나라의 미래를 생각할 때에 역시 이웃인 대국 중국과의 관계가 큰 포인트가 될 것이다.

2003년에 일본인이 어떤 의미에서 쇼크를 받은 유인우주선 신주5호 발사는 앞으로 중국에서 나오게 될 몇 가지 「충격」의 첫 번째 파도에 불과하다. 2005년 봄에는 반일데모에 흔들렸다. 일본인은 앞으로도 반복될 그 나라로부터의 때론 눈부신, 그리고 때론 놀랄 만한 뉴스를 냉정하게 받아들이고 행동하기 위해, 지금부터 향후 일본의 국가 형태, 이상을 생각한 연후에 중국을 포함한 주변국과의 관계 방법을 숙고해두어야 할 것이다.

유인우주선 발사와 회주回周 궤도에 올림, 회주 궤도에서의 생명체(사람) 유지, 그리고 안전한 지상에서의 회수(귀환) 성공은, 이 분야에서 중국이 꽤 고도의 기술 집적을 가졌다는 것을 나타냈다. 유인우주선 계획을 가지지 않은 일본인이 초조해하는 것도 이상한 이야기지만, 이런 종류의 이야기에서는 「아시아에서는 우선 최고」라고 하는 일본인의 굳은 믿음을 뒤엎는 것이다. 때문에 일본인 사이에서 「중국의 유인우주선」을 순순히 말할 수 없는, 받아들여지지 않는 분위기도 있었다. 솔직히 말해서 조금 쇼크인 사람이 많았던 것은 아닐까?

하지만 정치 이외에도 중국으로부터의 충격은 앞으로 반복해서 일본을 엄습할 것이다. 중국의 GDP가 일본의 GDP를 넘어서 일본이 세계 제2위(1위는 미국) 경제대국의 지위를 양보하는 날은 예상 이상으로 가깝다. 중국의 GDP는 이미 2조 달러의 수준을 넘었다는 설도 있다. 일본의 GDP 규모는 5조 달러 전후지만 저성장인 일본이 추월당하는 데에 그다지 연수는 요하지 않을 것이다.

앞으로의 중국에는 빛날 일이 많다. 2008년에는 베이징 올림픽이, 2010년에는 상하이 만국박람회가 있다. 힘이 뒤쳐진다고 보고 있었던 자신 이외의 인간이 갑자기 실력을 쌓아서 자신의 지위에 접근해 왔을 때의 행동거지는 회사에서도 학교에서도 어려운 것이다.

지금의 중국은 일본인에 있어서 눈부시다. 상해에 가면 그 눈부신 발전에 「아시아의 중심도시는 미래에는 동경이 아닌 상해가 될지도 모른다」라는 생각을 갖게 한다. 실질적인 것은 장식 정도이지만 상해는 이미 리니어 모터카를 갖고 있다. 중국은 어디서 보아도 한창 번영하고 있는 나라이다.

물론 눈부신 것이 많기 때문이라고 해서, 또 유인우주선을 발사했기 때문이라고 해서 중국이 주변 나라로부터 부러움을 사는 존재가 될 수 있다고는 말할 수 없다. 러시아가 좋은 예이다. 세계에서 최초로 유인우주선을 발사했지만 그 후의 구소련은 비참했다. GDP로 본 중국 전체의 경제력이 일본과 같게 되어도 평균하면 일본인이 중국에 사는 사람들보다 10배는 풍요롭다. 중국 인구는 일본의 10배이기 때문이다. 그러나 인구 때문에 중국의 경제 발전은 엄청난 것이 될 수 있다.

일본은 어떻게 하면 좋을까? 그것은 스스로 국가의 이상, 국가 미래의 모습에 대한 생각을 굳힌 연후에 지역의 안정과 발전을 위해, 대두되는 대국·중국과 할 수 있는 한 협력하는 것이다. 선망하는 일도 질투하는 일도 없이. 왜냐하면 중국은 위협일 뿐만 아니라 일본에 있어서 굉장한 손님이 되기 때문이다. 이전에 구조 불황 산업이라고 불린 철강업 등은 중국의 특수 덕에 사상 최고의 이익을 내고 있다.

중국인과 이야기를 하면 알 수 있지만 일본 제품을 원하는 중국인, 일본에 관광하러 오고 싶어 하는 중국인은 많다. 반일데모에 참가했다고 해도 그들 집에는 일본 제품이 넘쳐나고 있다. 일본은 서(중국)와 동(미국)에 대하기 어려운 나라를 가진 셈이 되지만 그것은 또한 일본의 새로운 도약 찬스이기도 하다.

구체적인 이야기를 하자. 필자는 2004년에만 세 번 중국에 가서 이 눈으로 보고 온 인상으로서, 앞으로의 중국과 일본의 관계에서 매우 중요한 것은 「환경보호 기술」과 「에너지 절약 기술」인데, 일본이 자랑하는 이 두 가지 기술이 마찰을 넘어 일중간의 새로운 가교가 될 것이라고 생각한다.

중국에 가면 우선 알 수 있는 것은 환경보호가 되고 있지 않다는 것이다. 대련에서 심양으로 향하는 열차의 창문에서 보면, 선로 가는 마치 쓰레기장 같고 산에는 나무가 없고 대기도 오염되어 있다. 특히 중경의 공기는 여러 날 들이마실 수 없을 정도이다. 최근 중경시의 조사에서도 시의 공기는 결코 깨끗하다고 말할 수 없는, 중국 주요 46개 도시 중에서도 최악이었다고 한다.

어쨌든 중경시의 환경보호국에 의하면, 이 시의 산성비의 원인이 되는 이산화유황 농도는 46개 도시의 평균치에 비해 2.4배, 이산화질소 농도는 1.72배, 그을음과 같은 오염부유물질은 1.43배에 달한다고 한다.

상해에서도 북경에서도 하늘을 보면 일본 도시에서는 볼 수 없는 미묘한 공기 정체를 느낀다. 공기뿐만 아니라 강물, 지하수 등 중국에서는 모든 곳에서 환경오염이 계속되고 있다. 성장과 풍요를 서두른 결과이다. 하지만 이대로의 속도로 환경오염이 계속되면 언젠가 환경오염 때문에 중국의 성장은 어쩔 수 없이 스피드 다운될 것임에 틀림없다. 그 정도로 중국에서는 환경오염이나 환경파괴가 진행되고 있는 것이다.

한편으로 중국의 에너지 낭비도 어마어마하다. 2004년 1년간에 중국은 석유 유입량을 전년에 비해 36% 늘렸다. 하지만 그 중국의 에너지 사용 효율은 지극히 낮다. 아니, 낮기 때문에 보다 많은 수입을 하지 않을 수 없는 상태에 내몰려 있는 것이다. 그렇지 않아도 에너지, 특히 석유가 희소해지고 있는 지금의 세계에서 이것은 중대한 문제다. 그리고 중국은 스스로의 수요로 에너지 가격을 끌어 올려서 성장에 필요한 에너지, 구체적으로는 석유를 수입할 수 없게 될 가능성도 있다.

일본은 환경보호와 에너지 절약으로는 세계에서도 톱의 기술을 갖고 있다. 게다가 그 기술의 공여는 일본에 있어서 불리한 것이 아니다. 석유를 벌컥 들이키기 시작한 중국에 대한 에너지 절약 기술을 수출·제공하는 것은 세계의 에너지 가격 안정에 도움이 되기 때문에 이것은 일본에 있어서도 메리트가 있다.

환경보호 기술을 중국에 수출·제공하는 것은 일본에 있어서 메리트가 있는 것이다. 왜냐하면 황사가 일본에 날아오는 것으로도 알 수 있듯이, 중국 상공의 공기는 지구 대기의 이동 루트에 의해 일본의 위로 온다. 중국의 대기오염에 브레이크를 거는 것은 일본의 공기를 깨끗하게 하는 것이기도 한 것이다.

토요타나 혼다의 환경보호차가 세계에서 칭찬을 받고 있는 것과 마찬가지로 일본이 가진 기술이 성장도상에 있는 중국이나 인도의 환경보전, 에너지 절약에 도움이 되는 것은 명백하며 이것은 또 일본에 있어서의 외교 카드가 될 것이다.

중국도 같은 의향을 가지고 있는 것 같다. 중국의 왕의王毅·주일 대사는 2005년 2월 22일 일경日経신문 「경제교실」에 기고하여, 「동아시아의 틀 속에서 중일 쌍방이 협력할 수 있는 것」으로서 에너지

와 환경을 들고, 특히 에너지에 관해서는 「(중국과 일본의) 석유 소비
량은 각각 세계에서 2위와 3위, 수입량은 3위와 2위이다. 에너지 소
비·수입대국으로서 양국은 협조를 강화하여 동북아시아 에너지 협
력의 틀을 추진해야 한다」고 말했다.

그 대사는 또한 「(일중 간에) 중요한 것으로서 환경협력」을 들었
다. 필자는 어려운 일중관계의 돌파구를 이 두 가지로 보고 싶다. 일
중 간에 「반일」「반중」만이 있는 것은 아니다.

교육을 되찾으면 만전

마지막으로 앞으로 국가가 국민에게 줄 수 있는 최대이며 최후의
것을 지적해 두고자 한다. 그것은 「교육」이다.

20세기 일본에 경제력의 두드러진 성장을 가져온 것은 에도 시대
부터 대단히 높은 수준에 있었던 교육이었음에 틀림없다. 사무라이
(무사)는 물론이고 일본에서는 에도 시대부터, 상인에서 농민의 일
부까지 서당 등에서 글자를 배웠다. 산수 같은 것도 독자적으로 발
달하여 교육이 매우 번창했던 것이다. 그런 의미에서 일본은 세계에
서도 예를 볼 수 없는 교육 국가였다. 그것이 메이지 유신 이래의 대
발전에 도움이 되었던 것이다.

그리고 지금, 여태까지보다 더 「교육」, 국민의 지적 레벨을 끌어
올리는 것이 급선무가 되고 있다. 지금의 고도 정보사회에서 개인,
그리고 기업이 다른 사람들이나 기업으로부터 빠져 나와 높은 소득
과 수익을 올리기 위해서는 다른 사람을 능가하는, 보다 높은 지적
레벨이나 기능이 필요해진다. 단순한 상품 제조로는 끝없는 가격 경

쟁에 말려들어 이익도 올릴 수 없다. 디지털 가전에서의 심한 경쟁과 가격 하락을 보면 명백하다. 때문에 교육은 창조적이어야 한다.

개인의 경우에서도 누구나 가질 만한 지식에 덧붙여서 다른 사람이 가지지 않은 지식과 기술을 가질 필요가 있다. 미국 등 이미 세계의 많은 나라가 이 점을 간파하고, 「국가가 국민에게 줄 수 있는 **최대의 것은 교육**」이라고 하는 인식이 높아지고 있다. 그리고 각국은 국민에 대한 교육 부여를 최대한의 목표로 하고 있다. 클린턴, 부시라고 하는 최근 2대 미국 대통령이 낸 다양한 교서를 보면 이 점에 대한 인식이 아주 확실하다.

일본은, 나라 전체로서 높은 생활수준과 경쟁력을, 국민 한 사람 한 사람으로서 높은 생활수준을 유지하기 위해서는, 어떻게 해서든 세계에 통용되는 지식, 지혜, 나아가 창의력(창조성)이 필요하다. 그것을 가져오는 것은 세계적 레벨의 교육이며 그것을 토대로 지혜와 창의력은 성장한다. 하지만 일본의 현 교육이 이 요구에 부합하고 있다고는 생각할 수 없으며, 세계가 지금 「교육 경쟁」이라고도 말할 수 있는 상황에 있음을 일본에서 인식하고 있는 사람도 적다. 이것은 위험하다.

일본 아이들의 학력 저하가 보도될 때마다, 필자는 이 문제야 말로 일본이 풀어야 할 최대의 문제일 것이라고 생각한다. 그것만 되면 일본에는 비관론이 들어맞지 않을 것이다.

넘칠 듯한 창조성을 지닌 민족

　필자가 이 책에서 가장 말하고 싶었던 것은, 일본인은 넘칠 듯한 창조성을 지닌 민족이라는 것이다. 그리고 「비관론은 악화되면 죽음에 이르는 병」이며, 어쩌면 일본은 그에 사로잡혀 있는지도 모른다는 것이다. 국가에 있어서의 비관론의 만연은 인체에 비유하면 면역력 저하를 의미한다. 설령 강한 근육을 자랑하는 몸이라도 면역력이 저하되면 오래 버티지 못한다. 일본은 그것을 벗어나지 않으면 안 된다.

　일본은 체력도 두뇌도 우수한데 비관론이라고 하는 것에 기력이 시들해져, 거기에 스스로의 실력 오인으로 원래 있어야 할 성장의 길을 잘못 들여놓을 위험성이 있다. 고도 성장기였다면 비관론도 웃음거리로 끝났을 것이다. 왜냐하면 비관론을 떠들어대도 인구 증가 속에서 경제는 성장하고, 결국 비관론은 빗나가기 때문이다.

　저출산 고령화가 진행되는 속에서 일본 인구는 정점에 닿으려 하고 있다. 이때야말로 일본은 스스로의 설 위치를 상대적, 객관적으로 파악해야 한다. 그리고 그 세계 경제에 점하는 지위는 일본인이 생각하는 정도로 작지 않고, 비관적이지도 않음을 깨달아야 한다.

　자동차를 비롯한 많은 산업에서의 약진을 보아도 일본 경제가 강한 것은 일목요연하다. 나아가 환경 보호, 에너지 절약 등, 시대의 미의식과 합치되는 기술 분야에 강하여, 일본 기업의 약진은 지금부터라고 하는 인상마저 든다.

나는 만연하는 비관론에 대한 경종을 강하게 울리고 싶다. 비관론의 앞길에는 재생으로 이어지는 것이 아무것도 없기 때문이다. 이제 슬슬 일본은, 나쁜 버릇으로부터 벗어나야할 때이다. 그렇지 않으면 이 나라에 사는 가치를 찾아낼 수 없다. 자기 나라의 앞길에 낙관적일 수 있어야만 주위 국가에 대해서 관용적일 수 있다.

2004년 3번의 중국 방문은 라디오 NIKKEI 취재로 찾아간 것이다. 이 과정에서 회사의 토이 호다카土肥穗高 씨, 또한 후지쯔 종연경제연구소 주임연구원 가융 씨에게는 많은 신세를 졌다. 특히 중국 문제 전문가인 가융 씨와의 대화는 중국 문제를 생각하는데 있어서 귀중했다. 중국에 관해서는 미즈호 인베스터즈 증권 이코노미스트인 다시로 히데토시田代秀敏 씨에게도 많은 조언을 받았다.

인도 방문 시에는 제베크·인디아(XEBEK INDIA)사의 경영자인 자야얀타·차타르지 씨와 그 부인 다나베 구미 씨에세 커다란 신세를 졌다. 이 부부는 두 번이나 자택에 들르게 해주고 또한 자야얀타·차타르지 씨는 나의 인도 방문 전 일정을 함께 해 주어, 그 통역 능력과 지식은 나에게 있어서 커다란 힘이 되어 주었다.

한국에서는 강창희 씨에게 늘 신세를 진다. 대우증권 동경지사장을 오래 지낸 일본통이기도 하다. 2002년 한국 방문 시에는 그 자제인 신영 군에게서 시내 젊은이들의 장소나 노사모(노무현을 사랑하는 모임)의 활동가를 소개 받았다.

필자는 이 책에서 일본과의 상대론으로 중국, 인도, 그리고 한국의 3개국을 논했지만, 그 3개국 자체의 성장성은 매우 높다고 생각한다. 일본과의 비교에서 아직 떨어지는 점은 있지만, 그것은 이들 나라의 성장 여력이 큼을 시사하는 것으로, 그것은 어떤 의미에서 일본에 없는 매력이다. 중국이나 인도는 어떤 의미에서 「혼돈(chaos)」인 점이 있어 흥미롭다.

강담사講談社의 마부치 다카시間渕隆 씨, 사카이 이치로酒井—朗 씨에게
는 몇 번이고 기획을 보내준 점, 감사해 마지않는다. 그들의 열성적인 권유
가 없었다면, 게으른 나로서는 틀림없이 이 책을 쓰지 않았으리라 생각한
다. 그 밖에 많은 분들에게 신세를 졌다. 그분들 모두에 대한 언급은 삼가
지만, 이에 감사의 마음을 표하는 바이다.
　마지막으로, 이 책 출판 직전에 돌아가신 존경하는 아버지에게도 마음으
로부터 감사를 표한다.

이토 요이치伊藤洋一

  '일본력' 단어도 생소하다. 오랜 기간 시름 하며 번역하다보니 역자에겐 익숙한 단어처럼 느껴진다. 일본이 부강했던 시절에 유학을 경험한 역자로서는, '드디어 일본의 강점이 무너지나' 하며 생각하고 있었는데, 최근에 다시 '일본은 여전히 살아 있나' 하는 생각을 가지게 된다. 무언가 잘 풀리고 있어, 계속해서 잘 나갈 것만 같았던 한국을 돌이켜보며, 우리는 자만할 게 아니라 더욱더 정신 차리고 노력해야만 한다는 것을 깨닫는다. 지금의 한국은, 언제 그런 시절이 있었냐는 듯이 까맣게 잊어버린 IMF 시절로부터 10여년밖에 지나지 않았는데 다시금 그 공포에 떨고 있다. 세계경제에 휘둘리기 쉬운 구조에서 벗어나지 못하는 한국은 한시도 마음을 놓기 어려운 처지의 나라임을 새삼 확인하는 것 같아 씁쓸하다.

  이 '일본력'을 소개하며, 힘 있는 한국이 되는 방법을 강구해보도록 촉구하고 싶다. 항상 주권을 부르짖고 주변국가에 대등한 관계를 주장하지만, 그 모든 것이 국가의 힘 즉 '한국력'에서 나온다는 것을 상기했으면 한다. 국가의 힘은 여러 방면에서 나온다. 결국은 모든 사람이 자신의 자리에서 세계 최고의 힘을 발휘할 수 있는 상황이 되었을 때 한국의 힘은 발현될 것이다. 한국의 힘은 그저 눈에 보이는 그런 것들만으로 이루어지는 것은 아니다. 물론 세계 공통의 분야에서는 세계적이어야 하지만, 한국적 분야에서는 가장 한국적이어야만이 한국의 힘을 만들어 낼 수 있는 것이다. 타국에서 생각할 수 없는 한국적인 것에서 '한국력'은 그 뿌리를 깊이 내릴 수 있을 것이다.

 '일본력'을 통해서 '한국력'을 생각해보면 그 힘의 원천은 어쩌면 보편적인 것인지도 모른다. 우리가 자랑할 수 있는 것에서 경쟁력을 만들어 나갈 수 있다는 것이다. 우리 한국의 국가적 자산은 많다. 의식주 모든 분야에서 세계적으로 그 힘을 크게 발휘할 수 있는 것은 매우 많다. 또한 우리는 강해야만 한다는 역사적 교훈으로부터 강인한 정신력을 소유하고 있다.

 자원이 없다하지만 그런 것은 어느 나라나 다 마찬가지이다. 무엇을 자원으로 할 것인가는 아이디어와 노력의 문제일 것이다. 기술이 자원이 된다면 우리만이 가지는 기술이 어찌 없다고 할 것인가! 한글이 자원이요, 온돌이 자원이요, 김치가 자원이다. 우리의 불굴의 투지도 자원인 것이다. 우리의 버려야할 것을 버리고 고쳐야할 것을 고치고 바로잡아야할 것을 바로잡는 것도 자원일 것이다. '일본역'을 통해 일본뿐만 아니라 한국을 다시 생각하는 계기로 삼아, 언젠가 '일본력'보다 더 강력한 '한국력'이 통용되기를 기대해본다.

 본서의 번역에는 인하대학교 대학원생 송수진, 강영진의 도움이 컸다. 지면을 빌어 감사의 마음을 전한다.

2008년 11월 11일
모세종

일본력 日·本·力

초판 1쇄 발행일 ㅣ 2008년 12월 10일

지은이 ㅣ 이토 요이치
옮긴이 ㅣ 모세종
펴낸이 ㅣ 박영희
표   지 ㅣ 강지영
편   집 ㅣ 배혜영
책임편집 ㅣ 강지영
펴낸곳 ㅣ 도서출판 어문학사
　　　　132-891 서울특별시 도봉구 쌍문동 525-13
　　　　전화: 02-998-0094 / 팩스: 02-998-2268
　　　　홈페이지: www.amhbook.com
　　　　e-mail: am@amhbook.com
　　　　등록: 2004년 4월 6일 제7-276호

ISBN 978-89-6184-061-3 03200

정   가 ㅣ 13,000원

※ 잘못 만들어진 책은 교환해 드립니다.